Karmapa

Stephan Kulle

Karmapa

Der neue Stern von Tibet

Scherz

Seiner Heiligkeit
dem
XVII. Gyalwang Karmapa
Ogyen Trinley Dorje
zum
900. Jahrestag des
Bestehens seiner Inkarnationslinie
gewidmet.

Erschienen bei Scherz, einem Unternehmen
der S. Fischer Verlag GmbH, Frankfurt am Main
© S. Fischer Verlag GmbH, Frankfurt am Main 2012
Satz: Dörlemann Satz, Lemförde
Druck und Bindung: CPI – Ebner & Spiegel, Ulm
Printed in Germany

ISBN 978-3-651-00019-3

Inhalt

Ich werde wiederkommen

In den geschäftigen engen Straßen von Dharamsala, dem Exilort der Tibeter in Nordindien, herrschte im Oktober 2008 große Aufregung. Wie ein Lauffeuer sprach es sich herum: Seine Heiligkeit der Dalai Lama war in eine Klinik nach Delhi geflogen worden. Angeblich für eine Notoperation. In die Aufregung der Exilgemeinde mischten sich Verzweiflung und Traurigkeit. Auf dem Tempelberg beteten Hunderte Mönche, Nonnen, Tibeter und westliche Buddhisten für ihren damals 73 Jahre alten Gottkönig. Ihre große Sorge war, dass er sterben könnte. Plötzlich waren sie sich seiner Vergänglichkeit bewusst geworden, und sie fragten sich verzweifelt, wie es nach ihm weitergehen würde. Immer wieder hörte ich leise Andeutungen, dass im Falle seines Todes der Karmapa die spirituelle Führerschaft der Tibeter übernehmen sollte. Bis zu diesem Zeitpunkt hatte ich noch nie bewusst vom Karmapa gehört. Ich kannte nur den Dalai Lama.

Damals hielt ich mich gerade am Exilsitz des Dalai Lama auf, um in einem Buch über ihn und seine Umgebung zu berichten. Ich wollte der Faszination nachspüren, die von den Tibetern und ihrem Oberhaupt ausgeht. Mit jeder Begegnung lernte ich Neues über ihre Welt und ihre Religion – mehr, als ich mir als Journalist und katholischer Theologe je hatte träumen lassen.

An das geplante Interview mit dem Dalai Lama war nun natürlich nicht mehr zu denken. Ein Staatssekretär im Ministerium für Religion und Kultur der Administration der Tibeter im Exil bedauerte diese unglückliche Fügung des Schicksals und fragte mich nach meinen sonstigen Wünschen. Spontan antwortete ich ihm, ich würde gern den Karmapa treffen, um ihn zu interviewen. Denn ich hatte noch im Ohr, wie zwei finnische Frauen zu mir gesagt hatten: »Der Karmapa ist die Zukunft.« Sie hatten mir auch erzählt, dass er noch jung sei, aber dennoch einer der höchsten Lamas[1] des tibetischen Buddhismus. Seine Augen seien unglaublich, aber er würde nur selten lächeln.

Ein paar Tage später saß ich in einem schlichten, sonnendurchfluteten Audienzzimmer im Gyuto-Kloster, etwas außerhalb von Dharamsala. Vor mir ein dreiundzwanzig Jahre alter Mönch, besonnen und freundlich und gekleidet wie der Dalai Lama: Seine Heiligkeit der 17. Gyalwang Karmapa.

In der Zwischenzeit hatte ich mich informiert, so dass ich nun etwas besser wusste, mit wem ich es zu tun hatte. Auf der Titelseite des *Stern* prangten schon 1993 sein Bild und die Zeilen: »Vom Nomadenjungen zum neuen Buddha – Ein Kind ist Gott«. Der britische *Independent* hatte ihn 2001 den »mächtigsten Teenager der Welt« genannt. Ein Jahr später kürte ihn das *Time Magazine Asia* zum »Asiatischen Helden des Jahres«. »Tibetan Idol« titelte die amerikanische *Time*.

Trotz seines jugendlichen Alters trägt er bereits die Verantwortung für eine der vier größten tibetisch-buddhistischen Traditionen, die Karma-Kagyü-Linie, auf seinen Schultern. Mehr noch: Er ist lebendige Geschichte, ein »lebender Buddha« in seinem siebzehnten Leben auf der Erde. Seine Linie reicht 900 Jahre zurück.

Im 12. Jahrhundert führte der erste Karmapa das System der bewussten Wiedergeburt von spirituellen Meistern ein, die erst später von allen tibetisch-buddhistischen Linien übernommen wurde. Seitdem inkarniert sich der Karmapa immer wieder.

Vor mir saß ein Mensch aus Fleisch und Blut. Trotzdem führt der Karmapa weder das normale Leben eines jungen Mannes, noch das eines gewöhnlichen tibetischen Geistlichen. Im Alter von vierzehn Jahren floh er, wie einst der Dalai Lama, ins indische Exil. Gegenspieler haben seine Linie gespalten und setzen ihm zu. Sein Alltag ist alles andere als komfortabel: Er lebt in einer provisorischen Residenz, in einer Art goldenem Käfig, auf den die Bezeichnung »golden« nicht einmal zutrifft.

Wie passt das zusammen mit dem Bild eines bedeutenden religiösen Führers?

Der Karmapa schaute mich an. Er lächelte sogar. Ich war überrascht – von ihm und von seiner Ausstrahlung, aber auch über eine seiner Antworten. Ich hatte ihn gefragt, wie er über die Auferstehung von den Toten denkt, so wie sie die Christen als wichtigsten Grund ihres Glaubens kennen. Seine Antwort war nüchtern, aber dafür umso verblüffender: »Ja, ich denke, das ist möglich!«

Das wollte ich kaum glauben. Einer der höchsten Würdenträger des Buddhismus hält das für möglich, womit so manche Christen ihre Probleme haben? Lag es daran, dass Mystik für Tibeter viel alltäglicher ist als für die Menschen im christlichen Abendland? Oder lag es vielmehr daran, dass der Karmapa selbst seit 900 Jahren sagt: »Ich werde wiederkommen«?

Nach dieser ersten Begegnung war mein Interesse an seiner Person geweckt. Ich wollte mehr über ihn und das Geheimnis seiner Reinkarnationen erfahren. Deshalb sagte ich mir: Ich werde wiederkommen – weil auch er immer wiederkommt.

I

Der Nomadenjunge Apo Gaga

Da war ich wieder

Es war im Juni 2010, als ich gutgelaunt und erwartungsvoll die Stufen des Gyuto-Klosters hinaufstieg. Riesige rote Hibiskusblüten und Rosen in allen Farben säumten den Weg. Zwischen den Säulen von frischgrünen Wacholdern reckten sie ihre Köpfe der Morgensonne entgegen. Es war ein erhebendes Gefühl, den leicht ansteigenden, langgestreckten Klosterhof zu durchqueren, vorbei an den gelb getünchten Unterkünften für die Mönche geradewegs auf den Tempel zu. Wie ein riesiger Altar thronte er unter der Kuppel des weißblauen Himmels, und die schneebefleckten Berge des Himalaya schmiegten sich wie eine gewaltige Kulisse um ihn herum. Obenauf glänzten die weißen Gipfel wie die Spitzen einer Krone. Dahinter liegt das Hochland von Tibet, das Dach der Welt. Die Grenze ist kaum 50 Kilometer Luftlinie von hier entfernt.

Um Punkt zehn Uhr füllte sich der Klosterhof plötzlich mit Leben. Eine quirlige Menge in Dunkelrot strömte aus dem Tempel und die breiten Tempeltreppen hinunter. Unzählige Kindermönche rannten an mir vorbei und verschwanden durch die Türen der Klosterflügel. Die Größeren von ihnen und die Erwachsenen spa-

11

zierten eher besonnen und in kleinen Gruppen die Stufen hinab. Die gebogenen dottergelben Lama-Hüte balancierten sie zusammengefaltet auf ihren rasierten Häuptern, um die Kopfhaut vor der Sonne zu schützen.

Auf dem umlaufenden Laubengang im obersten Geschoss des Tempelgebäudes entdeckte ich jemanden im roten Gewand, der sich auf die Brüstung stützte und über das Kloster hinweg ins weite Tal schaute. In der Sonne blitzten Brillengläser. Ich überlegte kurz. Dort oben trug nur einer eine Brille, und das war Seine Heiligkeit der 17. Karmapa. Er stand vor der Tür seiner provisorischen Residenz im Exil. Ich winkte kurz in seine Richtung, da drehte er sich um und verschwand. Wenige Augenblicke später tauchte ein Kopf zwischen den goldglänzenden Dachornamenten auf. Da war er wieder, der Karmapa.

Die Sicherheitskontrolle im großen, leeren Foyer gestaltete sich wie gewohnt nüchtern und umständlich. Ich kannte das Prozedere, denn seit 2008 hatte ich den Karmapa bereits einige Male besucht. An einem Tisch saßen drei Männer von drei verschiedenen Polizeien. Jeder von ihnen blätterte mehrfach meinen Reisepass durch und notierte etwas in einem von drei Büchern. Dann händigten sie mir wortlos einen dunkelblauen Ausweis aus, der an einem blauen Band hing. Der Aufdruck »Visitor« berechtigte mich, den Sicherheitsbereich um den Karmapa herum zu betreten.

Zwei junge Mönche kamen auf mich zu und begleiteten mich in den Warteraum, der hinter der schlichten Empfangshalle lag. Bei Milchtee und Plätzchen sollte ich auf einem der weiß verhüllten Sofas warten.

Heute war nur eine Handvoll Audienzgäste versammelt. Außer einem Ehepaar aus dem Westen sah ich nur asiatische Gesichter. Alle wollten sie den Karmapa persönlich treffen. Sie hantierten aufgeregt mit aufwändig verpackten Geschenken und versuchten sich immer wieder daran, den Khatag, einen langen Segensschal aus weißer, schimmernder Seide dem üblichen Brauch nach zunächst achtmal zu falten und dann bis zum fransigen Ende aufzurollen.

Plötzlich stand Chemed, der Audienzsekretär, neben mir. Mein Blick blieb an den goldenen Knöpfen seines dunkelblauen Sakkos hängen. Er war einer der wenigen Laienmitarbeiter des Karmapa und zuständig für die Planung und Durchführung der Privataudienzen. Wer von ihm einen der begehrten Termine erhalten hatte, durfte Seine Heiligkeit für ein paar Augenblicke sehen, gerade lang genug für eine Begrüßung und einen Segen. Ich wollte aber mehr als nur den Segen, ich wollte ein Buch schreiben. Chemed war daher vom Karmapa gebeten worden, in der folgenden Zeit einige Gesprächstermine für mich zu arrangieren, damit wir ausführlich über sein Leben von der Kindheit bis heute, über die Rolle und die Geschichte der Karmapas, über seine eigene aktuelle Situation und über die Zukunft sprechen konnten. Ich brauchte Zeit mit ihm, und zwar möglichst viel, aber gerade das war ein Problem. Denn nach Vorgabe sowohl der indischen Regierung als auch der tibetischen Administration des Dalai Lama im Exil war es dem Karmapa nur erlaubt, innerhalb der eineinhalbstündigen Audienzzeit am Vormittag Besucher zu empfangen.

Chemed flüsterte, es sei alles vorbereitet. Dann ging es schon los. Unter den strengen Augen zweier indischer Polizisten mit Maschinengewehren kontrollierten sechs Sicherheitsleute der tibetischen Administration alle Taschen und Kleidungsstücke der Besucher. Ich bemerkte ein neues Metalldetektor-Gerät, wie man es von Flughäfen kennt. Es piepte unaufhörlich, entsprechend umfangreich fiel daher auch die Leibesvisitation aus. Vorsorglich hatte ich alle elektronischen Geräte und alle metallischen Gegenstände in meiner Unterkunft gelassen. Aber nun sollte ich auch noch den Kugelschreiber abgeben, der in meiner Sakkotasche steckte. Vorschrift hin oder her, den brauchte ich zum Schreiben. Alle Proteste und Erklärungen halfen jedoch nichts.

Oben im vierten Stock stand ich dann in Strümpfen auf dem grünen Kunstrasen, der geradewegs zur Tür des Audienzzimmers führte. Meiner Schuhe hatte ich mich schon eine Etage tiefer entledigen müssen. Ich erinnerte mich an Audienzen beim Heiligen

Vater und an das Klacken der Absätze auf den spiegelnden Marmorböden des Papstpalastes im Vatikan. Dort hatte es immer nach frischem Bohnerwachs und Rasierwasser gerochen. Hier duftete es nach Wiese und Weihrauch.

Chemed hatte mich auf die letzte Position gesetzt. Am Ende der Warteschlange zu stehen, war bisher immer am unterhaltsamsten gewesen, denn nach hinten begrenzten nur ein bewaffneter Polizist und vor ihm zwei junge Mönche den Bereich. Ich kannte sie schon von vorhergehenden Audienzen, und wie damals unterhielten wir uns auch jetzt über Ballack und Lehmann, über Bayern München und Chelsea.

Es ging recht schnell voran. Nur noch das westliche Paar in weiten Leinenkleidern und wilden Locken, dann war ich dran. Zwei asiatische Nonnen in langen hellgrauen Gewändern verließen den Audienzraum verbeugt und im Rückwärtsgang, schon schoben die Leibwächter die Westler hinein.

Endlich war ich an der Reihe. Mitten im Raum stand Seine Heiligkeit lächelnd auf dem grünen Teppich. Ich ging langsam auf ihn zu und kämpfte mit dem Segensschal. Er wollte sich einfach nicht entrollen lassen.

»Guten Morgen Stephan«, begrüßte er mich auf Englisch, und griff sich die Rolle. »Oh je, was hast du denn da gemacht?«, rief er.

Die langen Fransen hatten sich verknotet. Es dauerte einen Augenblick, bis er das Knäuel entwirrt hatte und mir die nun knittrige Khatag um den Hals legen konnte. Dann streckte er die Arme aus, als wollte er sich entspannen und ließ mich auf einem Plexiglas-Sofa Platz nehmen, das im rechten Winkel zu seinem stand. Diese Sofas hatten einen kuriosen Effekt: Wenn man die Augen leicht zusammenkniff, sah es so aus, als würde der Karmapa auf dem grünbuntkarierten Sitzpolster über dem Boden schweben. Er saß noch nicht ganz, da fragte er schmunzelnd: »Und, wie weit bist du mit dem Buch?«

»Fast fertig!«, gab ich zurück. »Ich brauche nur noch ein paar Antworten, dann ist es schon geschafft.«

»Wirklich?«, fragte er erstaunt zurück und sah mich mit großen Augen an, aber ich erkannte sofort, dass er den Spaß verstanden hatte.

Auf dem Glastisch zwischen uns lag ein modernes Aufnahmegerät, das ein Mitarbeiter aus dem Pressebüro vorher eingerichtet hatte. Der Karmapa schaute nach, ob das Gerät bereit war und sagte, wir könnten sofort beginnen. Mit einer Handbewegung wies er Chemed einen Platz auf dem Teppich zu, denn der sollte Seine Heiligkeit aus dem Tibetischen ins Englische übersetzen. Ich fragte den Karmapa, warum er denn nicht gleich Englisch sprechen wolle. Da streckte er seine flache Hand gegen mich aus und zischte: »Tsch Tsch … mein Englisch ist nicht gut.«

»Doch, es ist gut«, widersprach ich.

»Es ist wie arabisch klingendes Englisch. Besser also mit Übersetzung …!«

Er lachte, und Chemed blickte verlegen auf den Teppich.

Ich hatte Verständnis für seine Entscheidung, denn bei wichtigen Themen und heiklen Angelegenheiten empfiehlt es sich, die eigene Muttersprache zu benutzen, um keine Fehler zu begehen. Bei jemandem in einer so hohen Position wird bekanntlich jedes Wort auf die Goldwaage gelegt. Auch der Dalai Lama, der ein recht gutes Englisch spricht, formuliert öffentliche Ansprachen lieber auf Tibetisch, vor allem wenn es um buddhistische Unterweisungen oder um komplizierte politische Fragen geht.

»Worüber sprechen wir?«, eröffnete der Karmapa das Interview und sah mich erwartungsvoll lächelnd an.

»Über die Kindheit«, sagte ich und suchte die richtige Seite in meinem Notizbuch.

»Über mich? Über meine Kindheit?«, fragte er nach und schien plötzlich zurückhaltend.

Mir war bewusst, wen ich vor mir hatte, daher war ich unsicher, ob es angemessen war, ihm Fragen über seine frühen Jahre zu stellen. Schließlich war er nicht irgendein Mönch, sondern jener spirituelle Führer Tibets, der zu einer wichtigen Stimme im Dialog der Religionen werden würde. Er war die Hoffnung der Tibeter und möglicherweise das zukünftige Gesicht des Buddhismus, so wie es seit einigen Jahrzehnten der 14. Dalai Lama ist. Der Karmapa ist das Oberhaupt einer der vier Traditionen des tibetischen Buddhismus, der Karma-Kagyü-Schule. Er ist Träger der Schwarzen Krone, die seine spirituelle Meisterschaft symbolisiert, und das jüngste Glied einer Kette erleuchteter Wesen, die zurückreicht bis zum historischen Buddha Shakyamuni, der 500 vor Christus in Indien lebte. Im 12. Jahrhundert führte diese Kette erleuchteter Wesen zum ersten Karmapa, der die einzigartige Fähigkeit entwickelte, seine Reinkarnation genau vorauszusagen. Dies tun ihm seit nunmehr 900 Jahren alle Karmapas gleich, während die Übertragungslinie der Dalai Lamas erst 300 Jahre später entstand.

Vor mir saß nun also dieser bedeutende spirituelle Meister in seiner siebzehnten Inkarnation, scheinbar ein junger Mönch von 25 Jahren, aber im Grunde 900 Jahre alt. Ehe man über seine Geburt und seine Kindheit spricht, sollte man ein paar äußerst wichtige Ereignisse *vor* seiner Geburt beleuchten. Nur so wird die Besonderheit seines Lebens deutlich.

*

Es war Ende Januar 1981, im letzten Monat des tibetischen Eisenaffenjahres. Seine Heiligkeit der 16. Karmapa, Rangjung Rigpe Dorje, litt an einer schweren Krebserkrankung und war nach Kalkutta gefahren, um sich ärztlich behandeln zu lassen. Für die letzten Tage dort rief er Situ Rinpoche, einen seiner vertrautesten Lamas und Linienhalter, zu sich, damit der ihm Gesellschaft leiste. Am Vormittag des fünften Tages wollten sie auf den Markt für Ziervögel gehen und Sehenswürdigkeiten besichtigen. Seine Heiligkeit war trotz seiner Krankheit bester Laune, erzählte Geschichten von früher und gab seinem Schüler auch eine Reihe von spirituellen Anweisungen zur Meditation.

Wie an jedem der Abende zuvor redeten sie nach dem Essen

bis spät in die Nacht. Kurz vor dem Schlafengehen brachte Situ Rinpoche dem Karmapa einen frisch gepressten Orangensaft, weil er wusste, dass er ihn besonders gern mochte. Das war der Augenblick, als ihm der Karmapa ein Schutzamulett gab und sagte: »Das ist ein sehr wichtiger Schutz. Er wird dir einmal gute Dienste erweisen.« Zehn Monate danach starb der 16. Karmapa. Kurz vor seinem Tod hatte er den getreuesten seiner Lamas noch gesagt: »Weint nicht. Ich werde wiederkommen …«

*

Während im indischen Exil die Anhänger des 1981 verstorbenen 16. Karmapa verzweifelt nach dem Prophezeiungsbrief für seine nächste Inkarnation suchten, bahnte sich im fernen Osten Tibets Erstaunliches an: Im Frühjahr 1984 saß ein Ehepaar mittleren Alters vor dem schlichten Thron von Amdo Palden, dem Abt des Karlek-Klosters im osttibetischen Hochland nördlich der Himalaya-Kette. Döndrup und Lolaga waren von ihrem Nomadencamp aus dem Bakhor-Tal zu dem kleinen ländlichen Kloster gepilgert. Die buddhistischen Mönche und die Nomadenfamilien aus der Umgebung hatten es nach der Zerstörung durch die Soldaten der chinesischen Befreiungsarmee mit wenig Geld und viel Mühe gerade erst wieder aufgebaut. Endlich konnte der Abt wieder junge Mönche ausbilden.

Döndrup und Lolaga wollten von Amdo Palden Hilfe und Unterstützung für die Geburt eines Sohnes erbitten. Sie waren zwar schon Eltern eines fast erwachsenen Sohnes und sechs nachfolgender Töchter, aber sie sehnten sich nach einem weiteren Sohn. Ihr Wunsch war lange Zeit unerfüllt geblieben.

Abt Amdo Palden war ein stattlicher Mann mit strahlenden Augen in einem kantigen, sonnengegerbten Gesicht. Seine extrem langen schwarzen Haare trug er zu einem Turban aufgetürmt, wie es große Yogis in Tibet traditionell tun. Es war noch nicht lange her, dass er aus einem chinesischen Gefängnis entlassen worden war. Die zwanzig Jahre Inhaftierung und Folter sah man ihm nicht an. Ein Yogi[2] seines Kalibers kann dank seiner spirituellen Kraft noch ganz andere Herausforderungen überleben, heißt es. Döndrup und Lolaga vertrauten ihm. Der Abt sah sie lange an, sann nach und sagte ihnen schließlich seine Hilfe zu. Jedoch stellte er die Bedingung, dass die Eltern ihren zukünftigen Sohn als Mönch in sein Kloster geben. Nachdem die Eltern zugestimmt hatten, sagte er ihnen, was zu tun sei. Sie sollten Pilgerfahrten unternehmen, den Armen und Bedürftigen Almosen gewähren und besondere Gebete sprechen – es handelte sich dabei immerhin um 111 000 Mantren. Amdo Palden selbst versprach auch, besondere Gebete zu sprechen und Rituale für ein gutes Gelingen abzuhalten.

Ihre Gebete sollten bald erhört werden.

Nomadenleben

Die Nomadenfamilie von Döndrup und Lolaga stammt aus der Siedlung Bakhor im Bezirk Lhatok, der in der Region Kham im Osten Tibets gelegen ist. Lhatok ist ein riesiges Gebiet etwa von der Größe der Eifel. Die Dimensionen des Landes und die Verteilung der Bevölkerung versteht man erst, wenn man sich vergegenwärtigt, dass ganz Tibet ungefähr so groß ist wie Westeuropa. Eine Fläche, die von nur knapp sechs Millionen Tibetern bewohnt wird. Bakhor liegt etwa 1500 Kilometer östlich von der Hauptstadt Lhasa in Zentraltibet.

In ihrer Siedlung leben fast 70 Familien mit über 400 Menschen in mehr oder weniger lockeren Verbänden und Nachbarschaften zusammen. Den rauen Winter über bleiben sie zusammen in Bakhor. In den kalten Monaten bewohnt die Familie von Döndrup und Lolaga ein geräumiges Steinhaus mit einem angebauten Stall für die Tiere. Sie besaßen damals sieben bis acht Pferde, etwa 200 Schafe und Ziegen und etwa 80 Yaks. Somit waren sie als ziemlich wohlhabend angesehen.

Etwa neun Monate im Jahr kampieren die Familien an den sattgrünen Weiden auf dem Dach der Welt, wo ihre Tiere reichlich Futter und Auslauf finden. Nur wenige staubige Pfade durchziehen die hügelige Hochebene wie helle Adern. Früher befanden sich hier noch dichte, gesunde Wälder, heute sind auf den kahlen Berghängen nur noch die abgesägten Stümpfe zu sehen. Die Bäume wurden von den Chinesen in den 1960er und 70er Jahren radikal abgeholzt. Also bleibt den Nomadenfamilien für ihren Lebensunterhalt nur noch das Vieh. An geeigneten Stellen in den Tälern, bei den Flüssen, die kristallklares, mineralreiches Wasser von den Gletschern der Achttausender herab tragen, schlagen sie ihre Quartiere auf. Meistens sind es drei oder vier Familien, die zusammen von Ort zu Ort ziehen. Sie sind in der Regel verwandtschaftlich verbunden, aber zugleich auch eine Nutzgemeinschaft, denn in der Abgeschiedenheit sind sie oft auf gegenseitige Hilfe angewiesen. Nur ganz selten kreuzen Pilger oder Händler ihre Wege. Im Laufe des Sommers wechseln sie etwa drei- bis viermal den Standort, damit die Tiere frische Weiden und genügend Wasser zur Verfügung haben.

Jede Familie bewohnt ein kreisförmiges großes Zelt aus schwarzem Yak-Haar. Gegenüber dem Eingang befindet sich meist der Altar, mit Buddha-Statuen, Bildern von hohen Lamas, Opferschalen und einer immer brennenden Butterlampe, als Symbol der erleuchteten Buddha-Natur. Der Boden ist mit Teppichen bedeckt, und am inneren Zeltrand stehen große Kisten mit den Habseligkeiten der Familie und die Ausrüstung für das tägliche Leben. Elektrizität gibt es dort oben in etwa 4000 Metern Höhe natürlich nicht. »Künstliches« Licht spenden ausschließlich das Feuer und die Butterlampen, die den ganzen Tag brennen. Tageslicht dringt nur durch die aufgefaltete Tür und eine große verschließbare Öffnung an der Spitze des Zeltdaches ins Innere. Durch diese obere

Öffnung entweicht auch der aufsteigende Rauch von der Feuerstelle in der Mitte des Zeltes. Fenster gibt es keine.

Der Lebensrhythmus der Nomaden wird vom Mond bestimmt. Zu Zeiten von Neumond und Vollmond werden besondere Rituale abgehalten. Für das Schlachten von Tieren oder für den Abschluss von Geschäften wird nach einem günstigen Zeitpunkt im Mondkalender geschaut.

Sonnenorientierte Völker sind eher patriarchalisch organisiert, weil die Sonne an sich dem rationalen, also dem als männlich geltenden Prinzip zugeordnet ist. Nomadenvölker sind mondorientierte Gemeinschaften. Deshalb ist es nicht verwunderlich, dass die Frauen in den Nomadensiedlungen eine wichtige und bestimmende Rolle innehaben, weil sie das Alltagsleben organisieren und aufrechterhalten.

Die Frauen führen mit sanfter Hand Regie im Zelt, versorgen und erziehen die Kinder und betreuen die Alten. Die Männer verbringen den Tag meist draußen. Ihre Aufgabe ist es, sich um die Tiere zu kümmern und den Lebensunterhalt zu sichern. In kleinen Gruppen reiten sie etwa einmal im Monat in die nächstgelegene Stadt, um selbsterzeugte Wolle und verschiedene Milchprodukte gegen andere Waren einzutauschen, denn ohne Reis, Tee, Salz und andere nützliche Dinge wie Werkzeuge könnten sie oben im Hochland nicht überleben. Von ihren tagelangen Reisen bringen sie auch Gerste mit, die sie für die Herstellung von Tsampa brauchen. Die tibetische Nationalspeise Tsampa ist ein Teig aus geröstetem Gerstenmehl, Butter und Tee, der zu allen Gelegenheiten gegessen wird, wie andernorts Kartoffeln oder Nudeln.

Ihre Kleidung nähen sie aus den Fellen der Yaks und der Schafe. Aus der Schafwolle weben und stricken sie Teppiche, Pullover, Mützen und Strümpfe. Auf den Märkten kaufen sie aber auch bunte Stoffe. Tibetische Frauen tragen über ihrem dunklen Gewand, der Chuba, gerne farbenfrohe Tücher und Schürzen.

Das Yak ist das wichtigste Nutztier und wird vom Horn bis zum

Huf verwertet. Haut und Haare für Kleidung und Zelt, das Fleisch wird gepökelt und für die kalte Jahreszeit getrocknet. In den harten Wintern brauchen die Nomaden Fleisch und Fett, um die extremen Temperaturen von bis zu minus 30 Grad Celsius überstehen zu können. Die Milch der Yak-Kühe wird zu Butter, Joghurt und verschiedenen Arten von Käsen verarbeitet. Ohne die Yak-Butter gäbe es nicht den berühmten salzig-öligen Buttertee. Selbst die Exkremente des Yak finden Verwendung. Der getrocknete Dung wird in der Feuerstelle zum Kochen und Heizen genutzt.

Kleiner Sonnenschein

Die Unterstützung Amdo Paldens erwies sich als erfolgreich. Döndrup war nach Lhasa gepilgert, wie der Abt ihn geheißen hatte. Lolaga und die Großmutter hatten gut die Hälfte der einhundertelftausend Gebete verrichtet. Da wurde Lolaga schwanger. Nun war es höchste Zeit, den Rest der aufgetragenen Aufgaben zu erfüllen.

Nach Bekundung der Familienmitglieder hatten mehrere von ihnen, auch die Mutter, vor der Geburt des Kindes besondere Träume. Am ersten Tag des fünften tibetischen Monats im Holzochsen-Jahr, also am 19. Juni 1985[3], brachte Lolaga einen gesunden Jungen zur Welt.

Etwa drei Tage nach der Geburt des Kleinen, den die Schwestern nur Apo Gaga, »glücklicher kleiner Bruder«, nannten, soll der seltsame Klang eines Muschelhornes zuerst das Zelt der Familie und dann das ganze Tal erfüllt haben, wird berichtet. Familie und Nachbarn seien verwundert umhergelaufen, um die Quelle des Klangs zu erkunden, konnten aber offenbar nichts finden. Dies war nur eines von vielen überlieferten Zeichen, die nach tibetischem Verständnis darauf hindeuteten, dass das Neugeborene ein besonderes Wesen sei.

21

Amdo Palden bestätigte, dass der Junge ein Tulku[4], eine besondere Wiedergeburt eines Lama war. Der Abt war auch in dieser Beziehung ein erfahrener Yogi, der das Potential eines Kindes meist auf den ersten Blick erkennen konnte. Dem kleinen Apo Gaga wollte er aber nicht wie üblich einen Namen geben. In Tibet suchen nicht die Eltern einen Namen für ihr Kind aus, sie überlassen die Namenswahl einem Lama, der dem Kind die buddhistische Zuflucht erteilt. Die Zuflucht bedeutet, dass das Kind eine karmische Verbindung zu Buddha und seinen Lehren knüpft, und gilt als ein ähnlicher Akt wie die christliche Taufe oder die Beschneidung bei den Juden. Amdo Palden hatte den Eltern gesagt, sie sollten später einen hohen Würdenträger, der den besonderen Ehrentitel Rinpoche trägt, fragen, wessen Inkarnation das Kind ist.

So wurde der Kleine erst einmal einfach nur Apo Gaga genannt. Er war ein ruhiges und heiteres Kind, fand schnell seinen eigenen Platz im Kreise der Großfamilie und wurde von allen, ganz besonders von der Mutter, warm und herzlich umsorgt. Seine Schwester Palzom sagt: »Er war unser Sonnenschein.«

Tulkus, die wiedergeborenen »spirituellen Sozialarbeiter«

Für viele im christlichen Abendland, besonders für Nichtgläubige, bedeutet es einen gedanklichen Spagat, sich auf die Idee von der Wiedergeburt einzulassen. Was in der fernöstlichen Religion des tibetischen Buddhismus zum Alltagsleben gehört, hält man hierzulande kaum für möglich. Manche Christen haben ja schon mit dem eigenen Glaubensgrundsatz der Auferstehung von den Toten ein Problem. Wie soll man dann erst mit dem mystisch anmutenden Vorgang einer bewusst gesteuerten Wiedergeburt umgehen?

Wie eine Billardkugel, die ihren Impuls an die angestoßene nächste weitergibt, wie eine Butterlampe, an deren Flamme sich die nächste entzünden lässt, das sind die klassischen Bilder, die eine Reinkarnation nach buddhistischer Auffassung anschaulich beschreiben. Demnach wird das Bewusstsein des gegenwärtigen Lebens durch die Gesamtheit der gespeicherten Informationen vergangener Existenzen geprägt. Es ist ein ununterbrochener und zugleich individueller Bewusstseinsstrom aufeinander folgender Existenzen. Ein Wiedergeborener wird mit den Folgen von Ereignissen und Taten aus seinem vorigen Leben konfrontiert. Die stärksten Eindrücke aus dem Vorleben bestimmen die Umstände des zukünftigen Lebens. Wenn man heutzutage im Westen damit kokettiert, dass man »schlechtes Karma« habe, bedeutet dieser Ausdruck eigentlich, dass einen die Taten des Vorlebens wieder einholen. Das beinhaltet aber auch die Möglichkeit, in diesem Leben etwas besser zu machen und zum Wohle anderer zu handeln. Und genauso kann man im aktuellen Leben sozusagen für das nächste vorsorgen, indem man Gutes tut und seine innere Einstellung positiv ausrichtet.

Über die herkömmliche Form der Wiedergeburt hinaus kennen die Buddhisten aber noch eine besondere Form der willentlichen Wiedergeburt. Diesen Prozess der Informationsweitergabe bewusst und kontrolliert zu steuern, vermögen nur große spirituelle Meister. Buddhisten nennen sie erleuchtete Wesen, Tulkus. Ihnen gelingt es durch jahrelanges Studium und ausdauernde Meditation, ihren Bewusstseinsstrom besonders zu trainieren und die darin gespeicherte Information gezielt auszurichten. Im Augenblick des Todes, wenn ihr Bewusstsein den alten Körper verlässt, sind sie imstande willentlich zu entscheiden, wann, wo und in welchen Umständen sie wieder Geburt annehmen. Sie wählen die Bedingungen ihrer neuen Inkarnation bewusst so, dass sie ihre wohltätige Arbeit im neuen Leben fortführen können.

Die Zeit zwischen zwei Inkarnationen bezeichnet man im tibetischen Buddhismus als Zwischenzustand, Bardo genannt. Traditionell spricht man von einer Länge von 49 Tagen, die noch einmal in verschiedene Phasen unterteilt sind. Tatsächlich kann der Zwischenzustand aber mehrere Jahre dauern.

Der erste historisch verbürgte, bewusst wiedergeborene Lama in der Geschichte des tibetischen Buddhismus war der 1. Karmapa, Düsum Khyenpa. Der 14. Dalai Lama bemerkt dazu: »Düsum Khyenpa war der erste tibetische Lama, der klare Hinweise über die Einzelheiten seiner nächsten Geburt hinterlassen hat, die das Auffinden seines Nachfolgers ermöglichten. Insofern hat er die Institution der anerkannten reinkarnierten Lamas eingeführt, die für den tibetischen Buddhismus so charakteristisch ist ...«[5]

Die Tulkus begründen ein einzigartiges System der Nachfolge, das die Kontinuität der Klöster und deren gemeinnütziges Wirken ermöglicht. Sie bilden die lange Reihe der »spirituellen Sozialarbeiter«, die unzähligen Klöstern in Tibet und den angrenzenden Himalaya-Regionen vorstehen und dort ihren Beitrag zum Wohl der Gemeinschaft leisten.

Die Tibeter sagen, bewusste Wiedergeburt sei kein Automatismus. Tulkus kehren nur zurück, wenn sie gebraucht werden und wenn ihre Anhänger für ihre Wiedergeburt beten.

Der 16. Karmapa

Vieles im Leben des 17. Karmapa lässt sich besser verstehen, wenn man die Lebensgeschichte seines Vorgängers betrachtet.

Der 15. Karmapa hinterließ die genauen Einzelheiten seiner zukünftigen Wiedergeburt in einem schriftlichen Dokument, das er seinem Schüler und Begleiter Jampal Tsültrim gab. Darin waren die Namen der zukünftigen Eltern, die Beschreibung der Region und des elterlichen Hauses sowie das Jahr der Wiedergeburt notiert. Der Mönch war sich aber der Bedeutung des Schriftstückes nicht bewusst. Nach dem Tod des 15. Karmapa im Jahr 1922 begab sich eben dieser Schüler auf Pilgerschaft und war jahrelang nicht aufzufinden. Das kostbare Dokument trug er bei sich, und so blieb den Mönchen des Klosters Tsurphu nichts anderes übrig, als den 11. Situ Rinpoche, einen der Linienhalter der Karma-Kagyü-Linie, um Rat zu fragen. Jener war in ganz Tibet bekannt für seine besondere Begabung, Wiedergeburten von hohen Lamas aufzufinden. Mit den Details seiner Visionen schickte man einen Suchtrupp los, der das Kind bald finden und identifizieren konnte.

Der 16. Karmapa, Ranjung Rigpe Dorje, war 1924 in eine sehr angesehene Familie hineingeboren worden. Sein Vater war Minister im Kabinett des Königs von Derge, einer bedeutenden Provinz in Osttibet. Jedoch gestaltete sich die Inthronisation des Karmapa schwierig, weil sich der 13. Dalai Lama weigerte, das Kind offiziell anzuerkennen, ohne das Dokument des 15. Karmapa gesehen zu haben – es war nicht auffindbar. Gleichzeitig meldete man ein weiteres Kind als mögliche Reinkarnation des Karmapa. Das Dilemma konnte erst gelöst werden, als der Mönch Jampal Tsültrim nach jahrelanger Pilgerschaft in das Kloster Tsurphu zurückkehrte. Das kostbare Dokument bestätigte Ranjung Rigpe Dorje als Nachfolger. Daraufhin erkannte der Dalai Lama das Kind aus Derge offiziell als 16. Karmapa an.

Alle Erzählungen und Berichte über den 16. Karmapa beschreiben ihn als einen besonders begabten und charismatischen Lama. Seine majestätische und zugleich väterliche Art hat ihm viele Anhänger und einflussreiche Unterstützer über die Landesgrenzen hinaus beschert.

Noch vor seiner Flucht vor den chinesischen Besatzern im Jahr 1959 frischte er auf zwei Reisen die historischen Kontakte zu den buddhistischen Königshäusern in Sikkim und Bhutan persönlich auf. In Indien wurde er nicht nur von Staatschef Nehru, sondern auch von einigen prominenten, einflussreichen Familien mit großen Ehren empfangen und sicherte sich so wertvolle Unterstützung für die Zukunft. Diese Kontakte haben seine Lage und die der mit ihm flüchtenden Tibeter im Herbst 1959 sehr erleichtert. Der 16. Karmapa und seine Begleiter entkamen den Truppen der chinesischen Armee über Bhutan nach Sikkim, das zu dieser Zeit noch ein unabhängiges Königreich war. Dort hatte bereits der 9. Karmapa drei berühmte Karma-Kagyü-Klöster gegründet, die bis heute erhalten geblieben sind. Eines davon war das Kloster Rumtek nahe der sikkimesischen Hauptstadt Gangtok. Dieses Kloster sollte fortan sein Hauptsitz im Exil sein. Das sikkimesische Königshaus überließ ihm stattliche Grundstücke, um ein neues Kloster und Unterkünfte für seine Begleiter zu errichten. Praktische Unterstützung kam auch aus Bhutan. Der dortige König stattete den Karmapa, die vier jungen Linienhalter und eine Reihe hoher Kagyü-Lamas mit bhutanesischen Diplomatenpässen aus. Das verschaffte ihnen Reisefreiheit und einen gesicherten Status. Mit Spenden von Anhängern und Wohltätern aus Indien, Sikkim und Bhutan konnte das neue Kloster Rumtek 1966 eingeweiht werden.

1974 veränderte sich die politische Lage in Sikkim. 1975 wurde das Königreich von Indien annektiert und fortan als 22. Bundesstaat des Subkontinents geführt. In jener unruhigen Zeit begab sich der 16. Karmapa auf seine erste Reise in den Westen. Der 16. Karmapa und die höheren Kagyü-Lamas waren dank ihrer buthanesischen Pässe viel beweglicher als beispielsweise der 14. Dalai Lama, der in Indien jahrelang einen ungeklärten Flüchtlingsstatus hatte und deshalb lange Zeit nicht reisen konnte. Sie – und nicht wie allseits angenommen der Dalai Lama – waren es, die die ersten Schritte in die westliche Welt wagen konnten.

Dies war auch die Zeit, in der die ersten Wellen der sehnsüchtig sinnsuchenden Blumenkinder und Hippies Indien, Nepal und auch das Kloster Rumtek in Sikkim erreichten. Sie kamen, um bei Gurus und spirituellen Meistern wie Sai Baba, Maharishi Mahesh oder den tibetischen Lamas Bestätigung zu finden und ihre Ideale von einem selbstbestimmten, sinnerfüllten Leben zu verwirklichen.

Die oft aus bürgerlichem Hause stammenden rebellischen Söhne und Töchter der 68er-Bewegung lehnten sich gegen das Establishment in ihren von Materialismus geprägten Gesellschaften auf. Die tibetischen Lamas nahmen sich dieser jungen Menschen mit viel Geduld, gesundem Pragmatismus und bedingungsloser Zuwendung an. Mit natürlicher Autorität und Glaubwürdigkeit gelang es ihnen häufig, die rebellierenden und oft drogenabhängigen jungen Leute zu sozial denkenden, verantwortungsvollen und selbstbewussten Menschen zu machen. Diese Metamorphose konnte man auch in vielen westlichen Ländern beobachten, wo tibetische Lehrer wirkten.

Im Laufe der 1970er und 80er Jahre entstanden in den USA und Europa mehrere große Zentren und buddhistische Organisationen unter der Leitung von namhaften Karma-Kagyü-Lehrern. Innerhalb weniger Jahre etablierten sie sich als angesehene Institutionen, in denen die im Ursprungsland gefährdeten Schätze der tibetisch-buddhistischen Tradition durch authentische Lehrer weitergegeben und in die westliche Kultur integriert wurden.

Im November 1981 starb der 16. Karmapa in Chicago in den USA mit nur 57 Jahren an einem Krebsleiden.

Der Junge mit der Ziege

Die ersten Jahre seiner Kindheit verbrachte Apo Gaga mit seinen Geschwistern und den kleinen Spielkameraden aus der Nachbarschaft auf den malerischen Bergwiesen und in den fruchtbaren Flusstälern in Lhatok. Besonders gern streifte er stundenlang mit seiner weiß-schwarzen Ziege Kayu auf den Bergen umher, manchmal ritt er auch auf ihr. Das ging ganz gut, weil sie ziemlich groß war, erzählte seine acht Jahre ältere Schwester Palzom. »Es war eine besondere Ziege. Das Außergewöhnliche an ihr war, dass sie drei Ohren hatte, aber dafür keine Hörner.« Diese Tatsache schien die Ziege für den kleinen Apo Gaga besonders interessant zu machen. Seine Schwester sagte, dass es eine glückliche Fügung war, dass das Tier, obwohl eigentlich ein Ziegenbock, keine Hörner besaß. So konnte ihr kleiner Bruder darauf reiten, ohne dass die Gefahr bestand, dass er sich an den Hörnern verletzte.

Sie lachte, als sie sich an eine Begebenheit erinnerte, die ihr ganz lebhaft im Gedächtnis geblieben ist. »Er hat damals immer bei den Erwachsenen zugesehen, wie sie ihre Pferde sattelten und dann fortritten. Eines Tages wollte er es ihnen gleichtun und holte sich einen der Pferdesattel. Es sah so lustig aus, der kleine Mann und der große Sattel. Dann hat er tatsächlich versucht, ihn der Ziege aufzusetzen. Aber der Sattel war so groß, dass er immer wieder nach rechts oder links wegrutschte. So sehr sich mein Bruder auch abmühte, es wollte und wollte nicht funktionieren.« Palzom lachte noch immer und fügte hinzu, dass der kleine Apo Gaga dann richtig wütend geworden sei.

Spielzeug besaßen sie nicht. Sie begnügten sich mit dem, was ihnen die Natur bot. Wie hierzulande Kinder aus christlichen Familien gern einmal Pfarrer und Messdiener spielen, mimte Apo Gaga manchmal auch einen Lama, und die anderen Kinder waren seine Mönche. Diese Lama-Spiele seien nur Zeitvertreib gewesen, sagte der Karmapa, als wir darüber sprachen.

Ich fragte ihn, ob er vielleicht damals schon gespürt hat, dass er der Karmapa ist. Da antwortete er lächelnd: »Nein, nicht in dieser Weise. Aber meine Mutter hat mir von einer Begebenheit erzählt, als ich noch ganz klein war. Zu dieser Zeit hatte sie auf unserem kleinen Altar eine Schüssel mit klarem Wasser und eine Butterlampe als Opfergabe dargebracht. Da habe ich meine Mutter gefragt, wem sie das opfern würde. Wir hatten ein Bild vom 16. Karmapa auf dem Altar. Sie sagte, sie würde es dem Karmapa opfern, und ich soll dann gesagt haben, dass ich das nehmen würde. Da hat sie mit mir geschimpft und meinte, das sei unheilvoll und es bringe Unglück, so etwas zu sagen.«

»Hatten Ihre Eltern vielleicht eine Vorahnung?«, hakte ich nach.

»Nein, nicht direkt. Sie haben sehr wohl gemerkt, dass ich ein besonderes Kind, vielleicht ein Tulku bin, aber daran, dass ich der Karmapa sein könnte, haben sie niemals gedacht. Denn der Karmapa ist sehr bedeutend, und es wäre vermessen gewesen, so zu denken.«

Menschen, die die Eltern des Karmapa kennengelernt haben, berichten, dass sein Vater ein lebhafter, gutaussehender und wortgewandter Mann ist. Döndrup brachte allen seinen Kindern Lesen und Schreiben bei, auch den Mädchen, was für Nomadenverhältnisse ungewöhnlich war. Die Mutter Lolaga, eine großgewachsene Frau mit klaren, harmonischen Gesichtszügen und strahlenden Augen, zeigt sich eher zurückhaltend und still. Dennoch scheint sie die Geschicke der Familie entscheidend zu lenken. Ihre besondere und kraftvolle Ausstrahlung zeugt davon, auch wenn sie gern im Hintergrund bleibt.

Als Apo Gaga etwa vier Jahre alt war, brachten ihn seine Eltern ins Karlek-Kloster, wie sie es versprochen hatten. Abt Amdo Palden und die Mönche führten ihn dort mit einer feierlichen Zeremonie ein. Er bekam sogar einen kleinen, leicht erhöhten Sitz neben dem Abt. Die Mönche des Klosters waren stolz, ihn in ihrer Mitte zu haben, weil sie glaubten, dass er ein Tulku ist. Nur wussten sie noch nicht, wen sie da bereits verehrten. Jedes Kloster ist froh über besondere Mönche, auch in wirtschaftlicher Hinsicht, denn Tulkus ziehen besonders viele Besucher an, die das Kloster dann auch mit höheren Spenden unterstützen. Deshalb sagt man in Tibet, es sei für jedes Kloster gut, zwei oder drei Tulkus zu haben. Das gilt erst recht für Karlek, ein sehr ländliches Kloster ohne Reichtum und Prunk.

Weil Apo Gaga noch so jung war, verbrachte er weiterhin die meiste Zeit bei seiner Familie. Nur zu besonderen Feierlichkeiten kam er ein- bis zweimal im Jahr für einige Tage ins Kloster. Ich fragte den Karmapa, ob er damals so wie die anderen Jungs in seinem Alter oder eher wie ein Mönch gekleidet war. »Ich hatte schon eher rote Sachen an«, sagte er und kniff dabei seine Augen zusammen, als suche er in meinem Gesicht nach einer Reaktion. »So eine rote Chuba. Ein wenig wie eine Mönchsrobe, aber nicht ganz so«, schob er nach und schaute an sich herunter. In Tibet werden Kinder, die als Tulkus gelten, von ihren Eltern in Vorbereitung auf die zukünftige Mönchsweihe meist schon dunkelrot oder erdfarben gekleidet.

Wer bin ich?

Der Karmapa erzählte mir, dass er sein unbeschwertes Leben als Nomadenjunge oben im Bakhor-Tal sehr gemocht hatte. Während er in Gedanken bei seiner Kindheit war, wirkte er fast ein wenig aufgeregt. Er zupfte die Gewandfalten über der Schulter zurecht, rieb sich den linken Arm und beugte sich weit zu mir herüber. Dann sprach er weiter: »Es war 1991. In dieser Zeit war ich noch nicht als der Karmapa identifiziert worden. Sie hatten mir nur gesagt, dass ich ein besonderer Tulku sei, aber sie wussten nicht welcher. Damals ist Situ Rinpoche sechs Wochen lang durch Tibet gereist und auch nach Palpung gekommen.«

Als bekannt wurde, dass Situ Rinpoche aus dem indischen Exil zu Besuch nach Tibet kommt, machten sich Tausende Anhänger und Hunderte hohe Lamas dorthin auf den Weg. Alle wollten eine ganz spezielle Serie von Einweihungen[6] erhalten, weil sie sehr selten von hohen Lamas gegeben werden. Man kann zum Beispiel in wenigen Wochen 200 bis 300 Einweihungen erhalten – und das reicht dann für das ganze Leben. Für viele war dies eine einmalige

Gelegenheit. Außerdem wussten die Tibeter, dass Situ Rinpoche die besondere Fähigkeit besitzt, Tulkus zu erkennen. So erklärt sich der Andrang beim ersten Besuch des Rinpoche in Tibet viele Jahre nach seiner Flucht. Das Kloster soll aus allen Nähten geplatzt sein, die Wiesen drum herum glichen Heerlagern. Es war ein riesiges Ereignis.

»Viele sind nach Palpung gefahren«, sagte der Karmapa, »und vor allem hatte man weit über hundert Tulkus dorthin gebracht, damit sie von Situ Rinpoche erkannt werden. Man erzählt sich, er habe bis zu diesem Zeitpunkt bereits zwei- oder dreihundert Tulkus identifiziert. Auch mein Vater und unser Lama, Abt Amdo Palden, sind mit mir nach Palpung gereist, um ihn zu fragen, wessen Inkarnation ich bin. Als wir dort ankamen, war Situ Rinpoche aber noch nicht da.«

Weil man für die beschwerlichen Reisen in Tibet großzügig Zeit einplanen muss, waren sie ein paar Tage früher angekommen und hatten die Zeit für Ausflüge in die Umgebung genutzt. Palpung ist eines der größten Klöster in Osttibet. Viele kleine Klöster und Retreathäuser[7] gehören dazu.

»Mein Vater hatte sich wirklich große Hoffnungen gemacht«, fuhr der Karmapa fort. Er hielt kurz inne, fixierte einen Punkt irgendwo hinter meinen Augen und sagte dann kurz und bündig: »Aber Situ Rinpoche sagte nicht, wessen Inkarnation ich sei.«

Das erstaunte mich. Ausgerechnet den Karmapa hat Situ Rinpoche nicht erkannt, obwohl er in diesen Tagen etwa 160 Tulkus identifiziert haben soll? War damit die ganze beschwerliche Reise umsonst gewesen? Oder hat Situ Rinpoche vielleicht doch geahnt, wem er bei den Ritualen begegnet war, aber den Zeitpunkt noch nicht als richtig erachtet, die Identität des Karmapa zu enthüllen?

Apo Gaga, Döndrup und Amdo Palden hatten zwar an allen Ritualen teilgenommen, die Einweihungen erhalten und waren somit reich gesegnet, doch was ihr eigentliches Anliegen betraf, kehrten sie unverrichteter Dinge ins Bakhor-Tal zurück, die Enttäuschung im Gepäck.

Es scheint aber, dass Situ Rinpoche in dem kleinen Apo Gaga doch etwas Besonderes gesehen hat. Von seiner nächsten Station in Peking schickte er ihm ein kleines Päckchen mit einer wertvollen Gebetskette aus roten Korallen und einem Segensschal ins Kloster Karlek. Solche kostbaren Geschenke macht man traditionell nur einem besonderen Tulku.

Herzenssöhne und Linienhalter

Während Apo Gaga seine unbekümmerte und glückliche Kindheit inmitten seiner Familie, mit Spielgefährten und Tieren im Hochland des Himalaya verbrachte, spielten sich einige hundert Kilometer weiter im Kloster Rumtek Dinge ab, von denen er nichts ahnen konnte, die aber für sein weiteres Leben von großer Bedeutung sein würden.

Nach dem Tod des 16. Karmapa, des Oberhauptes der Karma-Kagyü-Linie, waren vier ranghohe Lamas, »Herzenssöhne« genannt, als Linienhalter für den Fortbestand der Tradition und die Auffindung der neuen Karmapa-Inkarnation verantwortlich. Sie waren zwar fast gleichen Alters, aber in ihren Charakteren sehr verschieden. Der Älteste unter ihnen, Shamar Rinpoche, auch Shamarpa genannt, war 1952 als Sohn des Bruders des 16. Karmapa geboren und rein rechnerisch die 13. Inkarnation, also die älteste Linie der bewussten Wiedergeburten unter den Herzenssöhnen. Er war der einzige der Linie, der sich in früheren Jahrhunderten auch politisch betätigt hat.

Dem 10. Shamarpa wurde nachgesagt, im Krieg zwischen Tibet und Nepal Ende des 18. Jahrhunderts die Zentralregierung des Dalai Lama in Lhasa verraten und die nepalesischen Invasoren unterstützt zu haben. Daraufhin verbot der Dalai Lama die Inkarnation des Shamarpa und belegte sie mit einem Bann. Zukünftige Inkarnationen konnten danach nicht mehr offiziell anerkannt und inthronisiert werden. Seine Klöster wurden konfisziert. Erst 1963 gab der 14. Dalai Lama den Bitten des 16. Karmapa nach und erteilte seine Zustimmung für die offizielle Inthronisation des gegenwärtigen 13. Shamarpa. Seine politischen Ambitionen und sein ständiger Anspruch auf die Führungsrolle scheinen zu bestätigen, dass es sich hier um die Reinkarnation des lange verbotenen Rebellen handelt.

Der nächste »Herzenssohn«, Tai Situ Rinpoche, geboren im Februar 1954, ist die 12. Inkarnation in einer Reihe prominenter Vorgänger, die alle Äbte des berühmten Klosterkomplexes Palpung waren. Palpung liegt in der Region Derge im Gebiet Kham in Osttibet. Die Situ Rinpoches waren nicht nur hervorragende spirituelle Meister mit der besonderen Fähigkeit, wiedergeborene Lamas aufzufinden. Sie waren auch berühmte Künstler, die eine besondere Richtung der Thangka-Malerei begründeten, und außerdem für ihre literarischen Talente und ihre Heilkünste in ganz Tibet bekannt. Der vorherige 11. Situ Rinpoche hatte den 16. Karmapa gefunden und inthronisiert und war dessen wichtigster Lehrer.

Es folgt der im Oktober 1954 geborene 3. Jamgön Kongtrul Rinpoche, ein Kind aus einer sehr angesehenen Gelugpa-Familie aus Lhasa. Seine Inkarnationslinie ist kurz, aber der 1. Jamgön Kongtrul, Lodrö Thaye, war im 19. Jahrhundert ein berühmter Gelehrter, Arzt und Eremit. Zusammen mit prominenten zeitgenössischen Vertretern anderer tibetisch-buddhistischer Schulen begründete er die ökumenische »Rime«-Bewegung und reformierte die buddhistische Tradition in Tibet tiefgreifend.

Der 3. Jamgön Rinpoche war ein sensibler, feinsinniger Lehrer, der sich mit besonderer Zuneigung und Interesse westlichen Schülern zuwandte. In den 1980er Jahren leitete er den Dialog zwischen Buddhismus und westlicher Psychologie ein. Er pflegte und umsorgte den 16. Karmapa in seinen letzten Jahren hingebungsvoll und begleitete ihn auf vielen seiner Reisen.

Der vierte Herzenssohn, der ebenfalls 1954 geborene Goshir Gyaltsab Rinpoche, ist die 12. Inkarnation in einer ungebrochenen Linie von bewusst wiedergeborenen spirituellen Meistern. Seine Vorgänger übernahmen traditionell die Rolle des Regenten, wenn ein Karmapa entweder gerade verstorben oder noch zu jung war. Gyaltsab bedeutet im Tibetischen Regent. Sein Hauptkloster in Tibet liegt in unmittelbarer Nähe zum historischen Hauptsitz der Karmapas in Tsurphu und ist bis heute eng mit dem Tsurphu-Kloster verbunden. Der gegenwärtige Gyaltsab Rinpoche ist ein außerordentlich gelehrter und auch in der tantrischen Meditationspraxis sehr erfahrener Meister. Er hat in der Abwesenheit des Karmapa dessen Exilsitz im Kloster Rumtek in Sikkim betreut.

Der Karmapa hatte in der Karma-Kagyü-Tradition immer eine unbestrittene Führungsrolle inne. Diese herausragende und auch in Tibet einmalige Stellung des Linienoberhauptes war den besonderen Fähigkeiten und der in allen Inkarnationen aufs Neue bewiesenen spirituellen Meisterschaft des Karmapa geschuldet.

Die Funktion der »Herzenssöhne« genannten Linienhalter ist für die Karma-Kagyü-Tradition überlebenswichtig. Durch die Geschichte hindurch waren die Linienhalter abwechselnd Schüler des Karmapa und nach seinem Tode die Lehrer der Wiedergeburt. Die seit nunmehr 900 Jahren ununterbrochen übertragenen Lehren vom Karmapa an seine Schüler und wieder zurück zu ihm werden auch die Übertragungslinie des »Goldenen Rosenkranzes« genannt. Ob in der Rolle des Lehrenden oder des Empfangenden, alle Übertragenden waren große spirituelle Meister der Karma-Kagyü-Linie. Der »Goldene Rosenkranz« ist in seiner direkten Verbindung zum Ursprung der Lehren vielleicht vergleichbar mit der Apostolischen Sukzession in der katholischen Kirche. Danach geht das Amt des Papstes lückenlos bis zu dem von Jesus Christus als Leiter der christlichen Gemeinden eingesetzten Heiligen Petrus zurück.

Auch wenn der Buddhismus als eine Weltreligion gilt, so ist er doch kein monolithischer Block. Ähnlich wie sich die Christen und Muslime in verschiedene Traditionen und Schulen aufteilen, existieren auch im Buddhismus verschiedene Zweige. In Tibet sind es im Wesentlichen vier[8]: Nyingma, Kagyü, Sakya und Gelugpa. Man nennt sie Schulen, Traditionen oder Orden. Vielleicht ist der Vergleich mit Orden ganz hilfreich, zumal es sich auch hierbei um monastisch geprägte Institutionen handelt. So gehört beispielsweise der Dalai Lama dem Gelbhut-Orden an, den Gelugpas, der Orden des Karmapa ist nach dem Schwarzen Hut benannt.

Regenten für den Übergang

Der Generalsekretär des Rumtek-Klosters hatte nach dem Tod des 16. Karmapa beschlossen, dass die Regentschaft zwischen den vier »Herzenssöhnen« im jeweils vierjährigen Rotationsverfahren aufgeteilt wird, bis der nächste Karmapa die Volljährigkeit erlangt hat. Die anderen drei Linienhalter sollten den jeweiligen Amtsinhaber unterstützen. Als Ältester übernahm der energische Shamarpa die erste Regentschaft. Da die anderen drei Linienhalter eher spirituellen Aktivitäten zugeneigt waren, führte er die Geschäfte in Rumtek weitgehend eigenständig.

Nur ein Jahr nach dem Tod des 16. Karmapa und der Einführung der Regentschaft per Rotation verstarb der alte Generalsekretär, der dem Karmapa schon in Tibet gedient hatte, unter mysteriösen Umständen auf einer Reise in Bhutan. Seine Nachfolge regelte der Shamarpa ziemlich eigenmächtig und in seinem eigenen Sinne. Als neuen Generalsekretär ernannte er seinen Cousin Topga Rinpoche, ebenfalls ein Neffe des verstorbenen Karmapa. Topga Rinpoche hatte den Zorn des 16. Karmapa auf sich gezogen, als er die Mönchsroben abgelegt und eine bhutanesische Prinzessin geheiratet hatte. Jahrelang wollte ihn der Karmapa nicht sehen, bis schließlich die enge spirituelle Verbindung zum bhutanesischen Königshaus den Zwist schlichtete.

Topga Rinpoche lebte als Geschäftsmann in Bhutan und erfüllte dort hauptsächlich repräsentative Funktionen. Seine hervorragenden Verbindungen zur indischen Regierung und zum politischen Establishment in Delhi vermittelte er weiter an den Shamarpa, der von diesen Verbindungen bis zum heutigen Tage profitiert. Nach der Ernennung Topga Rinpoches zum Generalsekretär arbeiteten die beiden besonders eng zusammen und gaben die Regentschaft über das Kloster Rumtek nicht mehr ab. Das Rotationsprinzip wurde außer Kraft gesetzt. Ihr Verhältnis zu den anderen Linienhaltern und den Getreuen des 16. Karmapa wurde mit den Jahren immer angespannter.

Anfang der 1980er Jahre ließen die chinesischen Machthaber in Tibet eine vorsichtige Lockerung der Verhältnisse zu. Viele tibetische Lamas im Exil richteten ihren Blick auf die verlassene Heimat und versuchten beim Wiederaufbau der während der Kulturrevolution zerstörten Klöster behilflich zu sein. 1985 kehrte auch einer der alten Getreuen des 16. Karmapa, Drupon Dechen Rinpoche, aus dem indischen Ladakh nach Tsurphu zurück. Er hatte dem 16. Karmapa vor dessen Tod versprochen, das zerstörte Kloster dort wieder aufzubauen. Unterstützung erhielt er dabei auch von den Herzenssöhnen des Karmapa aus Rumtek.

Während Situ Rinpoche, Jamgön Rinpoche und Gyaltsab Rinpoche ihre zerstörten Klöster in der tibetischen Heimat wieder aufzubauen versuchten, konzentrierte sich der Shamarpa mit voller Aufmerksamkeit auf seine Aufgabe als Regent des Karmapa. Er hatte dabei nicht nur das Kloster Rumtek, sondern die zahlreichen

Karma-Kagyü-Klöster und Zentren weltweit im Auge, die er mit Hilfe seines Generalsekretärs in einer Art Dachverband zu organisieren suchte.

Die Jahre vergingen, und die Karma-Kagyü-Anhänger in der ganzen Welt warteten sehnsüchtig auf die gute Nachricht von der Auffindung der neuen Karmapa-Inkarnation. Aber die »Herzenssöhne« fanden kein schriftliches Dokument des 16. Karmapa. Der Druck auf die Linienhalter wuchs, und die Unzufriedenheit unter den Gläubigen und Schülern nahm zu. Hin und wieder tauchten seltsame Vorschläge für Kandidaten auf. Mal war es ein Junge, der in Bodhgaya, am heiligsten Ort Indiens, geboren wurde. Ein anderes Mal war es ein bhutanesischer Prinz. Keiner war anhand der üblichen schriftlichen Hinweise des verstorbenen Karmapa gefunden worden.

In ihrer Verzweiflung griffen die vier Linienhalter sogar zu einer Notlösung, die nicht nur aus spiritueller Sicht zweifelhaft war und im Nachhinein nicht gerade vertrauensbildend wirkte. Da sich partout kein schriftliches Dokument des Karmapa finden ließ, kamen sie 1986 bei einer ihrer seltenen Zusammenkünfte überein, eine persönliche Meditationsanweisung, die der verstorbene Karmapa einmal Gyaltsab Rinpoche erteilt hatte, aufzuschreiben und in einem kostbaren Reliquienbehälter auf dem Altar des 16. Karmapa zu platzieren. Anschließend verkündeten sie den ungeduldig wartenden Karma-Kagyü-Anhängern, dass zusätzliche Gebete und Rituale notwendig seien, um die Hindernisse zur Auffindung der neuen Karmapa-Inkarnation zu beseitigen. Mit dieser Taktik wollte man die Anhängerschaft beruhigen und Zeit gewinnen. In den Zentren rund um den Erdball wurden fortan unzählige Gebete und Rituale verrichtet.

Vielleicht stellte sich der eine oder andere die Frage, ob es überhaupt einen Prophezeiungsbrief gab. Aber wer hätte darauf mit einem klaren »Nein« antworten können? Bis dahin hatte jeder Karmapa einen Hinweis hinterlassen, und es stand für die Beteiligten außer Zweifel, dass auch der 16. Karmapa seine nächste Inkarnation angekündigt hatte.

Das Schutzamulett

Viele waren sich sicher, dass der neue Karmapa längst geboren sein müsste, denn in der Regel vergehen nur ein paar Jahre vom Tod eines Karmapa bis zu seiner nächsten Reinkarnation. Man erinnerte sich mit ungutem Gefühl an die Schwierigkeiten bei der Auffindung des 16. Karmapa, als ein Mönch mit dem Prophezeiungsbrief jahrelang auf Pilgerreise unterwegs gewesen war.

Erst neun Jahre nach Ableben des 16. Karmapa, im Jahr 1990, machte der Linienhalter Situ Rinpoche eine wichtige Entdeckung: Ihm kam die Begebenheit in Kalkutta in den Sinn, als ihm der schwerkranke 16. Karmapa das Schutzamulett übergeben hatte. »Ich machte gerade eine Klausur. Aber es war nicht so, dass ich mich in einem tiefen meditativen Zustand befand; da waren auch keine Stimmen oder so etwas Ähnliches. Ich habe mich einfach nur an dieses Bild zurückerinnert, und das hat mich gewundert. Aus irgendeinem inneren Impuls heraus öffnete ich schließlich das Amulett.«[9] Im Innern des Brokattäschchens fand er einen zusammengefalteten Umschlag mit der Handschrift, dem aufgedruckten Wappen und dem Siegelstempel des 16. Karmapa. In roter Tinte stand geschrieben, dass der Brief im Jahr des Metallpferdes, also 1991, zu öffnen sei.

Situ Rinpoche war sehr glücklich über die Entdeckung der Offenbarung der Wiedergeburt. Er war sich »zu neunzig Prozent sicher, dass der Umschlag den Vorhersagebrief des Karmapa enthielt«.[10]

Die Prophezeiung des 16. Karmapa

Im März des Jahres 1992 präsentierte Situ Rinpoche den drei anderen Linienhaltern bei einem Treffen im Kloster Rumtek den Prophezeiungsbrief, den er 1990 gefunden hatte.

»Als ich ihnen den Brief zeigte, war Gyaltsab Rinpoche sehr glücklich«, sagte Situ Rinpoche im Interview. »Aber Shamar Rinpoche zeigte Zeichen von Unzufriedenheit. Ich war zutiefst schockiert. Das war das erste Mal, dass er sich so verhielt. Aber später, als wir alles besprochen hatten, alle Details, zeigte er weder Widerspruch noch Uneinigkeit.«

Der Shamarpa hatte den Brief als Erster begutachtet und sofort daran Anstoß genommen, dass Situ Rinpoche darin erwähnt war. Nach seinen eigenen Darstellungen zweifelte er die Echtheit des Briefes an, weil die Schrift des Briefes nicht die Handschrift des 16. Karmapa sei. Er vermutete eine Fälschung und einen Komplott der drei anderen Linienhalter und ging davon aus, dass man insgeheim schon einen Jungen gefunden habe und diesen Brief nun zur Legitimation missbrauche. Laut seiner Darstellung habe er sofort eine forensische Untersuchung der Handschrift und der Unterschrift gefordert, die von den drei anderen abgelehnt worden seien, weil man in dem Brief die Handschrift des 16. Karmapa erkannt habe.[11]

Diese Auseinandersetzung, von der nur der Shamarpa berichtet, hat die vier aber offenbar nicht davon abgehalten, sich schnell an die Deutung der Zeilen zu begeben, denn die Hinweise waren wie üblich in Form eines Gedichts verfasst. Der heilige Brief war handschriftlich in tibetischer Sprache geschrieben.

Der Wortlaut des Prophezeiungsbriefs:

Emaho!
Selbstgewahrsein ist immer Glückseligkeit;
Der Dharmadhatu[12] hat weder Mitte noch Grenzen.
Von hier aus im Norden, im
Osten des Schneelandes,
Ist ein Land wo heiliger Donner
Spontan erklingt.
An einem schönen Ort von Nomaden,
Mit dem Zeichen der Kuh,
Ist die Methode Döndrub,
Und die Weisheit ist Lolaga.
Geboren im Jahre dessen,
Der die Erde bearbeitet,
Mit dem wundersamen weitreichenden Klang
Der Weißen,
Ist dies derjenige, der als Karmapa bekannt ist.
Unterstützt wird er von Lord Dönyö Drubpa.
Ohne sektiererisch zu sein durchdringt er alle Richtungen,
Nicht einigen nahestehend und anderen fern,
Er ist der Beschützer aller Wesen,
Die Sonne von Buddhas Dharma, die anderen nützt, erstrahlt un-
aufhörlich.[13]

Nach einem ganzen Tag harter Arbeit kamen alle vier Linienhalter
einmütig zur gleichen inhaltlichen Deutung des Briefes. Gyaltsab
Rinpoche erklärte sie: »›Hier‹ bedeutet Rumtek, der Verfassungs-
ort des Briefes. Von da aus nördlich liegt das Land des Schnees, wie
die Tibeter ihre Heimat nennen. Der Ort im Osten, wo heiliger
Donner erschallt, deutet auf einen Ort im Bezirk Kham in Osttibet hin. Lha heißt heilig und Thok heißt auf Tibetisch Donner.
Damit war klar, dass nur ein Ort gemeint sein konnte, der Lhatok
heißt. Nun folgt die genauere Beschreibung der Region. ›An einem

schönen Ort von Nomaden‹, erklärt eine fruchtbare Gegend, die gern von Nomaden bevölkert wird. Sie steht im Zeichen der Kuh. Ba ist Tibetisch für Kuh und Kor bedeutet Kreis oder Bezirk. Damit müsste die Siedlung Bakhor gemeint sein. Als Nächstes widmet sich das Gedicht den Eltern. Mit Döndrub, die Sonne, und Lolaga, der Mond, sind die Namen der Eltern beschrieben. Sonne, männlich, Methode. Mond, das Weibliche, die Weisheit. Sein Geburtsjahr wird angegeben mit dem Jahr dessen, der die Erde bearbeitet. Der tibetische Kalender kennt nur ein Tierkreiszeichen, das für die Arbeit an der Erde genutzt werden kann: den Ochsen. Also weist alles auf das Jahr 1985, das Jahr des Ochsen hin. Damit ist klar, dass der Karmapa 1985 wiedergeboren wurde.

Bei den Worten ›Mit dem wundersamen weitreichenden Klang Der Weißen‹ denkt jeder Tibeter sofort an die weiße Muschel, das Gehäuse einer großen Meeresschnecke. Das laut und durchdringend tönende Instrument, das Mönche zu den Zeremonien in die Tempel ruft und in den Liturgien Bestandteil des Orchesters ist, wird allgemein nur ›Die Weiße‹ genannt.

»›Unterstützt wird er von Lord Dönyö Drubpa‹, verweist auf Situ Rinpoche, denn er trägt den buddhistischen Namen ›Dönyö Drupa‹. Der vorherige 11. Situ Rinpoche hatte seinerzeit den 16. Karmapa identifiziert, und sein Nachfolger, der 12. Situ Rinpoche, war offensichtlich auch diesmal dazu bestimmt.«[14]

Jamgön Rinpoche, der andere Linienhalter, kommentierte den Brief in einem Interview am gleichen Tag:»Die Angaben sind sehr präzise. Der Brief ist sehr klar, sehr genau. Deshalb sind wir alle sehr zuversichtlich, Karmapa zu finden.«[15] Er wurde auch dazu auserkoren, mit einer Kopie des Briefes nach Tibet ins Kloster Tsurphu zu fahren und dort den Suchtrupp zu leiten. Mit den Angaben im Brief war man sich sicher, die Wiedergeburt des Karmapa bald zu finden. Über den genauen Inhalt wollte man aber vorerst Stillschweigen bewahren.

Das Treffen der vier Linienhalter hatte eine Menge Mönche, offizielle Religionsvertreter und Pilger angezogen, die sich im Klosterhof versammelten und darauf warteten, den Grund des Treffens oder sogar ein Ergebnis zu erfahren. Einer staunenden Gesandtschaft wurde schließlich kundgetan, dass der Prophezeiungsbrief gefunden sei. Sie durfte sich das Dokument sogar ansehen, bevor es wieder in den Reliquienschrein zurückgelegt wurde. Damit wurde sie nicht nur Zeuge der Existenz des Briefes, sondern auch der Eintracht und Harmonie unter den vier Linienhaltern. Wie viel davon Fassade war, lässt sich im Nachhinein nur vermuten.

Am Tag darauf luden die vier Herzenssöhne Vertreter der Sikkimesischen Regierung, Mitglieder der Sikkimesischen Legislative, der Singha, und Repräsentanten der Sikkimesischen Klöster zu einem offiziellen Treffen. Ohne den Brief zu präsentieren, informierten sie die Delegation darüber, dass der Vorhersagebrief des Karmapa gefunden sei und dass man hoffe, die Reinkarnation innerhalb von sechs bis sieben Monaten finden, identifizieren und inthronisieren zu können. Michele Martin, eine amerikanische Buddhismusgelehrte, die sich in jener Zeit in Rumtek aufhielt, half Jamgön Rinpoche bei der Übertragung von buddhistischen Texten in die englische Sprache und übersetzte auch den Prophezeiungsbrief. Sie erinnert sich, dass Jamgön Rinpoche von der Echtheit des Briefes vollends überzeugt war. »Wir hatten so lange warten müssen. Und die Tatsache, dass die vier Herzenssöhne zusammen waren und diese Bekanntmachung gemacht hatten ... ein jeder glühte vor freudiger Erregung.«[16]

Die Freude sollte nicht lange währen. Topga, der Generalsekretär des Kloster Rumtek und Cousin des Shamarpa, mischte sich ins Geschehen ein, und zwar ebenfalls mit Fälschungsvorwürfen. War der plötzlich aufgetauchte Brief eine Lösung, mit der er und sein Cousin nicht mehr rechneten, nachdem sie sich mit der gemeinsamen Regentschaft so gut arrangiert hatten? Mit dem Dokument waren die Dinge nun entschieden: Der neue Karmapa war in Tibet wiedergeboren und somit ihrem Einfluss nicht direkt zugänglich. Das war für die beiden Cousins wohl ein Problem. Und wie konnte es sein, dass der 16. Karmapa nicht seinen Neffen, den Shamarpa, mit dem Dokument betraut hatte? Diese Frage ließ dem Shamarpa anscheinend keine Ruhe. Der neue Karmapa würde bald identifiziert sein, und dann würde es nur ein paar Jahre dauern, bis er mit Erreichen seiner Volljährigkeit auch die Übergangsphase der Regentschaft beenden würde. Weil die Rolle des Generalsekretärs aber nicht unwichtig war und die Akzeptanz des Prophezeiungsbriefes per Statut auch von ihm abhing, standen nun zwei gegen drei: Shamarpa und Topga auf der einen Seite, die drei übrigen Herzenssöhne auf der anderen.

In den folgenden Tagen begab sich Situ Rinpoche nach Dharamsala, um den Dalai Lama über das Prophezeiungsschreiben zu informieren. Dabei berichtete er Seiner Heiligkeit auch von der Diskussion unter den vier Linienhaltern, die dadurch entstanden war, dass der Shamarpa die Echtheit des Dokuments anzweifelte. Der Dalai Lama erzählte seinerseits von einer Vision, die Wiedergeburt des Karmapa betreffend. In einem Interview, das der Filmemacher Clemens Kuby 1992 aufnahm, sprach er darüber: »Ich hatte eine Art Traum von dem Ort, an dem der Karmapa wiedergeboren würde. Ein Tal, in dem Gestein und Gras aussahen wie im Hochland. Es war nach Süden ausgerichtet, mit kleinen, wunderschönen Flüssen. Das war das wesentliche Bild. Dann war da jemand, der sagte zu mir: Das ist der Ort, an dem der Karmapa geboren wurde.«[17]

Dieser Traum habe ihn sehr glücklich gemacht, sagte der Dalai Lama und forderte Situ Rinpoche auf, weiterhin äußerst gewissenhaft vorzugehen.

Die Suche nach dem neuen Karmapa

Die Nachricht vom Tode Jamgön Rinpoches schockierte alle. Am 26. April 1992, noch ehe er die Vorbereitungen für seine Reise nach Tibet abschließen konnte, verunglückte er tödlich bei einer Probefahrt in einem nagelneuen 5er BMW. Der Wagen war ein Geschenk seines Bruders gewesen. Auf der Bundesstraße nördlich von Siliguri geriet das Auto bei einem Ausweichmanöver ins Schleudern und prallte schließlich an einen Baum. Jamgön Rinpoche verstarb noch am Unfallort, sein Fahrer und ein Lama wenig später im Krankenhaus, sein Sekretär überlebte schwerverletzt.

Nach eigenen Angaben von der Polizei informiert, tauchte der Shamarpa als Erster beim toten Herzenssohn auf. Gyaltsab Rinpoche kam etwas später dazu. In einer Trauerprozession brachten sie Jamgön Rinpoches Leichnam zurück nach Rumtek. Unter den Trauernden im Kloster herrschte Angst und Beklommenheit. Ein Bericht über einen Traum von Gyaltsab Rinpoche, wonach im Tempel von Rumtek zwei der vier Säulen zerbrochen waren, machte die Runde. Wer würde der Nächste sein, wenn die erste Säule, auf der das Dach des Tempels ruht, Jamgön Rinpoche war, fragte man sich. Vor allem aber verbreiteten sich Gerüchte über die Todesursache. Von Sabotage und Ungereimtheiten erzählte man und fragte sich, ob jemand ein Interesse am Tod des erst 37-jährigen Jamgön haben könnte. Die Polizei hatte auf Bitten der Familie auf eine offizielle Untersuchung des Unfalls verzichtet.

Als Situ Rinpoche wieder in Rumtek eintraf, ging der Shamarpa in seinem Haus unterhalb des Klosters in Klausur. Danach verreiste er, ohne an den Trauerzeremonien teilzunehmen und ohne die anderen beiden Linienhalter zu treffen. Er suchte die großen Karma-Kagyü-Organisationen in Amerika auf, um noch in dieser Zeit der Verwirrung und Trauer Organisationen, die Jamgön Rinpoche nahegestanden hatten, auf sich einzuschwören. Die Schüler des verstorbenen Linienhalters haben dem widerstanden.

In Rumtek beschlossen die beiden verbliebenen Linienhalter, nun schnell aktiv zu werden. Sie hatten den Leuten zwar gesagt, dass es im Oktober eine Bekanntmachung geben würde. Aber bis dahin hätten unvorhersehbare Dinge geschehen können. Sie machten sich Sorgen um die Sicherheit des Karmapa. Situ Rinpoche erinnert sich: »Also dachten wir, dass wir schnell handeln sollten. Gyaltsab Rinpoche und ich trafen uns mit einigen der anderen älteren Rinpoches, die noch in Rumtek verblieben waren, und beschlossen, Gyaltsabs Generalsekretär Sherab Tharchin sowie Akong Rinpoche loszuschicken. Letzterer hat aufgrund vieler Hilfsprojekte, die er in Tibet betreut, große Erfahrung dort. [...] Also gaben wir Akong und Sherab eine Kopie des Briefes und schickten sie auf die Reise.«[18]

Der Suchtrupp aus Tsurphu

Bereits im März 1992 hatten die vier Linienhalter aus dem indischen Exil eine Kopie des Prophezeiungsbriefes an den Abt des Tsurphu-Klosters in Tibet gesandt. Sie baten ihn, eine formale Genehmigung für die Suche bei den chinesischen Behörden einzuholen und schon einmal eine erste Suchtruppe vorauszuschicken, die alle Angaben aus dem Brief prüfen sollten. Gab es an der besagten Stelle wirklich eine Familie mit einem Jungen, der zum angegebenen Zeitpunkt geboren war und dessen Eltern Döndrup und Lolaga hießen? Jamgön Rinpoche und seine Leute sollten dann in einer offiziellen Delegation nach Osttibet reisen, um die traditionelle Begrüßung der neuen Inkarnation vorzunehmen. So war es ursprünglich geplant.

In Tsurphu stellte der Abt des Klosters, Drupon Dechen Rinpoche, sofort einen Suchtrupp zusammen und entsandte Lama

Tomo, den Leiter der Klosterverwaltung von Tsurphu, als Haupt der vierköpfigen Gruppe.

Im Mai 1992 begaben sich Lama Tomo, Ashang Lodrö, der junge Mönch Titi, der später der persönliche Betreuer des kleinen Karmapa werden sollte, und Pato, ein Regierungsbeauftragter, auf die etwa 1500 Kilometer lange Reise nach Lhatok. Die Verwaltung des Tsurphu-Klosters hatte dem Amt für Religiöse Angelegenheiten in Lhasa den Erhalt des Briefes und das Suchvorhaben melden müssen. Dieses hatte dann sofort Verbindung mit Peking aufgenommen, und es schien, dass die chinesische Regierung zu einem großen Experiment in ihrer festgefahrenen Tibetpolitik bereit war. Sie hatte vor, die Reinkarnation des ranghöchsten Karma-Kagyü-Lamas in Tibet offiziell anzuerkennen, um mit ihm einen prominenten tibetischen Religionsführer als Gegenpol zum mächtigen Bild des abwesenden Dalai Lama zu etablieren.

Peking rechnete sich durch die Unterstützung eines in Tibet geborenen Karmapa strategische Vorteile für seine zukünftige Tibetpolitik aus. Deshalb waren die chinesischen Behörden nicht nur mit der Suche nach der Karmapa-Reinkarnation einverstanden, sondern beteiligten sich auch unmittelbar daran. Die Regierung in Lhasa schickte sogar eigens einen Wagen mit Fahrer für die Expedition. Das Amt für religiöse Angelegenheiten stellte dem Trupp den Regierungsbeamten Pato zur Seite. Damit war freie Fahrt durch die militärischen Kontrollpunkte gewährleistet und zugleich ein offizieller Beobachter der Regierung dabei. Möglicherweise hätte der Suchtrupp ohne den Aufpasser aus Lhasa gar nicht durch die Volksrepublik China fahren können, denn jeder Tibeter benötigt eine amtliche Erlaubnis, um zu verreisen.

Das Auto war wie ein Pilgerfahrzeug geschmückt, um in der Gegend nicht aufzufallen. Die Suchenden erzählten niemandem davon, dass sie aufgebrochen waren, um den Karmapa zu finden. Der Jeep erreichte nach drei Tagen Fahrt über Buckelpisten, staubige Wege und gefährlich verschneite Pässe eine Region, von der aus sie nur noch mit Reitpferden weiterreisen konnten. Vier Tage ritten sie durch Schluchten und über Pässe, bis sie am Kloster Karlek angekommen waren. Dort sprachen sie mit dem Abt Amdo Palden, befragten die Mönche und auch Anwohner aus der Gegend nach einem Ort, der Bakhor heißt und nach einem Ehepaar mit den Namen Döndrup und Lolaga. Sie gaben sich als Verwandte der Familie aus, so dass ihre Fragen nach den Kindern der Nomadenfamilie unverdächtig erschienen. Bei mittlerweile sechs Töchtern und drei Söhnen interessierten sich die Tsurphu-Mönche aber vor allem für den einen, der im Jahr des Ochsen geboren wurde. In dieser Gegend kannten sich die Menschen gegenseitig sehr gut. Von vielen wusste man sogar das Geburtsjahr, weil die Tierkreisbezeichnung erfahrungsgemäß den Charakter eines Jahrganges beschreibt und als Verbindung zu den Ereignissen eines Jahres dient. Es sagt auch etwas über die Eigenschaften der Neugeborenen aus. Über die drei Söhne der Familie konnten die Männer erfahren, dass der Älteste im Jahr des Hasen, der Mittlere im Jahr des Ochsen und der Jüngste im dem des Schweins zur Welt gekommen waren. Die Nennung des Mittleren ließ alle aufhorchen und sofort die Hände falten. Sie warteten noch einen Tag, denn Mond und Gestirne zeigten für den nächsten Tag eine günstigere Konstellation. Tibeter achten sehr auf astrologische Hinweise.

»Ausländer« in Lhatok

Von der Suchtruppe, die aus dem fernen Tsurphu in Zentraltibet in ihre Region gekommen war, erfuhr die Familie zuerst in der nahegelegenen Stadt. Der älteste Sohn war dorthin gefahren und hatte von fremden Ankömmlingen gehört, die angeblich einen ganz anderen Dialekt sprachen. Der Karmapa erzählte: »Mein Bruder war in der Stadt beim Karlek-Kloster. Da waren Leute aus Ü-Tsang, aus Zentraltibet. Die haben auch nur in Ü-Tsang-ge gesprochen – das ist ein tibetischer Dialekt –, und mein Bruder hat nicht viel verstehen können. Er meinte sogar, da seien Ausländer angekommen. Mehr wusste er nicht.

Wir haben zu dieser Zeit in unserem Zelt gelebt. Ein Zelt aus schwarzen Yak-Fellen. Die Leute, die dann zu uns kamen, haben einige Zeit mit meinen Eltern geredet. Aber ich wusste nicht, worum es ging. Ich habe nur auf der anderen Seite im Zelt gespielt und sie beobachtet.«

Die Suchtruppe traf auf ein typisches Nomadenlager und auf einen sechsjährigen Jungen, der ganz ruhig auf einer zusammengelegten Matratze saß, mit einem gelben Pullover und einer roten Chuba bekleidet. Aus seinem sonnengebräunten Gesicht schauten ernsthafte, seltsam durchdringende, große und wache Augen. Die Suche war damit beendet. Sie hatten den 17. Karmapa gefunden.

Es ist eine Geschichte wie aus *Tausendundeine Nacht*, aber sie war kein Märchen, sondern Wirklichkeit im 20. Jahrhundert, in einem Land, das in Teilen fast noch mittelalterlich anmutete. Der deutsche Filmemacher Clemens Kuby hat die Geschehnisse rund um die Auffindung des 17. Karmapa mit der Filmkamera festgehalten und sie wenig später in einer ergreifenden, preisgekrönten Kino-Dokumentation mit dem Titel »Living Buddha – Die wahre Geschichte. Das Filmdokument einer Wiedergeburt« der Weltöffentlichkeit vorgestellt.

In den ersten Gesprächen mit den Eltern verrieten die Mönche von Tsurphu und die Vertreter der Regierung noch nicht alles. Zunächst mussten sie die Daten überprüfen. Mit dem Karmapa selbst sprachen sie nicht. Das taten sie erst, als sie am nächsten Tag wiederkamen. Sie überreichten einen Segensschal und eröffneten den Eltern dann, dass ihr Sohn der Karmapa sein könnte. Mit dieser Nachricht hatte die Familie nicht gerechnet, sie war überwältigt.

Als ich den Karmapa danach fragte, ob er sich noch an den Moment erinnern könne, als die Fremden damals zu ihnen ins Zelt gekommen waren, schüttelte er den Kopf und flüsterte, er wisse nicht mehr viel von den lange zurückliegenden Geschehnissen. Doch dann erhellte sich sein Blick. »Ich erinnere mich an etwas anderes aus diesen Tagen noch sehr genau«, sagte er mit einem strahlenden Gesichtsausdruck. »Irgendwann in diesen Tagen hat mir meine Mutter etwas sehr Köstliches zu essen gegeben. Äußerst köstlich! Ich erinnere mich noch immer an den Geschmack dieser Speise.«

Die Gesandten aus Rumtek

Der erste Suchtrupp verließ das Nomadenlager und reiste auf dem schnellsten Weg zurück nach Tsurphu, um dem Abt vom Erfolg der Suche zu berichten. Dieser sollte die notwendigen Genehmigungen in Lhasa beantragen, um den jungen Karmapa nach Tsurphu holen zu können. Den Eltern wurden zwei Mönche zur Seite gestellt, die helfen sollten, den Karmapa so schnell wie möglich ins Karlek-Kloster zu bringen. Mittlerweile war dort auch die Begrüßungsgruppe mit den Vertretern von Situ und Gyaltsab Rinpoche aus dem indischen Exil angekommen. Akong Rinpoche und Sherab Tarchin kamen, um im Namen der beiden Linienhalter die neue Inkarnation traditionell zu begrüßen. Lama Tomo brach zum zweiten Mal mit einer großen Delegation von Tsurphu nach Karlek auf. Von dieser Reise wollten sie gemeinsam mit dem neuen Karmapa zurückkommen.

Zunächst musste Akong Rinpoche offiziell überprüfen, dass der Nomadenjunge tatsächlich der Karmapa war. Er war sich recht schnell sicher, den Richtigen vor sich zu haben. Der offizielle Repräsentant Situ Rinpoches berichtete später von dieser ersten Begegnung mit der Inkarnation seines Meisters und wartete mit einer erstaunlichen Geschichte auf:

»Der Grund dafür, warum ich keine Zweifel habe, ist, dass der Sechzehnte Karmapa mir viele, viele Reliquien gab – er gab mir immer alles, worum ich ihn bat. Eines, worum ich ihn bat, war, einen seiner Zähne zu erhalten, wenn er einmal verstarb. Er versprach, dass ich einen bekommen könnte. Als er dann verstorben war und in Rumtek verbrannt wurde, war es einfach zu viel für mich. Ich ging nicht hin. Ich hatte ihn in Chicago umsorgt und war ihm in dieser Zeit sehr nahe gekommen. Also bat ich andere, sich darum zu kümmern. Ich sagte, dass ich sicher sei, dass sich unter den nicht verbrannten Dingen in der Asche ein Zahn befinden müsse, und ob sie sich darum kümmern könnten, ihn an sich zu nehmen und mir zukommen zu lassen. Als sie den Verbrennungsstupa dann öffneten, sagte man mir, dass sich ein ganze Reihe von Zähnen darin befand, aber aus welchen Gründen auch immer, ich habe nie einen davon erhalten. Ich war sehr betrübt darüber. Als ich den neuen Karmapa dann zum ersten Mal traf, sagte ich zu ihm, ›Du hast mir etwas versprochen, bevor du starbst. Wo ist es?‹ Er saß auf einem kleinen Teppich. Und unter diesem Teppich zog er einen seiner Milchzähne hervor und gab ihn mir. Und somit war mein ›Problem‹ beseitigt.«[19]

Zu den traditionellen und offiziellen Pflichten Akong Rinpoches gehörte es auch, die Eltern des Karmapa darum zu bitten, ihren Sohn »aufzugeben«, damit er die traditionelle Ausbildung im Kloster erhalten konnte. Akong Rinpoche schenkte ihnen aus Dankbarkeit dafür, dass sie ihren kostbaren Sohn der Karma-Kagyü-Linie überließen, eine wertvolle Buddha-Statue. Er hatte sie dafür eigens aus Rumtek mitgebracht. Die Eltern seien sehr glücklich gewesen, erzählte der Rinpoche. »Aber in gewisser Weise waren sie auch traurig.«[20]

Im kleinen Karlek-Kloster herrschte freudige Aufregung. Apo Gaga, ihr kleiner verehrter Tulku, war Seine Heiligkeit, der Karmapa. Das offizielle Begrüßungskomitee vom Kloster Rumtek hatte daran keinen Zweifel mehr gelassen.

Abt Amdo Palden und seine Mönche waren überglücklich über dieses historische Ereignis in ihrem abgeschiedenen Kloster. Sie umsorgten den Karmapa nach allen Regeln der Klosterkunst, wie es sich für eine Heiligkeit gehört. Der Abt überließ ihm und seinen Eltern für diesen besonderen Anlass sogar seine privaten Räume. Es sollte der letzte Besuch des Karmapa im Kloster Karlek sein und auch der Abschied von Amdo Palden, der seinen Lebensweg bis hierhin begleitet hatte. Zum Abschied feierten sie ein großes Fest.

Die Zustimmung des Dalai Lama

Zur gleichen Zeit waren Situ Rinpoche und Gyaltsab Rinpoche von Rumtek nach Dharamsala zum Dalai Lama gereist, um ihn über den Erfolg der Suche zu unterrichten. Aber als sie dort ankamen, war der Dalai Lama gerade nach Brasilien abgereist. Eine Kopie des Prophezeiungsbriefes, ein Bericht des Suchtrupps und weitere Einzelheiten, wie die Zustimmung der Mehrheit der Kagyü-Lamas, wurden kurzerhand ans andere Ende der Welt gefaxt. Von Brasilien kam unverzüglich die Zustimmung des Dalai Lama zur Anerkennung des Nomadenjungen Apo Gaga als der 17. Karmapa.

Am 7. Juni stellten die Beamten der tibetischen Administration im Exil das Anerkennungsschreiben für die neue Inkarnation aus. Auf dieses Dokument hatten die beiden Rinpoches und die Delegationen in Karlek und Tsurphu gewartet. Nun stand der Reise des Karmapa nach Tsurphu nichts mehr im Wege. Der Datenaustausch zwischen Rumtek, Tsurphu, Karlek, Dharamsala und Brasilien muss allein schon deshalb aufregend und außergewöhnlich gewesen sein, weil nicht überall Telefone zu Verfügung standen und Nachrichten teilweise mit Boten zu Pferd verschickt wurden.

Trotz aller Schwierigkeiten hatten die beiden Rinpoches ein logistisches Kunststück vollbracht. Sie mussten dafür sorgen, dass die Ereignisse in Tibet, die Suche nach der neuen Inkarnation unter der Kontrolle der chinesischen Behörden und die Ereignisse im indischen Exil koordiniert ablaufen. Und sie konnten nicht auf die Rückkehr des Dalai Lama aus Brasilien warten, denn sie wollten, dass die Bestätigung des Karmapa durch das religiöse Oberhaupt der Tibeter vor der erwarteten offiziellen Anerkennung durch die chinesische Regierung erfolgte. Der Dalai Lama brauchte dazu nicht nur die Einsicht in den Prophezeiungsbrief, sondern auch die Zustimmung der Mehrheit der Kagyü-Lamas zur Anerkennung der Wiedergeburt. Hätte man die chinesische Regierung im Vorfeld übergangen und sie erst nach dem Auffinden des Jungen darüber informiert, sie hätten die gesamte Such- und Anerkennungsprozedur noch sabotieren können. Einige Jahre später passierte genau das mit der Reinkarnation des Panchen Lama.

Dunkle Wolken über Rumtek

Auch wenn der Balanceakt zwischen Tsurphu, Peking, Rumtek und Dharamsala an sich gelungen war, war das letzte Problem damit noch nicht aus dem Weg geräumt. Der Monat Juni hatte es in diesem Jahr in sich. Die Ereignisse nahmen an Geschwindigkeit und Dramatik noch zu. Schauplatz war nun das Kloster Rumtek. Der Shamarpa war an dem Tag in Rumtek angekommen, an dem die beiden anderen Linienhalter das vorläufige Anerkennungsscheiben des Dalai Lama in Dharamsala erhalten hatten. Im Kloster neigten sich die Trauerfeierlichkeiten für Jamgön Rinpoche dem Ende zu. Es waren nicht nur Lamas und Mönche angereist, sondern viele Hundert Tibeter und Anhänger aus aller Welt. Diese Bühne nutzte der Shamarpa nun für einen verzweifelten Versuch, den Lauf der Dinge noch aufzuhalten. Er berichtete der ungläubig staunenden Menge vom Treffen der vier Linienhalter, bei dem Situ Rinpoche den Prophezeiungsbrief vorgelegt habe, und er machte deutlich, dass er von Anfang an Zweifel an dessen Echtheit geäußert habe. Dem verstorbenen Jamgön Rinpoche unterstellte er, dass auch er zu zweifeln begonnen hatte. Bei dem Schriftstück, das die vier Linienhalter bei ihrem ersten Treffen 1986 in ihrer Not in den Reliquienbehälter gelegt hatten, soll der eigentliche und erste Brief des 16. Karmapa gewesen sein. Man habe ihn aber nicht entschlüsseln können.

Kein Wort darüber, dass es sich bei dem Schriftstück um die Aufzeichnung eines Meditationsverses handelte, der Gyaltsab Rinpoche noch in Erinnerung geblieben war. Kein Wort davon, dass der Shamarpa als einer von vier Zeugen genau wusste, dass der 16. Karmapa dieses Dokument keineswegs selbst verfasst hatte. Stattdessen erklärte der Shamarpa, den Schlüssel zur Interpretation des Briefes könne man bei einem noch unbekannten Menschen finden, der die nötigen Informationen dazu vom 16. Karmapa selbst erhalten habe. Noch wisse keiner, wer es sei und ob es sich um einen Laien oder einen Mönch oder gar einen Rinpoche handele. Einzig Jamgön Rinpoche und er selbst seien darüber von Seiner Heiligkeit unterrichtet worden. Da Jamgön nun nicht mehr dazu beitragen könne, sei es an ihm, dem Shamarpa, nach diesem Schlüssel suchen, um den »richtigen Brief« irgendwann deuten zu können.

In seiner Zusammenfassung warnte der Shamarpa vor einem Horrorszenario: Würde der jetzt als Inkarnation gefundene Junge inthronisiert, und es wäre nicht der authentische, der in dem noch nicht entschlüsselten Brief beschrieben war, dann würden drei Millionen Tibeter dem falschen Karmapa folgen.

Die Tibeter waren geschockt. Hatte einer der hohen Rinpoches etwa nicht die Wahrheit gesagt? Für Westler stellte sich die Frage anders: Können Bodhisattvas, also erleuchtete Wesen, lügen? War all das, was sie im Buddhismus als Gegenentwurf zu ihrer eigenen Welt zu finden glaubten, nun in Frage gestellt?

Die einst vermutete Einigkeit zwischen den Linienhaltern war einem traurigen Spiel von Anschuldigung und Manipulation gewichen.

Die Soldaten des Shamarpa

Zwei Tage lang war der Shamarpa der einzige Spielführer, denn so lange dauerte es, bis Situ und Gyaltsab Rinpoche aus Dharamsala zurückgekehrt waren. Die beiden Rinpoches schlugen die Hände über dem Kopf zusammen, als sie erfuhren, was sich ereignet hatte, und beriefen für den nächsten Tag eine öffentliche Konferenz der Kagyü-Lamas ein. Der Shamarpa hatte sich in sein Haus zurückgezogen, und auch am nächsten Morgen zeigte er sich nicht. Sein Stuhl auf dem Treppenpodium vor der Tempeltür blieb leer, als die frohe Botschaft aus Dharamsala verkündet werden sollte. Die beiden Herzenssöhne sprachen zuerst in tibetischer Sprache zu den versammelten Menschen im Klosterhof. Dann erklärte Situ Rinpoche auf Englisch das Geschehen der letzten Wochen, so dass auch die westlichen Anhänger, die eigentlich zu den Trauerfeierlichkeiten gekommen waren, informiert waren. Er erzählte alles, vom Schutzamulett, das er in Kalkutta erhalten hatte, bis zur offiziellen Anerkennung des 17. Karmapa durch Seine Heiligkeit den Dalai Lama. Er hielt gerade dessen Anerkennungsbrief in der Hand, als plötzlich lautes Motorengeräusch den Klosterhof erfüllte. Ein Militärjeep pflügte hupend durch die Menschenmenge und kam vor den Tempelstufen zum Stehen. Augenzeugen erinnern sich, dass ein indischer Soldat den Wagen lenkte. Vom Rücksitz ragten die Gewehre zweier weiterer Militärs in Uniform. Auf dem Beifahrersitz saß der Shamarpa. Ein Lkw der indischen Streitkräfte war dem Jeep gefolgt. Von seiner Ladefläche sprangen Soldaten mit Gewehren im Anschlag. Der Shamarpa kletterte wie ein Feldherr vom Jeep und stürzte mit den Uniformierten in den Tempel; vorbei an den völlig verstörten Rinpoches. Die Mönche versuchten sie daran zu hindern, das Kloster mit Waffen zu stürmen. Die einheimischen Laienanhänger verteidigten ihr Kloster mit Stöcken gegen die eindringenden Soldaten. Doch vergebens. Niemand auf dem Tempelhof wusste, was als Nächstes passieren würde. Der Shamarpa brüllte durch den Haupttempel, dass alle außer den Rinpoches und den Soldaten draußen bleiben sollten. Gyaltsab und Situ Rinpoche nutzten das Durcheinander vor dem Tempel, um in den ersten Stock zu gelangen und sich in ihren Zimmern einzuschließen. Unter diesen Umständen weigerten sie sich auch, Shamarpas militärisch gestützter Aufforderung zu einem Treffen in den Räumen des Karmapa nachzukommen. Niemand wusste, was dieser Showdown des Shamarpa bedeutete, und dabei sollte es auch bleiben: Als er bei den anderen beiden Linienhaltern nichts erreichte, kletterte er zurück in den Jeep und verließ das Kloster. Die Soldaten blieben jedoch, und seit diesem Tag ist ihre Präsenz im Kloster Rumtek traurige Wirklichkeit.

Später erklärte der Shamarpa lapidar, die Militäreskorte habe ihm die sikkimesische Regierung zu seiner eigenen Sicherheit zur Seite gestellt, weil angeblich mehrere Busse voll mit Leuten aus Kham, die Situ Rinpoche unterstützen wollten, unterwegs nach Rumtek gewesen seien. Zu der Konferenz mit Situ und Gyaltsab Rinpoche habe er deshalb nur mit dem etwas ungewöhnlichen Personenschutz kommen können.

Das gab Ärger. Die sikkimesische Regierung dementierte die Aussagen des Shamarpa umgehend und empörte sich darüber, dass indisches Militär in das Kloster eingedrungen war, ohne die örtlichen Behörden zu informieren. Am nächsten Tag rief sie sogar einen zweitägigen Generalstreik aus, um gegen die Eigenmächtigkeit der Zentralregierung zu demonstrieren. Die Soldaten waren ohne Wissen der Landesregierung in dem nordindischen Bundesstaat aktiv geworden.

Alle fragten sich, was der Shamarpa mit dieser Aktion erreichen wollte. War es eine Verzweiflungstat? Wollte er seinen Machtanspruch und seinen schwindenden Einfluss notfalls mit Hilfe der Armee sichern? Zumindest hatte er eindrucksvoll demonstriert, dass er in der Lage war, mit seinen hervorragenden Beziehungen zum bhutanesischen Königshaus und den indischen Sicherheitsbehörden die indische Armee in Bewegung zu setzen. Wenn er seinen Landsleuten und der versammelten internationalen Trauergemeinde Angst einjagen wollte, dann hatte er sein Ziel erreicht.

In den folgenden Tagen fanden die Trauerfeierlichkeiten für Jamgön Rinpoche ihren Abschluss. Die älteren Lamas nutzten die Zusammenkunft, um in einer Petition die Entscheidung zur Anerkennung des Jungen aus Lhatok als Karmapa zu unterstützen. Das von allen unterzeichnete Papier hatte keine amtliche Gültigkeit, aber es bestätigte die vorliegende Anerkennung symbolisch. Die Frage der Loyalität spaltete die Klostergemeinschaft. Eine kleine Gruppe unterstützte den Shamarpa, die Mehrheit folgte den beiden Rinpoches. Als am 15. Juni aus Tsurphu die Nachricht von der Ankunft des Karmapa eintraf, blieben einige Mönche den angesetzten Freudenzeremonien fern.

Die Reise des Karmapa nach Tsurphu

In Tibet spielte sich derweil ein Kontrastprogramm ab. Die Welt des kleinen Apo Gaga war von einem Tag auf den anderen vollkommen verändert. Wo immer er erschien, freuten sich die Menschen, tanzten und warfen sich ehrerbietig vor ihm nieder. Es war nun öffentlich verkündet, dass er der Karmapa war, dass in ihm die hochangesehene Linie des spirituellen Meisters neue Gestalt angenommen hatte. Das Foto vom 16. Karmapa auf dem Altar im Zelt seiner Eltern zeigte noch die Erinnerung an die Vergangenheit. Er war nun die Gegenwart und die Zukunft. Aus dem kleinen Nomadenkind war der leuchtende Mittelpunkt geworden. Er wurde plötzlich von vorn und hinten bedient, wurde mehr als sonst gewaschen und in prächtige, leuchtend gelbe Kleider gehüllt. Autos, wie es sie auf den Almwiesen niemals gegeben hatte, warteten vor dem Karlek-Kloster auf ihn, bereit für die anstehende Reise in das künftige Leben. Es war nicht einfach nur eine Fahrt an einen anderen Ort, an dem das Leben weitergeht, es war eine Rückkehr – seine Rückkehr!

Im Herbst 1959 hatte der geliebte und hochverehrte 16. Karmapa das Kloster Tsurphu verlassen, um ins Exil zu fliehen. 1992, fast 33 Jahre später, sollte er wieder dorthin zurückkehren – in seiner siebzehnten Reinkarnation. Vom 10. Juni an feierte man in Tibet seine Wiederkehr. Entlang der Fahrstrecke von etwa 1500 Kilometern standen und knieten viele Menschen, in Erwartung darauf, einen Blick auf den vorbeifahrenden Karmapa werfen zu können. Der Jeep, in dem er saß, war schon von weitem gut zu erkennen. Hunderte von Seidenschals hingen und klemmten, wo immer es an dem Fahrzeug möglich war. In den anderen vier Fahrzeugen saßen Mönche des Tsurphu-Klosters, Vertreter der Regierung, die Eltern des Karmapa und drei seiner Geschwister.

Auf der Fahrt vom Osten Richtung Hauptstadt lernte der Karmapa seine Heimat zum ersten Mal richtig kennen. Die Reise ging vorbei an historisch bedeutsamen Klöstern, Heiligtümern und erhabenen Achttausendern. Trauben von Menschen und fröhliche Farben winkten von allen Seiten. Der warme Gesang von »Karmapa Chenno«, »Karmapa, sei bei mir«, lag in der Luft und mischte sich mit dem vertrauten Duft von Weihrauch und brennendem Wacholder. In den größeren Städten und Klöstern wurde der Karmapa immer wieder aufgehalten und mit traditionellen Zeremonien begrüßt. Er nahm die freudige Ehrerbietung entgegen und segnete die Menschen.

Ich fragte den Karmapa, wie er die Situation erlebt habe – er war damals noch nicht einmal sieben Jahre alt –, und er erzählte mir, dass er nicht alles mitbekommen habe, weil er während der Fahrt auch viel geschlafen habe. »Alles war aufregend, anstrengend und neu für mich. Das Auto, die vielen Menschen und die langen Fahrten. Einige Bilder davon habe ich noch parat, aber nicht mehr so viele. Aber ich weiß noch, dass ich immer wieder auf dem Sitz des Jeeps eingeschlafen bin«, sagte er.

Nach sechs Tagen erblickte der Karmapa in der Ferne das Kloster Tsurphu. Den Konvoi flankierten nun Reiter in prächtigen Roben und mit großen Hüten auf geschmückten Pferden. Noch ein paar hundert Meter bis zur unteren Klostermauer, immer mehr jubelnde und in Ehrfurcht versunkene Menschen, ein unendlich langes Spalier von Mönchen in Dunkelrot und Goldgelb, mit Bannern und Musikinstrumenten. In ihren Händen hielten sie Bündel von Räucherstäbchen, deren Rauch in weißen Kringeln am stahlblauen Himmel über Tsurphu emporstiegen. Immer mehr Seidenschals legten die teilweise seit Tagen wartenden Tibeter auf die Motorhaube des weißen Jeeps mit dem besonderen Passagier. Eine Zeltstadt war zu Füßen des Klosters entstanden. Planwagen und Händlerkarren standen kreuz und quer. Je näher der Karmapa seinem Kloster kam, desto mehr verdichtete sich alles. Neugierige Augenpaare, andächtig gefaltete Hände, in der Sonne glänzende Gebetsmühlen, übermannsgroß maskierte Tänzer und Eltern, die ihre kleinen Kinder emporhoben. Der Gesang schwoll an, Blasinstrumente und Trommeln erschallten. Ein Hollywoodregisseur hätte von einer solch prächtigen und farbenfrohen Szene nur träumen können.

Beim unteren Park des Klosters endete die erste Autofahrt seines Lebens. Umringt von Mönchen mit gelben Hüten hob ihn sein zukünftiger persönlicher Attendant Titi vom Beifahrersitz. Der

Karmapa blickte neugierig auf ein kleines weißes Pferd, das kunstvoll geschmückt vor ihm stand. Titi setzte ihn auf einen flachen, breiten Sattel. Den Rest des Weges bis zum Haupthof des Klosters sollte er reitend zurücklegen. Bei Reisen dieser Art tragen hohe Lamas traditionell einen runden goldenen Reisehelm mit breiter flacher Krempe und aufragender Kugelspitze. Der Karmapa prüfte kurz, ob das extra kleine Exemplar des Hutes noch fest auf seinem Kopf saß, schaute seltsam unbeeindruckt in die Runde und rückte seine goldene Brokatrobe zurecht. Ein Mönch führte das Pferd hinauf, Lama Tomo und Titi hielten die Hände des Karmapa, um ihm ein Gefühl von Sicherheit und Geborgenheit zu geben.

Auf dem Haupthof tanzten Mönche in Schneelöwenkostümen. Hohe Lamas in farbenfrohen Gewändern reichten dem Karmapa die traditionellen Opfergaben und führten ihn in den Haupttempel. Seinen goldenen Helm tauschte er gegen einen schwarzen Hut mit goldenen Applikationen. Zum ersten Mal setzte er die Krone der Aktivität auf, die ein Karmapa bei Zeremonien trägt.

Das klösterliche Protokoll sah als Nächstes vor, dass der neue Karmapa auf seinen Thron steigt. Er erklomm aus Versehen den falschen, denn es gab im Tempel mehrere, und seiner war so hoch, dass er nicht in seinem Blickfeld gewesen war. Nun beäugte er von oben neugierig und erstaunlich ruhig und abgeklärt seine Umgebung. Hunderte Mönche in festlichen Gewändern saßen in dichten Reihen im Tempel. Auf dem Klosterhof drängten sich die Gläubigen. Nach den Begrüßungszeremonien, die durch dröhnende Lautsprecher nach draußen übertragen wurden, drängten die Leute in den Tempel, um den Segen von ihrem Karmapa zu empfangen. Als hätte er dies schon immer getan, segnete der knapp sieben Jahre alte Karmapa mehrere Stunden lang viele hundert Menschen, die an seinem Thron vorbeidefilierten.

Jemand, der ihn in diesen ersten Momenten auf dem Thron beobachtet hatte, erzählte mir: »Es war überwältigend, aber er war nicht überwältigt. Er war total gelassen. Selbst wenn er aufgeregt war, dann hat man ihm die Aufregung nicht ansehen oder anmerken können. Das ist für einen siebenjährigen Jungen eine beachtliche Leistung.«

Jemand anderes sagte, der Karmapa habe manchmal etwas ängstlich geschaut. Also fragte ich den Karmapa selbst, ob er auf seinem hohen Thron und angesichts so vieler Menschen, die ihn anschauten, Angst gehabt habe.

»O ja, der große Thron im Hauptschreinraum. Der ist wirklich hoch, und ich war so klein«, sang er fast und zeigte mit den Händen die Größe eines Backsteins. Dann lachte er. »Aber ich habe von dort oben eine ganze Menge gesehen«, schob er nach.

»Und die vielen Gesichter?« Der Karmapa zuckte mit den Schultern und sah mich an, als wollte er mir sagen, dass er Hunderte auf ihn gerichtete Augenpaare als völlig normal empfunden habe. Dann veränderte sich der Ausdruck in seinem Gesicht und er platzte heraus: »Es war beängstigend, als ich zum ersten Mal Leute aus dem Westen gesehen habe. Die sahen ganz anders aus als die Tibeter. Sie hatten blaue Augen und ganz lange Nasen. Ich dachte im ersten Moment, es waren Gespenster. Da hatte ich wirklich Angst.« Seine ausdrucksvolle Mimik zeigte das ängstliche Erstaunen von damals. Dann rief er mit einem schelmischen Lachen ein langgezogenes »Jaaa …! Es war beängstigend.«

Die erste Autofahrt, eine sechstägige, anstrengende Reise, ein spektakulärer Empfang, Unmengen von Mönchen und Laien, dazu noch die Langnasen aus dem Westen. Während des stundenlangen Segnens drangen vom Klosterhof Geräusche eines Volksfestes mit Musik und Tanz in den Tempel. Was für eine Ankunft! Ich vermute, der Karmapa war glücklich, beeindruckt und todmüde, als ihn der Mönch Titi am Abend in sein neues Quartier führte.

Akong Rinpoche und Lama Tomo konnten nun nach Rumtek melden: Der Karmapa ist wieder in seinem Stammsitz in Tsurphu angekommen.

Der Shamarpa gibt auf

Im Rumtek-Kloster im nordindischen Sikkim versuchte man die Situation zu deeskalieren. Aus Nepal riefen die Klosteroberen deshalb Tulku Urgyen Rinpoche nach Rumtek. Der alte Lehrer der Herzenssöhne und Vertraute des 16. Karmapa sollte den Streit schlichten, der nun offen ausgebrochen war und den Ruf der ganzen Linie in Gefahr bringen konnte. Er versuchte den Shamarpa davon zu überzeugen, dass er keine Spaltung der Linie herbeiführen sollte. Auch wollte er ihm klarmachen, dass es ihm nicht mehr möglich war, etwas an der Anerkennung der Reinkarnation zu ändern. Der Shamarpa gab schließlich den Bitten seines Lehrers nach und rang sich dazu durch, einen Brief aufzusetzen, in dem er seine Akzeptanz des Prophezeiungsbriefes kundtat. In seinem Brief vom 17. Juni schrieb er:

»Am 19. März 1992 haben Tai Situ Rinpoche, Jamgön Kongtrul Rinpoche, Gyaltsab Rinpoche und ich uns getroffen. Während dieses Treffens legte uns Tai Situ Rinpoche den handgeschriebenen Prophezeiungsbrief Seiner Heiligkeit vor, den er in einem Schutz-Talisman gefunden hatte. Zu jener Zeit hatte ich einige Zweifel, aber jetzt habe ich vollstes Vertrauen in Tai Situ Rinpoche und den Inhalt des Briefes, nach dessen Angaben die Reinkarnation klar und deutlich entdeckt wurde, und die des Weiteren von Seiner Heiligkeit dem Dalai Lama als die Wiedergeburt Seiner Heiligkeit des Gyalwang Karmapa anerkannt wurde. Ich gebe meine willige Zustimmung und werde künftig keine weitere Untersuchung des heiligen Testaments zu erwirken suchen.«[21]

Michele Martin, eine amerikanische buddhistische Gelehrte und Autorin übersetzte den Brief ins Englische. Die Veröffentlichung des Wortlauts nahm zunächst einmal die Spannung aus dem Geschehen und befriedete die Klostergemeinschaft – vorläufig.

Grünes Licht aus Peking

Die chinesische Nachrichtenagentur NCNA überraschte am 27. Juni mit der ungewöhnlichen Nachricht, dass »seit der demokratischen Reform Tibets im Jahre 1959« mit dem Nomadenjungen Apo Gaga der »erste wiedergeborene lebende Buddha« von der chinesischen Regierung anerkannt wurde. Um die eigene Schlüsselposition in der neu angelegten Anerkennungspraxis hoher Geistlicher darzustellen und historisch zu etablieren, legten sie für die Zukunft fest: »Konventioneller Praxis folgend, muss für die Wahl eines jeden lebenden Buddha die Zustimmung der Zentralregierung eingeholt werden.« Damit gab das zu der Zeit kompromissloseste atheistische System hochoffiziell grünes Licht für eine göttliche Person, für einen »lebenden Buddha«.

Situ Rinpoche philosophierte über die Anerkennung: »Die Volksrepublik China erkennt eine Reinkarnation an! Das ist unglaublich! Die Chinesen glauben nicht daran, dass Verstorbene wiedergeboren werden. Sie glauben an gar nichts. Natürlich sagen einige Leute jetzt, dass sie den politischen Nutzen, den Karmapa anzuerkennen, kalkuliert haben. Aber vielleicht dachten die Chinesen ja auch, dass es nützlicher war, ihn zu respektieren als ihn zu stoppen. Sie hatten ja nur diese beiden Möglichkeiten. Die eine war es, zu sagen ›Wir erlauben es nicht‹. Die andere bestand darin ›OK‹ zu sagen. Und sie haben sich für das OK entschieden.«[22]

Die Sensation war perfekt. Mit der ersten Anerkennung eines hohen Lamas seit der Besetzung Tibets im Jahr 1959 wollte Peking der Welt seine neue liberalere Tibetpolitik unter Beweis stellen. Die unmenschliche »Kulturrevolution« hatte den Chinesen so viel Kritik eingebracht, dass sie als aufstrebende Weltmacht nun an einem besseren Image arbeiten mussten. Der ideologische Kampfpanzer hatte an den Spitzen der Tempel und Stupas Schaden genommen und sich schließlich im tibetischen Hochgebirge des stoischen Glaubens festgefahren. Etwa eine Million Tote, sechstausend Klöster in Ruinen und eine knüppelharte Diktatur genügten nicht, einen Glauben zu brechen, der unabhängig von Politik und Macht jahrhundertelang in den Köpfen und Herzen der Menschen überlebt hatte. Das besetzte religiöse Tibet war nicht wirklich zu kontrollieren. Wo Kampf nichts mehr ausrichten kann, könnte Manipulation helfen, dachten sich die Chinesen vielleicht. Würde man einen hohen Lama kontrolliert wirken lassen, ließen sich dadurch vielleicht auch die Tibeter besser steuern.

Am 29. Juni empfing Seine Heiligkeit der 14. Dalai Lama Situ Rinpoche und Gyaltsab Rinpoche in einer Privataudienz. Die beiden Linienhalter informierten das tibetische Oberhaupt über den Fortgang der Dinge und besprachen mit ihm die Veröffentlichung des »Siegels der Anerkennung« – das Buktham Rinpoche. Der Shamarpa ließ sich einen eigenen Termin mit dem Dalai Lama geben. Am Nachmittag des gleichen Tages offerierte er dem Dalai Lama die Geschichte von der ominösen unbekannten Person, die vom 16. Karmapa die echten Instruktionen zur Auffindung der Reinkarnation erhalten habe. Da der Shamarpa das Geheimnis um die Identität dieser Person aber nicht lüften wollte, winkte der Dalai Lama ab. Ohne Fakten konnte es auch keine Diskussion geben. Somit war auch der letzte Versuch des Shamarpa, die Geschicke noch zu ändern, gescheitert. Der Karmapa befand sich bereits im Kloster Tsurphu. Alle Argumente waren bedacht, geprüft und bereits im vorläufigen Anerkennungsschreiben vermerkt. Und schließlich war auch die offizielle Anerkennung der Reinkarnation mit dem Buktham Rinpoche, das am 30. Juni 1992 unterschrieben wurde, besiegelt.

Apo Gaga wurde damit von Seiner Heiligkeit dem 14. Dalai Lama und der Tibetischen Administration im Exil offiziell als der 17. Karmapa bestätigt. Nur einige Tage später veröffentlichten Seine Heiligkeit Mindroling Trichen Rinpoche und Seine Heiligkeit Sakya Tridzin Rinpoche, die jeweiligen Oberhäupter der Nyingma- und Sakya-Tradition, ihre eigens dafür verfassten Langlebensgebete zum Zeichen der Anerkennung des jungen Karmapa.

II

Sieben Jahre in Tibet

Die erste Begegnung mit dem Karmapa

Der 13. Juli 1992 war ein großer Tag der Freude. Gyaltsab Rinpoche und Situ Rinpoche waren nach Tsurphu gekommen, um endlich den Karmapa begrüßen zu können.

Achtzehn Jahre später erzählte mir der Karmapa, er habe, bevor die beiden Rinpoches ankamen, am Fenster hinter der Gardine gewartet und nach ihnen Ausschau gehalten. Als sie den Tempelhof erreichten, habe er sich gerade im obersten Stockwerk aufgehalten.

»Die zwei Rinpoches kamen schon die Treppe hoch, als jemand zu mir sagte, es wäre vielleicht ganz gut, wenn ich ihnen entgegenginge. Also bin ich, so schnell ich konnte, zur Treppe gelaufen. Aber die Rinpoches sagten: ›Bitte, geh nur wieder hinein.‹ Und so bin ich wieder reingegangen und habe mich auf meinen Thron gestellt. Daran erinnere ich mich noch sehr gut.«

Sie wollten ihn offenbar nicht einfach auf der Treppe begrüßen, denn diese erste Begegnung ist der Tradition nach sehr wichtig und sollte mit angemessener Förmlichkeit ablaufen. Die beiden Linienhalter verbeugten sich respektvoll vor der neuen Inkarnation ihres Meisters und überreichten ihm ihre Geschenke.

In den folgenden Tagen wurde der sonst eher gleichförmige Klosteralltag kräftig aufgemischt. Jeder Tag war ein Fest. Die Mönche des Klosters, die angereisten Lamas und die Rinpoches hatten sich einiges einfallen lassen, um die gemeinsame Zeit mit unterhaltsamen Veranstaltungen zu verschönern und für alle unvergesslich zu machen. Da gab es Spiele und Ausflüge, Sport und Wettkämpfe, und für einige Tage schlugen sie im Sommergarten am Fluss sogar ein großes weißes Picknickzelt auf. Tibeter lieben Picknicks.

Im Quartier des Karmapa mutete es an wie bei einem Familientreffen. Vom ersten Moment an verstanden sich die zwei Linienhalter und ihr kleiner Meister bestens und waren unzertrennlich. Die beiden Rinpoches schienen vor Glück um Jahre jünger geworden zu sein. Besonders der strenge Gyaltsab Rinpoche spielte und tanzte so ausgelassen bei den Picknicks auf den Wiesen, dass sich alle wunderten. Das sonnige Gemüt des Jungen hatte sich im Handumdrehen auf den sonst immer so ernst dreinblickenden Gyaltsab übertragen.

Ich fragte den Karmapa, wie es für ihn gewesen war, diese hohen Lamas als Hausherr in Tsurphu zu empfangen. Er rieb sich mit der flachen Hand über den frisch geschorenen Kopf und erzählte: »Ich kann mich nicht mehr genau erinnern, aber ich war ja so etwas wie der Chef im Tsurphu-Kloster. Es war das erste Mal, dass solch hohe Lamas dort hinkamen. Deshalb gab es einen Riesenaufstand, und alles musste sorgfältig vorbereitet werden. Es war also sehr aufregend für mich. Ich war doch noch ein Kind, und so etwas hatte ich noch nie zuvor erlebt. Alles war neu.«

Neu war auch ein Fernsehgerät. Das hatten die Herzenssöhne zusammen mit einem Videorekorder und einen Stromgenerator extra aus Lhasa kommen lassen. Elektrizität gab es zu der Zeit im Kloster noch nicht überall. Die Ausrüstung wurde in dem großen weißen Picknickzelt im südlichen Sommergarten aufgestellt. Der Karmapa staunte nicht schlecht, als er zum ersten Mal in seinem

Leben Tierfilme sah. Die waren aber nur der Anfang. Situ Rinpoche und Gyaltsab Rinpoche hatten den Fernseher nicht ohne Grund mitgebracht. Die Vorführung erreichte nämlich ihren Höhepunkt, als auf der Mattscheibe der 16. Karmapa während seiner berühmten Zeremonie der Schwarzen Krone erschien. Sichtlich bewegt legte der 17. Karmapa seine kleinen dünnen Arme auf Situ Rinpoches Schulter und reckte den Kopf aufmerksam nach vorn. Seine Augen schienen die Gestalt seines Vorgängers zu fixieren, sein Mund stand vor Staunen offen. Er war total aufgeregt und wollte das Bild immer und immer wieder sehen. Der Mönch Titi sollte zurückspulen, bedeutete er ihm mit heftigen Handbewegungen. Hatte er seinen Vorgänger wiedererkannt?[23]

Der Karmapa wird Mönch

Am frühen Morgen des 2. August, noch im Schutz der Dunkelheit, fuhr eine kleine Prozession aus Tsurphu in die Hauptstadt Lhasa. Ihr Ziel war der Jokhang, der heiligste Tempel in ganz Tibet, unterhalb des Potala-Palastes, dem Sitz der Dalai Lamas, gelegen. Im Herzen der Hauptthalle befindet sich die übermannsgroße Buddha-Statue Jowo Rinpoche, die von der Braut des ersten buddhistischen Königs Songtsen Ganpo, der chinesischen Prinzessin Whencheng, mitgebracht wurde. Jowo ist die bedeutendste und die in Tibet am meisten verehrte Statue des historischen Buddha Shakyamuni. Normalerweise wurden im Jokhang nur für die Dalai Lamas Zeremonien abgehalten. Nun sollte in diesen heiligen Räumen die Haarschneidezeremonie, die Mönchsweihe des 17. Karmapa, stattfinden, eine symbolische Handlung, um die Bedeutung des jungen Karmapa für Tibet zu unterstreichen.

Die chinesischen Behörden hatten ihre Zustimmung für dieses historische Ereignis sehr kurzfristig und unter der Bedingung erteilt, dass es unter dem völligen Ausschluss der Öffentlichkeit geschieht. Deshalb waren bei den Ritualen noch vor Sonnenaufgang nur die angereisten Kagyü-Rinpoches und Mönche sowie die des Jokhang-Klosters anwesend.

Die Zeremonie begann mit der Darbringung der rituellen Opfergaben wie Blumen, Früchte, Safranwasser, Butterlampen, Weihrauch, neue Roben und neues Blattgold für das Gesicht des Buddhas. Dann folgte der eigentliche Akt. Begleitet vom sonoren Gesang der Lamas und den virtuosen Schleifen der näselnden Flöten traten Situ Rinpoche und Gyaltsab Rinpoche zu dem knienden Karmapa und schnitten ein kleines Inselchen von kurzen schwarzen Haaren auf dem sonst frisch geschorenen Kopf ab. Dies war der erste Schritt auf dem Weg zur monastischen Ordination, ein Symbol der Entsagung einer weltlichen Lebensführung. Mit einem ähnlichen Ritus wurden früher auch die Novizen christlicher Orden in den Stand des Mönchtums aufgenommen. Nur rasierte man die kreisrunde Tonsur ins normal lange Haupthaar. Auch die damit verbundene Namensgebung verbindet die monastischen Traditionen des Christentums und des Buddhismus.

Gyaltsab Rinpoche und Situ Rinpoche verlasen nun den neuen buddhistischen Namen des 17. Karmapa. Auf einer Seidenrolle standen in aufwändiger Kalligraphie dreizehn Namen: Pal Khyabdak Ogyen Gyalwe Nyugu Drodul Trinley Dorje Tsal Chokle Nampar Gyalwe De. Wie üblich ergaben die Namen einen Sinnspruch, denn in jedem Namen an sich steckt bereits eine Wortbedeutung. So liest sich die Bedeutung des ganzen Namens: »Glorreicher Meister Ogyen, jener, der siegreich in Erscheinung tritt und mit seiner Aktivität die Wesen zähmt, schöpferisches Spiel des Donnerkeils, siegreich in allen Himmelsrichtungen.« Besonders wichtig sind die beiden Namen Ogyen und Trinley, die übersetzt »Erleuchtete Aktivität dessen, der aus Oddiyana stammt« heißen. Sie bedeuten, dass der 17. Karmapa eine Manifestation der Aktivität von Guru Rinpoche sein wird, des indischen Meisters, der den Buddhismus im 7. Jahrhundert nach Christus nach Tibet gebracht hat. Ogyen Trinley Dorje ist seitdem der gebräuchliche Name des 17. Karmapa.

Der Dalai Lama hatte den beiden Linienhaltern Geschenke für den Karmapa mitgegeben, als er ihnen am 30. Juni im indischen Dharamsala die Anerkennungsurkunde »Buktham Rinpoche« überreicht hatte. Es waren ein rotes Segensband, eine Khatag aus schwerer Seide und eine Mala, eine persönliche Gebetskette Seiner Heiligkeit des Dalai Lama. Situ Rinpoche und Gyaltsab Rinpoche legten das Segensband und die Khatag um den Hals des jungen Karmapa und übergaben ihm die kostbare Mala. So war die heilige Verbindung zwischen dem Dalai Lama im indischen Exil und dem 17. Karmapa Ogyen Trinley Dorje im besetzten Tibet trotz großer Entfernung wiederhergestellt.

Die Querelen des Rangältesten

Wer daran geglaubt und gehofft hatte, dass die Erklärung des Shamarpa vier Wochen zuvor der letzte Akt in einem traurigen Schauspiel gewesen war, sah sich getäuscht. Seine Anerkennung des Prophezeiungsbriefes und damit auch der Inkarnation des Karmapa wäre ein zu schönes und vielleicht auch ein zu einfaches Happyend gewesen.

Generalsekretär Topga, der nach dem Tod von Jamgön Rinpoche angeblich zur Klärung familiärer Angelegenheiten nach Bhutan abgereist war, kehrte derweil nach Rumtek zurück und beriet sich mit seinem Cousin, dem Shamarpa. Das Ergebnis war eine neue Verlautbarung, in der plötzlich wieder alles auf Anfang gedreht wurde. Die beiden Männer hatten eine Idee, wie sie die einmal geleistete Zustimmung für ungültig erklären konnten. Ihre List war so einfach wie effektiv: Sie beschuldigten die Übersetzerin, die Amerikanerin Michele Martin, den in Umlauf gebrachten Text nicht korrekt übersetzt zu haben. Der Shamarpa schrieb nun:

»Am 19. März 1992, während eines Treffens mit Tai Situ Rinpoche, Jamgön Rinpoche, Gyaltsab Rinpoche und meiner selbst, legte Situ Rinpoche einen handgeschriebenen Prophezeiungsbrief aus seinem Schutzamulett vor und behauptete, es seien die geschriebenen Instruktionen Seiner Heiligkeit des 16. Karmapa. Ich hatte einige Zweifel. Zum jetzigen Zeitpunkt verlasse ich mich auf die korrekten Aussagen von Situ Rinpoche über die Entscheidung Seiner Heiligkeit des Dalai Lama. Mich auf unsere vertrauliche Diskussion stützend, gehe ich mit der Entscheidung Seiner Heiligkeit des Dalai Lama konform, dass tatsächlich eine Reinkarnation Seiner Heiligkeit des Gyalwang Karmapa gefunden wurde. Daher setze ich meine Forderung nach einer forensischen Untersuchung des handgeschriebenen Prophezeiungsbriefes aus.«[24]

Sein zuvor deklariertes »vollstes Vertrauen« in Situ Rinpoche und den Dalai Lama degradierte er zu einem »Sich verlassen« auf ihre Aussagen. Damit ließ er sich eine Hintertür offen, die Verlässlichkeit später anzweifeln zu können. Außerdem änderte er »Untersuchung« in »forensische Untersuchung« und sprach nun von einer Aussetzung seiner Forderung. Eine Aussetzung bedeutete ja keinen Abschluss. Diese Botschaft war vor allem für die westlichen Anhänger gedacht, in deren Heimat forensische Tests ein probates Mittel zur Klärung darstellten, wohingegen Tibetern der Gedanke an die Entweihung des heiligen Briefs durch unberechtigte Hände ein Gräuel war. Den Tibetern genügt seit Jahrhunderten die Bezeugung jener Lamas, die den verstorbenen Karmapa und seine Handschrift sehr gut kannten. Vor allem galten die Worte solcher hohen Meister wie die Linienhalter und Seine Heiligkeit der Dalai Lama mehr als die Vermutung eines Widersachers. Tibeter brauchen für eine solche Entscheidung keinen forensischen Gutachter und keinen Gerichtsprozess, für sie zählt letztlich der Glaube.

Der Shamarpa wusste vermutlich, dass selbst in den hochentwickelten Industrieländern ein forensischer Echtheitstest des handschriftlichen Briefes nicht so einfach war. Ein solcher Test hatte nur dann Aussicht auf Erfolg, wenn der Forensiker der tibetischen Sprache und Schriftsprache mächtig war und wenn genügend Vergleichsstücke zur Verfügung standen, die in vergleichbaren Situationen verfasst wurden. Nach dem Tod des 16. Karmapa konnte man nicht mehr ergründen, in welchem Zustand – vielleicht der Krankheit oder auch der Meditation – er das Gedicht niedergeschrieben hatte. Ein sicheres Ergebnis war nicht möglich. Dennoch wollte der Shamarpa Zweifel säen. Vielleicht dachte er dabei auch an die Nichtbuddhisten im Westen, an die Geistes- und Naturwissenschaftler und nicht zuletzt an die Journalisten, für die eine Vorhersage der eigenen Wiedergeburt schon aus rein rationalen Gesichtspunkten undenkbar erscheint.

Aber was könnte die wahre Motivation des Shamarpa sein, den in Tibet geborenen und auch von der chinesischen Regierung als 17. Karmapa anerkannten Jungen abzulehnen? Der Shamarpa selbst war in Tibet seit über 200 Jahren nicht mehr öffentlich aktiv gewesen und hatte seine Klöster und Anhänger eingebüßt. Er hatte also keinerlei Interesse an einem Karmapa, der seine Aktivität in Tibet entfaltet. Erschwerend kommt hinzu, dass ein Karmapa unter der Kontrolle der Chinesen seinem eigenen Machtanspruch und seiner Einflussnahme entgleiten würde. Und nicht zuletzt war der rangälteste Linienhalter vermutlich zutiefst getroffen und gekränkt, dass der 16. Karmapa den Prophezeiungsbrief nicht ihm, seinem Neffen, hinterlassen hatte.

Die Inthronisation

Situ Rinpoche hatte noch im Juli darüber nachgedacht, den 17. Karmapa nach Indien zu bringen, um ihn in Rumtek zu inthronisieren. Die Regierung von Sikkim war über dieses Ansinnen informiert und hatte sogar signalisiert, alles Notwendige zu tun, um den Empfang des 17. Karmapa in Rumtek gebührend zu gestalten. Als Situ Rinpoche dann nach Tsurphu gekommen war, musste er einsehen, dass die Chinesen den Karmapa so schnell nicht loslassen würden.

Vielleicht hätte man die junge Inkarnation in einer geheimen Aktion nach Indien bringen können, doch was hätte man damit erreicht? Man hätte ihn so zwar der drohenden Vereinnahmung durch die kommunistische Regierung in Peking entzogen, aber den Menschen in Tibet etwas Entscheidendes genommen. Der Karmapa an seinem Stammsitz in Tsurphu signalisiert der Welt, dass der Buddhismus in Tibet noch lebt, dass der Völkermord und die Unterdrückung der Chinesen die Flamme des Glaubens nicht ersticken konnten. Der 16. Karmapa selbst hatte in den 1940er Jahren in mehreren prophetischen Gedichten angedeutet, dass er zwar das Land verlassen, aber in Tibet wiederkommen würde.

Der Karmapa wurde in Tibet zu einer Zeit wiedergeboren, als die kommunistische Regierung in Peking dem Gedanken einer Anerkennung seiner Reinkarnation zugänglicher war als jemals zuvor. Auch wenn seine Wiederkehr in Indien oder Nepal scheinbar unproblematischer gewesen wäre, gab seine Wiedergeburt den Tibetern neue Hoffnung in einer schwierigen Zeit. Der heute in Seattle lebende tibetische Gelehrte Pönlop Rinpoche sieht in der Geburt in Tibet das Ergebnis der vorausschauenden Weisheit des 16. Karmapa: »Der praktische Ansatz in unserem Glauben ist es, davon auszugehen, dass der Karmapa mit voller Absicht dort wiedergeboren wird, wo er eine Mission zu erfüllen hat. Diese Entscheidung respektieren wir. Und wir können auch ihren Sinn erkennen.«[25]

Mit der Inthronisierung am 27. September 1992 in Tsurphu begann das öffentliche Wirken des 17. Karmapa offiziell. Situ Rinpoche erklärte, dass das so viel bedeute wie »das Hissen einer Flagge auf dem Turm eines Schlosses und das Erschallen von

Trompeten, die für alle Welt verkünden, dass das Ereignis wirklich stattfindet. Durch diese Ermächtigung wird der Karmapa sowohl auf der relativen als auch auf der absoluten Ebene als das anerkannt, was er ist: Absolut gesehen ist er immer der Karmapa, aber relativ gesehen ist er es erst nach der Inthronisation.«[26]

Der Tag, an dem der lebende Buddha Karmapa seinen Thron wieder einnahm, war ein herbstlicher Sonntag. In den Bergen hinter dem Kloster hatte es geschneit. Die ganze Woche über waren rund um Tsurphu Hunderte Zelte wie weiße Pilze aus dem kargen graubraunen Boden gewachsen. Lastwagen, die sich die Berge hinaufgequält hatten, spuckten ganze Ladungen von Geschenken aus – Brokatstoffe, Felle, rituelle Gegenstände, Lebensmittel, Tee, Kräuter und Musikinstrumente. Alles für den Karmapa und sein Kloster. Die Geschenke an sich waren nur die dem Anlass angemessenen Aufmerksamkeiten, die Geste der Anwesenheit und Verehrung war viel wichtiger. Über zwanzigtausend Menschen waren nach Tsurphu gereist. Ordinierte Mönche, Laien aus allen Teilen Tibets und der Welt, über vierhundert Lamas aus mehr als zwanzig Ländern, mehr als zweihundert Repäsentanten der Tsurphu zugehörigen Klöster, Vertreter aller Kagyü-Klöster, Vertreter sämtlicher Schulen des tibetischen Buddhismus, viele berühmte Lamas und Rinpoches, die Verwandtschaft des Karmapa und zu guter Letzt auch ein Minister als Haupt einer Delegation von hohen Beamten der Chinesischen Regierung aus Peking und aus Lhasa, um an diesem Tag auch Politik zu machen. Großer Bahnhof für einen großen Meister.

Doch manchmal bringen gewisse Gäste ungewöhnliche Probleme mit sich, wie es sich im Fall des Ministers für religiöse Angelegenheiten und Minderheiten, Ren Wuzhi, zeigte. Die Chinesen wollten nämlich aktiv an der Inthronisierungszeremonie teilnehmen. Ein staatlicher Akt in einem religiösen Ritus – für die Klosterleitung und den Labrang[27] war das undenkbar. Also feierte man kurzerhand zwei Zeremonien und verkaufte den Beamten den Trick als zweiteilige Veranstaltung. Man ging sogar auf die Forderung des Ministerbüros ein, wonach der Karmapa nicht höher sitzen durfte als der Staatsmann. Im ersten Akt durfte der Minister jenes offizielle Dokument verlesen, mit dem die chinesische Regierung die Reinkarnation des Karmapa offiziell anerkennt. In einer Urkunde verlieh die kommunistische Führung dem 17. Karmapa sogar den Titel »Lebender Buddha«, ein Begriff, der im chinesischen Sprachgebrauch allgemein für Rinpoches benutzt wird. Damit schrieb die Regierung Geschichte, denn es war die erste Anerkennung eines wiedergeborenen Lamas seit der Gründung der Volksrepublik. Peking ließ sich auch in punkto Geschenk nicht lumpen. Der Minister überreichte dem Karmapa die kunsthistorisch wertvolle Kopie eines 300 Fuß langen Wandfreskos, das die »Wunder« darstellt, die der 5. Karmapa am kaiserlichen Hof im Laufe der Jahre vollbracht hatte. Das riesige Original hatte der chinesische Kaiser der Ming-Dynastie anfertigen lassen, aus Dankbarkeit gegenüber seinem großen Lehrer, dem 5. Karmapa. Die um etwa ein Drittel kleinere Kopie wurde einige Zeit später erstellt und dem Karmapa geschenkt. Insofern handelte es sich nun weniger um ein Geschenk als vielmehr um die Rückgabe des ehemaligen Besitzes der Karmapas. Als die chinesischen Truppen das Kloster Tsurphu im Laufe der Kulturrevolution 1966-1976 zerstört hatten, vernichteten oder konfiszierten sie viele kostbare Statuen, Kunstwerke, Reliquien und heilige Texte. Unter den konfiszierten Kostbarkeiten war auch diese Replik des Wandgemäldes.

Der »politische« Teil der Zeremonie war schnell beendet. Die chinesische Delegation hatte im Tempel den religiösen Würdenträgern und anderen geladenen Gästen Platz gemacht. Wenn aber zwanzigtausend Menschen in einen Tempel mit Kapazität für vielleicht eintausend hineinwollen, ist das Chaos perfekt.

Der eigentliche religiöse Teil der Inthronisierungszeremonie begann pünktlich um zwölf Uhr. Der Zeitpunkt war bewusst gewählt. Genau in diesem Moment zeigte sich nämlich eine Konstellation von Himmelskörpern, die nicht nur äußerst selten ist, sondern laut Astrologen auch besondere Kraft verspricht. Vier »Sonnen«, mächtige Feuerplaneten, standen am Himmel in einer Reihe hintereinander, als die kleine Sonne Karmapa mit den Linienhaltern und hohen Lamas in den Tempel einzog. Vorbei an aufgeregt andächtigen Gesichtern, an Säulen in farbiger Verkleidung, an Geschenken, die im Mittelgang wie ein goldbunt schimmerndes Regiment aufgestellt waren. Der Gesang der Mönche und der Klang der Musik schienen den Karmapa zu tragen. Situ Rinpoche und Gyaltsab Rinpoche begleiteten ihn bis vor den mächtigen, hohen Thron, der auf goldenen Löwen ruht. Dann kletterte er die hohen seitlichen Stufen hinauf.

Und schon saß er oben, in goldene und rote Gewänder gehüllt, auf seinem Kopf die Schwarze Krone der Aktivität, über ihm ein goldener Baldachin. Als Höhepunkt stundenlanger traditioneller Rituale übergab Situ Rinpoche, in einem roten Gewand und mit roter Krone, dem Karmapa den von seinem Vorgänger verfassten Prophezeiungsbrief. Er reichte ihm das kostbare Dokument zusammen mit dem Anerkennungsschreiben des Dalai Lama und dem Spruch des tibetischen Staatsorakels. All diese Gaben waren in einen goldenen Segensschal gehüllt.

Nun war vollendet, was im März 1992 in Rumtek begonnen hatte und im Juni beim Dalai Lama im indischen Exil seine Bestätigung fand. Ogyen Trinley Dorje war nunmehr offiziell Seine Heiligkeit der 17. Gyalwang Karmapa.

Die gesamte Zeremonie dauerte einen ganzen langen Tag, denn nach allen Riten, Opferungen und Reden segnete der neue Karmapa jeden, der zu seiner Inthronisation nach Tsurphu gekommen war: zwanzigtausend Menschen! Sieben Tage lang feierten die Pilger aus aller Welt die Wiedergeburt ihres Oberhauptes. Die Flagge des Karmapa wehte wieder auf der Festung des Glaubens in Tibet.

Später lobte der 14. Dalai Lama die Arbeit Situ Rinpoches in einem Interview: Er habe seine Sache gut gemacht. Situ Rinpoche hatte den Karmapa gefunden und er hatte die chinesische Anerkennung erwirkt, aber nicht bevor der Dalai Lama selbst den Jungen anerkannt hatte. »Meine eigene Zustimmung war bereits da, und dann haben ihn die Chinesen ebenfalls bestätigt. Wie man sehen kann, gibt es also eine gute Zusammenarbeit zwischen Dalai Lama und Chinesen – ohne dass die Chinesen es wissen!«[28]

Alltag im Tsurphu-Kloster

Erhaben wie eine Burg sitzt das Tsurphu-Kloster auf einem sanften, aus dem fruchtbaren Tolung-Tal ansteigenden grünen Hügel. Es wirkt wie ein Gemälde aus längst vergangener Zeit. Wer die riesige Anlage vom Tal kommend erblickt, ahnt, dass es sich dabei um kein gewöhnliches Kloster handelt. Man sagt, dass die Lage des Klosters nach Fengshui besonders günstig ist. Im Norden ragen die Spitzen des schneebedeckten Himalaya majestätisch in den unwirklich tiefblauen Himmel. Im Süden, vor dem Kloster, liegt das fruchtbare schmale Tal des Tolung-Flusses, der von Osten nach Westen fließt. Auch die Zubringerstraße, die von der Hauptstraße nach Lhasa abbiegt, verläuft in dieser Ausrichtung, parallel zum Fluss. Aufgrund dieser Gegebenheiten wird das Kloster als das Mandala der besonders kraftvollen Meditationsgottheit Chakrasamwara angesehen. Zur riesigen Klosteranlage gehören viele stattliche Tempelgebäude, eine ganze Reihe Wohnhäuser für die Mönche, weite Wiesen und Gärten. Eine mannshohe Mauer aus gebrochenem Felsgestein umgibt das Kloster wie eine Gebetskette.

Das Quartier des Karmapa befindet sich im obersten Geschoss des Gebäudes. Die Tür zum Gemach erreicht man über eine riesige Dachterrasse im Norden. Sein Lebensbereich bestand damals aus einem einzigen Raum. Er war hell und groß und öffnete sich mit großen Sprossenfenstern zum Tolung-Tal im Süden. Auf den vielleicht 70 Quadratmetern spielte sich sein ganzer Alltag ab, er war Wohn-, Schlaf- und Esszimmer, zugleich Audienzraum und Gebetsraum für seine persönliche Praxis. Seine Bewegungsfreiheit in Tsurphu war stark eingeschränkt. Einerseits durch seine Attendants, die streng auf die traditionelle Erziehung des jungen Karmapa achteten. Andererseits waren ihm von den chinesischen Behörden allgegenwärtige »Aufpasser« zur Seite gestellt; manche von ihnen trugen auch Mönchsgewänder. Sein Tagesablauf war genau geregelt: Studium, tägliche Audienzen, Rituale und Einweihungen in den verschiedenen Tempeln der Anlage gemäß dem Klosterkalender.

Ich fragte mich, ob sich der Karmapa mit seinen gerade mal sieben Jahren dort frei entfalten und entwickeln konnte. Was ich bisher erfahren hatte, sah nicht nach einem gewöhnlichen Alltag aus. Aber vielleicht trügt bei der Einschätzung auch der westliche Blick. Für die meisten Kinder, auch in Indien, Nepal oder Bhutan, die im Kindesalter ins Kloster kommen, bedeutet dies eine wesentliche Verbesserung ihrer Lebensumstände und Chancen. Im Gegensatz zu ihrem oft sehr ärmlichen Zuhause erhalten sie im Kloster eine gute Versorgung und Ausbildung. Sie wachsen zu sozial abgesicherten und respektierten Mitgliedern ihrer jeweiligen Gemeinschaften heran.

Stellen Sie sich einmal vor, Ihnen wird verkündet, Sie seien ein hoher Lama, eine Heiligkeit. Plötzlich finden Sie sich in einem Kloster wieder, werden von Dienern umringt, jeder hat eine Aufgabe, jeder erweist Ihnen die Ehre. Ständig kommen Leute mit Geschenken. Manchmal kommen sie zu Tausenden und wollen Ihren Segen empfangen, weil er etwas ganz Besonderes ist – weil Sie etwas ganz Besonderes sind. Alle Augen sind ständig auf Sie gerichtet. Lachen Sie, lachen alle. Werfen Sie einen Ball, werfen sich

Erwachsene Kindern gleich in den Staub, um ihn zu fangen und zurückzuspielen. Wenn Sie einem gestandenen Mann am Ohr ziehen, dann ernten Sie keine Ohrfeige, sondern ein herzliches Lachen. Und nun die berühmte sozialpädagogische Frage: Was macht das mit Ihnen?

Es ist schwer vorstellbar. Aber dem Karmapa scheint es nicht geschadet zu haben. Wann immer ich ihn getroffen habe, wirkte er völlig normal, gesund, ohne Allüren, nicht überheblich, aber vielleicht etwas reifer und besonnener als Fünfundzwanzigjährige normalerweise sind. Im Großen und Ganzen hatte er das Wesen eines jungen Mannes. Dennoch umgab ihn etwas Besonderes. Natürlich formen das Protokoll, die strengen Sicherheitsmaßnahmen und die Entourage das Bild eines bedeutenden Oberhauptes mit und lassen einen normalen Umgang unmöglich erscheinen. Auch die Verehrung, die seiner Person allenthalben entgegengebracht wurde, ließ eine ganz und gar unalltägliche Aura um ihn herum entstehen. Aber mir kam es so vor, als würde der Karmapa das alles überstrahlen und darüber hinauswachsen und deshalb menschlich erlebbar bleiben.

Im September 2010 saßen wir wieder gemeinsam in seinem Audienzzimmer im Gyuto-Kloster im indischen Exil. Wir wollten weiter über seine Kindheit und die Zeit in Tsurphu sprechen. Ich konnte nicht richtig aus ihm herausbekommen, ob er seine Familie vermisst hatte, als er im Kindesalter ins Kloster kam. Wollte er nicht darüber reden, oder geziemte es sich nicht für Seine Heiligkeit, den lebenden Buddha, der Zufluchtsort für viele gläubige Buddhisten ist, die Zugehörigkeit zur Familie vordergründig zu betrachten? Seine Eltern und Geschwister mussten lernen, dass ihr Sohn und Bruder nun nicht mehr so richtig ihnen gehörte. Er war nicht mehr Apo Gaga.

Was er antwortete, war: »Ja, manchmal habe ich sie schon ein bisschen vermisst.« Wenn ich mir aber die Videoaufnahmen ansehe, dann kann ich beim Abschied von seiner Familie keine Traurigkeit oder Abschiedsschmerz entdecken. Als müsste es so sein, verabschiedete er sie relativ normal mit einem Segen und einer Khatag. Als ich ihn danach fragte, ob ihm die Wärme seiner Mutter in den ersten Jahren gefehlt habe, sagte er spontan: »Ja!«, er überlegte kurz und schob mit einem verschmitzten Lächeln nach: »Natürlich! Sie hatte mich immer warm gehalten. Weißt du, bei uns zu Hause gab es keine Heizungen. Deshalb musste mich meine Mutter warm halten.« Ich mochte seinen Humor. Und auf meine Nachfrage gab er zu, dass es für ihn im Kloster nicht immer einfach gewesen war. »Ja klar. Als ich in Tsurphu war, musste ich plötzlich ganz seriös und ernst sein. Dabei war ich erst sieben Jahre alt.«

Manche Kritiker des Tulku-Systems bemängeln nicht das System der bewussten Wiedergeburt an sich, sondern die Tatsache, dass die Kinder ihre Familien oft zu früh verlassen. Manche sollen darunter leiden, nur noch unter fremden Erwachsenen leben zu müssen. Ziehe ich einmal alle Aussagen zusammen, dann komme ich zu dem Ergebnis, dass der Karmapa offenbar keinen Schaden davongetragen hat. Er scheint nicht gelitten zu haben und ging für sein Alter erstaunlich souverän mit der Situation um. Er war als Kind durchaus auch verspielt, aber er besaß gleichzeitig die nötige Ernsthaftigkeit für das monastische Leben. Umdze Thubten, sein alter Tutor, erzählte, dass sich Seine Heiligkeit manchmal geweigert habe zu lernen, weil er lieber spielen wollte. Glücklicherweise stellte das kein großes Problem dar, denn sein Schüler war so begabt, dass er Texte manchmal schon nach zweimaligem Lesen auswendig konnte.

»Ich war ein normales Kind. Wenn du mich damals in Tsurphu besucht hättest, hättest du mich oft mit einem ferngesteuerten Auto spielend auf dem Dachgarten angetroffen«, erzählte er und sah mich ganz ernst an. Dann bildete sich neben seinem Mund ein Grübchen, das ein aufkommendes Lächeln verriet. »Aber ich wollte immer ein größeres Auto, eins mit größeren Rädern, weil dort oben so viele Steine waren. Verstehst du, draußen war alles gepflastert.« Ich verstand sehr gut, was er meinte, und ich konnte mir vorstellen, dass ein Offroad-Auto perfekt gewesen wäre. Ich gestand ihm, mir in meiner Kindheit auch solche Autos gewünscht zu haben, die man mit einer Fernbedienung durch die Wohnung oder den Garten brettern lassen konnte, aber so etwas hatten wir im Osten nicht. Nun schenkte er mir einen betont mitleidigen Blick und sagte: »Ich weiß!«

»Ich habe gehört, Sie hatten Berge von Spielsachen«, versuchte ich am Thema zu bleiben. Doch er gab zur Antwort, dass er wirklich nicht viele Dinge zum Spielen hatte. »Nicht so viele wie die Kinder im Westen, nur ein paar«, stellte er klar. Von Bekannten, die den Karmapa öfter in Tsurphu besucht hatten, erfuhr ich, dass er mit dem geschenkten Spielzeug für gewöhnlich nur einmal spielen durfte, dann nahmen es ihm die Attendants wieder weg. Es gab im Kloster einen Raum, in dem die gesamten geschenkten Spielsachen aufbewahrt wurden. So hatte er eigentlich immer nur einen Tag Freude daran. Ein paar Dinge, wie Lego-Bausteine, Bälle, sein Auto und Malutensilien wurden ihm allerdings gelassen. Seine Attendants hatten das so entschieden. Ihr Bestreben war, den jungen Karmapa nicht zu sehr zu verwöhnen. Das war keine Herzlosigkeit, sondern vielmehr ein erzieherisches Prinzip im Hinblick auf die Bescheidenheit und Zurückhaltung eines mönchischen Lebens.

Alles im Umfeld Seiner Heiligkeit war handverlesen – so auch sein Personal. Jeder Attendant hatte eine bestimmte Zuständigkeit und wurde oft auch entsprechend benannt. Es gab einen für seine Kleidung, einen anderen für den Schrein und die Ritualgegenstände, einen, um seinen Raum in Ordnung zu halten und Besucher zu empfangen, einen persönlichen Koch, einige, die für seine Sicherheit verantwortlich waren, und dann noch seinen Lehrer. Sein Leibattendant war Titi – ein junger Mönch, der ihn zu Bett brachte, ihm Geschichten erzählte, mit ihm spielte und ihn tröstete, wenn er traurig war. Er war immer in seiner Nähe. Titi hatte mütterliche Qualitäten, er war liebevoll und absolut verlässlich. Zwar war er nicht sonderlich gelehrt, aber er konnte gut mit dem Jungen umgehen, er umsorgte ihn, auch emotional, und schuf ihm eine Art Zuhause.

»Er war wie eine Nanny zu mir«, sagte der Karmapa. »Titi war mir am nächsten. Mit ihm konnte ich alles anstellen. Manchmal habe ich ihn am Ohr gezogen.«

Titi schlief sogar in seinem Zimmer, vor seinem Bett – er und der alte Lehrer Umdze Thubten. Letzterer war 1991 aus Rumtek gekommen, er war noch mit dem 16. Karmapa aus Tibet geflohen. Umdze bedeutet Gesangsmeister. Er war ein alter Vertrauter des 16. Karmapa gewesen, und deshalb hatte ihn Jamgön Rinpoche schon 1991 nach Tsurphu geschickt, um dort die Ankunft des Karmapa vorzubereiten. Damals durften die älteren Lamas noch aus Indien nach China zurückkehren. Umdze Thubten war ein kleiner zarter Mann mit Rauschebart und ein herzlicher, liebevoller Mönch, aber was die Rituale betraf, war er streng traditionell. Er brachte dem Karmapa Lesen, Schreiben und die wichtigsten Rituale bei. Es dauerte nicht lange, bis der Karmapa viele Texte auswendig konnte und sogar den recht schwierigen Lama-Tanz beherrschte – ein liturgischer Tanz in schweren Gewändern. Die Unterrichtung in buddhistischer Praxis war für seine Ausbildung essentiell. Buddhistische Praxis besteht aus drei Teilen: Studium, Kontemplation und Meditation. Dazu kommen noch die Rituale.

In einem Interview sagte Umdze-La über seinen begabten Schüler: »Bald muss ein anderer, ein besser gebildeter Lehrer meinen Platz einnehmen, weil ich ihm nichts mehr beibringen kann.«[29] Er starb 1997. Danach bekam der Karmapa einen sehr gelehrten und gut ausgebildeten Khenpo – so etwas wie einen Professor. Das war Lama Nyima, der später bei der Flucht eine wesentliche Rolle spielen sollte.

Titi gab 1998 das Mönchsgelübde zurück und gründete mit dem Segen des Karmapa eine Familie. Als Titi ging, nahm der alte

Drubngak seinen Platz ein, der auch schon dem 16. Karmapa in Tsurphu gedient hatte, aber nicht mit ihm ins Exil geflohen war. Nachdem das Kloster in der Kulturrevolution zerstört worden war, war er in sein Dorf zurückgegegangen. In den 1980er Jahren wurde Tsurphu wieder aufgebaut. Da kehrte Drubngak in das Kloster zurück und stieg zum Leibattendant auf. Fortan sorgte er für die persönlichen Bedürfnisse des 17. Karmapa – und das rund um die Uhr. Noch heute schläft er in der kleinen Kammer vor dem Wohnraum des Karmapa.

Die etwa sieben Jahre, die der Karmapa in Tsurphu verbrachte, sollten sich für die Tibeter als sehr segensreich erweisen. Jeden Tag strömten Pilger aus dem ganzen Land zum Kloster. Ganze Familien vom Säugling bis zur Großmutter wollten wenigstens einmal im Leben den Segen vom Karmapa erhalten. Sogar tibetische und chinesische Beamte aus Lhasa kamen samt Sippe und zeigten nach der Audienz stolz ihre farbigen Segensbänder, die sie vor Krankheit und anderen Widrigkeiten bewahren sollten. Aus allen Himmelsrichtungen kam ein stetiger Strom von im Ausland lebenden Lamas und Schülern der Karma-Kagyü-Linie ins Kloster. Sie wollten die karmische Verbindung zu ihrem Oberhaupt neu knüpfen und seinen Rat und Segen für die westlichen buddhistischen Zentren erhalten. Nach öffentlichen Audienzen wollten die Tibeter den Klosterhof nicht mehr verlassen, wird berichtet. Sie sollen sich auf den Boden gelegt haben, damit der Karmapa über sie hinweg seinen Weg vom Thron zum Appartement nehmen musste. Für Tibeter ist die uneingeschränkte Hingabe ein Ausdruck ihrer Liebe. Daher kommt es, dass sie sich gegenüber hohen spirituellen Meistern so ehrerbietig, ja geradezu devot verhalten.

Auch wenn der Karmapa, der in dieser Zeit zu einem Jugendlichen heranreifte, mit seinen täglichen Verpflichtungen vom Studieren bis zu den Audienzen vollauf beschäftigt war, bewirkte er außerdem, dass das einst völlig zerstörte Tsurphu-Kloster bis zu seiner

Flucht fast vollständig wieder aufgebaut wurde. Noch im letzten Jahr vor seinem Exil, 1999, weihte er die neue Kloster-Universität – die Shedra – für etwa einhundert Mönche ein. Der Aufbau der Universität wurde durch die finanzielle Unterstützung der deutschen Karma-Kagyü-Gemeinschaft möglich.

In den sieben Jahren hat der Karmapa trotz seines jugendlichen Alters sowohl für das Kloster als auch für den Erhalt des tibetischen Buddhismus Großes geleistet.

Der Karmapa in Aktion

Es wird sich zeigen, dass er der Karmapa ist, wenn er seine ureigenen Aktivitäten entwickelt – so sagt man bei den Tibetern. Vom ersten Tag an erfüllte der Karmapa seine historische Rolle und nahm seine Aufgaben an. Da war er noch ein Kind – und doch kein Kind mehr.

Es ist bemerkenswert: Ein Siebenjähriger kommt aus einem fast mittelalterlichen Nomadenleben, wird gebadet, gesalbt, in Brokat gehüllt und auf einen Thron gesetzt. Und plötzlich explodieren die Dimensionen seines menschlichen Daseins – unvorstellbar für ein Kind, und auch für einen Erwachsenen am Rande des Begreifbaren. Stück für Stück, Tag für Tag entfaltet sich der junge Karmapa und zeigt immer deutlicher, wer er ist. Mit jeder Begegnung schlägt er die Tibeter in seinen Bann. Seine beeindruckenden Augen sind das eine, sein Blick ist das andere. Keine Scheu, dafür Neugierde und Mitgefühl.

Der Karmapa saß wieder wie gewohnt auf seinem Plexiglas-Sofa und sah mich mit diesem durchdringenden Blick an. Ich wollte mit ihm weiter über seine Jugend in Tsurphu sprechen. Durch die großen Fenster fiel grelles Sonnenlicht in den Raum und verlieh seinen

Augen einen fast schon unwirklichen Glanz. Die Helligkeit tut gut, dachte ich, denn in den letzten Tagen war es in McLeodganj kalt und nass gewesen. In der Nacht erst hatte sich die unerträgliche Monsunzeit mit einem krachenden Finale verabschiedet.

Er sei so intelligent und begabt, hörte ich die Leute immer wieder schwärmen, wenn ich mit ihnen über den Karmapa sprach. Die Beschreibungen reichten von »wie ein Ozean der Weisheit« bis hin zu »eben typisch wie alle Karmapas waren, ein ganz besonderer Mensch, ein Buddha«. Das interessierte mich.

Zeigten sich in ihm etwa schon als Kind oder Teenager besondere Fähigkeiten, die man im Allgemeinen den Karmapas zuschreibt? Ich wusste, dass er zwar gern mit Baggern und Autos spielte, nebenher aber auch administrative Aufgaben erledigte und sein tägliches Studium überdurchschnittlich gut absolvierte. Zur monastischen Ausbildung gehört das Auswendiglernen von verschiedenen rituellen Texten, die umgerechnet ein paar hundert Buchseiten umfassen. Ein normaler Mensch benötigt dafür mindestens fünf Jahre. Er war schon nach weniger als drei Jahren damit fertig. Ähnliches erlebten seine Lehrer auch in anderen Disziplinen. Sie unterrichteten den Karmapa in tibetischer und chinesischer Sprache, in Kalligraphie und Grammatik, Dichtkunst und Philosophie, Astrologie und Medizin und klassischer Debatte, der Kunst der philosophischen Diskussion. Er malte, schrieb Gedichte, komponierte kleine Musikstücke, sang und tanzte die Lama-Tänze. Das alles klingt fast nach einem Multitalent. Dieser Begriff schien dem Karmapa nicht zu gefallen, als ich ihn darauf ansprach. Er wirkte ernst, als er sagte: »Wenn du dich anstrengst, kannst du eine Menge Dinge lernen.«

Ich hielt ihm entgegen, dass man Begabungen doch nicht erlernen, sondern bestenfalls anwenden und fördern könne. Und über ihn hätte ich erfahren und mich auch selbst davon überzeugen können, dass er sehr begabt sei. Ein verstecktes kurzes Lächeln und ein minimales Augenzwinkern verrieten mir, dass er mir an sich zustimmte, jedoch spielte er es sogleich wieder herunter: »Woher sollte ich denn wissen, ob andere nicht genauso begabt sind? Weißt du, wir haben da unser tibetisches Denken. Das ist anders als im Ausland. Woanders meinen die Menschen, sie müssten auf einem Gebiet Spezialisten sein – auf einem einzigen. Tibeter aber sprechen davon, allwissend zu sein, in verschiedenen Dingen gut zu sein. Es reicht nicht aus, dass sie über alles ein bisschen Bescheid wissen, sie sollten professionell sein in allem. Und weil wir so denken, gab es in der Vergangenheit viele Tibeter, die in allen Disziplinen gut waren, hervorragende Astronomen, qualifizierte Mediziner, erfahren in den inneren, spirituellen Wissenschaften.«

Während er die verschiedenen Befähigungen aufzählte, gestikuliert er in die Ferne gerichtet, als würde er viele Leute ansprechen. Dann wandte er sich mir zu und sagte: »Das ist die innere Einstellung, richtig?«

Er stützte sich mit beiden Händen auf die Knie und wartete darauf, dass der Übersetzer fertig wurde. Er trieb ihn geradezu an, indem er immer wieder die zu erwartenden Worte selbst einstreute, um die Sache zu beschleunigen. Während der Übersetzer noch sprach, blätterte ich in meinem Notizbuch. Dem Adlerblick des Karmapa entging nicht, dass sich zwischen den handschriftlichen Zeilen ein paar Skizzen befanden. Als ich seinen Blick bemerkte, blätterte ich schnell weiter. Er zuckte kurz, setzte seine Brille auf, und schaute dann zur Seite, als würde er sich gar nicht mehr dafür interessieren. Sekunden später lehnte er sich aber zu mir herüber, streckte seinen rechten Arm aus, blätterte kurzerhand die Seiten zurück und tippte auf die Zeichnungen. Dann sah er mich schmunzelnd an, riss seine Augen auf und machte eine Geste, als würde ihm das gefallen – vielleicht gar nicht die Zeichnungen an sich, sondern die Tatsache, dass ich sie gemacht hatte. Nach zwei Minuten schaute er nach, ob ich nicht wieder weitergeblättert hatte.

Der Übersetzer war endlich am Ende seiner Ausführungen angelangt, da setzte der Karmapa seine Erzählung unvermittelt fort: »Das Schlimmste war damals, dass unter den Attendants im

Tsurphu-Kloster keiner mit einer wirklich guten Ausbildung in den alten Traditionen war. Da gab es zwar einige, die die Rituale praktiziert haben, aber an vielen anderem fehlte es. Hätte es Leute mit besserer Ausbildung gegeben und hätte ich bessere Möglichkeiten gehabt, so hätte ich sicher sehr viel mehr lernen können.«

Nun wollte ich unser Gespräch auf eine ganz spezielle Begabung lenken, die man ganz sicher nicht bei allen Menschen vermutet. Ich hatte gelesen, dass er hellsichtig sei und Visionen habe. Zum Beispiel wird berichtet, dass er bereits als kleines Kind »gesehen« haben soll, wie sein Vater, unterwegs mit einem Pferdewagen, einen Unfall gehabt habe. Später, bereits in Tsurphu, so berichteten mir westliche Besucher, habe der Karmapa anhand von mitgebrachten Fotos Gesundheitszustand und Heilungsschancen von nicht anwesenden Familienangehörigen und Freunden beschrieben. Zu dieser Zeit gab er auch Hinweise zur Zukunft, zu rechtlichen Auseinandersetzungen oder Bauprojekten für seine westlichen Zentren. Alle seine Voraussagen traten ein. Ich hörte auch, dass er durch meditative Schulung seines Bewusstseins den Urgrund, das Medium, in dem sich alle Dinge entfalten, berühren kann. Dadurch kann er Ereignisse in der Vergangenheit, Gegenwart und Zukunft erblicken. Hierzu soll auch die Fähigkeit gehören, Wiedergeburten von hohen Lamas zu erkennen. So unglaublich und fremd das für westliche Ohren klingen mag, umso erstaunlicher sind die sichtbaren Ergebnisse oder eingetretenen Ereignisse, die den Voraussagen tatsächlich entsprechen.

Es seien bisher schon einige Dutzend Tulkus gewesen, die er in jungen Jahren identifiziert habe, wird berichtet. Angefangen hatte es mit Pawo Rinpoche. Im Sommer 1995 gab der 17. Karmapa Hinweise für die Auffindung der Wiedergeburt des bedeutenden Lamas der Karma-Kagyü-Linie. Anhand dieser Angaben konnte das Kind aufgefunden und identifiziert werden. Pawo Rinpoche ist heute der Statthalter des Karmapa im Tsurphu-Kloster in Tibet.

»Ist das eine Begabung, oder kann man das erlernen?«, fragte ich provokativ, denn er hatte ja zuvor behauptet, vieles sei dem Streben und Lernen zu verdanken. Der Karmapa setzte sich auf wie ein erhabener Buddha und antwortete mit durchdringendem Blick: »Das ist nicht erlernt. Die früheren Karmapas haben ihre Prophezeiungen spontan gegeben. Man kann zwar einiges darüber sagen, aber wir wissen nicht, wie sie das gemacht haben. Wenn sie einen Tulku erkannten, was haben sie dann getan, welche Methoden haben sie dafür benutzt? Keiner wusste es.«

»Wer wusste es nicht?«, fragte ich nach, um zu verstehen, was er damit sagen wollte.

»Die Attendants wussten es nicht. Niemand! Die Karmapas haben es einfach getan; ohne eine spezielle Ausbildung dafür.«

Der Karmapa sprach noch immer nicht von sich selbst, sondern nur von seinen Vorgängern, deren Geschichten ich bereits aus Büchern kannte. Also fragte ich, ob er denkt, dass diese Fähigkeit angeboren ist.

»Es ist nicht vererbt. Es ist etwas, was man ganz von selber tun kann, ganz natürlich. Es geschieht spontan, und niemand kann dich lehren, wie du es zu tun hast.«

Ich musste kurz darüber nachdenken. Wenn es weder vererbt noch erlernbar ist, sondern ein spontanes Ereignis, dann könnte es eine Fähigkeit sein, die vielleicht aus dem früheren Leben kommt. Ist Hellsichtigkeit eine besondere und von äußeren Umständen unbelastete Fähigkeit, mit der Kinder sehr viel natürlicher und spontaner umgehen können als Erwachsene?

Der Karmapa schien meine Gedanken zu erraten, als er fortfuhr, ohne dass ich etwas gefragt hatte: »Ein Beispiel. Als der 15. Karmapa Khakhyap Dorje einen Tulku erkannte, wurde die Begebenheit zum ersten Mal schriftlich aufgezeichnet. Zu dieser Zeit war er sieben oder acht Jahre alt. Er legte seine Hand in die Mudra des Gleichmuts, eine Meditationshaltung, bei der die Hände ineinanderliegen, und brachte seinen Fuß in die Vajra-Stellung, den vollen

Lotussitz. So saß er dann für ein paar Minuten. Dann hat er es augenblicklich niedergeschrieben. So ist es geschehen.«

Nachdem er mir diese Geschichte erzählt hatte, fixierte er mich kurz und wiederholte, dass niemand wisse, wie man das machen muss und dass die Attendants dabei auch nicht helfen könnten. Er holte kurz Luft, sah zur Decke des Zimmers und flüsterte auf Englisch: »Es ist eigenartig. Es ist ein geheimes Spiel.« Unser Übersetzer vergewisserte sich noch mal, ob Seine Heiligkeit mit »secret game« im Englischen tatsächlich den richtigen Begriff gebraucht hatte. Der Karmapa bestätigte: »Secret game!«

Ein geheimes Spiel, weil kein Außenstehender Einblick haben kann, wie es funktioniert. Also kann man es weder lehren noch lernen.

Gewöhnlich können Tulkus ihre Wiedergeburt zwar selbst bestimmen, aber nur äußerst selten hinterlassen sie selbst Hinweise darüber, wo man sie suchen soll. Die Karmapas sind da einzigartig und bilden eine Ausnahme. Gewöhnlich werden andere Tulkus von hochrangigen spirituellen Meistern mit besonderen meditativen Fähigkeiten, wie dem Dalai Lama, dem Karmapa oder Situ Rinpoche »aufgefunden«. Diese Meister des tibetischen Buddhismus sind imstande, die Einzelheiten und Umstände des Ereignisses der Wiedergeburt zu erschauen. Anhand dieser Informationen werden die Kinder dann gesucht, geprüft und bestätigt.

Dem Karmapa schien es unangenehm, über die eigenen Erfahrungen bei der Identifizierung von Tulkus zu sprechen. Ich hatte mich bereits daran gewöhnt, dass Tibeter nicht gern über ihre eigenen Fähigkeiten reden. Sie erwähnen lieber Beispiele von anderen. Deshalb möchte ich an dieser Stelle eine Begebenheit wiedergeben, die zeigt, dass der 17. Karmapa dem Namen »Lebender Buddha in Aktion«, wie der Name Karma-pa es besagt, gerecht wird – ganz wie seine berühmten Vorgänger. Die aufregende Geschichte von der Suche und Auffindung des wiedergeborenen Jamgön Rinpoche erzählte mir eine seiner engen Schülerinnen, die sich zu der Zeit selbst in Tsurphu aufgehalten hatte.

Es war im Jahre 1996, der Karmapa war gerade mal zehn Jahre alt. In dieser Zeit erwarteten Anhänger und Schüler weltweit sehnsüchtig und mit wachsender Ungeduld die Wiedergeburt des äußerst beliebten, im April 1992 jung verstorbenen Linienhalters Jamgön Rinpoche. In allen Klöstern und Zentren beteten sie für seine baldige Rückkehr. Mehrmals war Tenzin Dorje, der Generalsekretär, aus seinem Exilkloster Pullahari in Nepal bereits nach Tsurphu gekommen, um den Karmapa nach glückverheißenden Zeichen und Neuigkeiten zu befragen. Immer wieder schickte jener ihn nach Hause mit der Bemerkung, dass die Zeit noch nicht reif sei. Im Frühjahr 1996 war es endlich so weit. Der 17. Karmapa ließ den Generalsekretär aus Nepal nach Tsurphu kommen. Im Kloster des Karmapa hatte man gerade lang andauernde, besondere Rituale beendet, auf deren Höhepunkt am Felsen gegenüber dem Kloster eine riesige Thangka entrollt wurde. Eine beeindruckende und farbenfrohe Patchworkarbeit aus kostbarer Seide, so groß wie ein halbes Fußballfeld.

Der Karmapa rief Tenzin Dorje, den Generalsekretär von Jamgön Rinpoche, und seinen Begleiter zu sich und überreichte ihnen einen Brief mit den lange erwarteten Angaben zur Wiedergeburt des berühmten Linienhalters. Der Brief in Gedichtform enthielt Angaben zum Geburtsjahr, zur Region, Umschreibungen für die Namen von Vater und Mutter sowie Angaben zum Geburtshaus.

Der Karmapa erklärte dazu: »Das Erkennen von Jamgön Rinpoches Inkarnation war deswegen etwas ganz Besonderes, weil es in der Meditation geschah. Zuvor hatte die Verwaltung des Klosters mich mehrmals gebeten, seine Inkarnation zu finden, und ich behielt das im Gedächtnis. Eines Tages dann, als ich in Meditation verweilte, kam mir Jamgön Rinpoche in den Sinn, und da sah ich alles vor mir; das Erkennen geschah einfach in meinem Geist.«[30] Die beiden Mönche studierten den kostbaren Brief, waren aber zunächst etwas ratlos. Da sie sich in Tibet nicht richtig auskannten, beschlossen sie, den Karmapa um weitere und vor allem genauere Informationen zu bitten. Der junge Karmapa fertigte eine kleine Zeichnung von der Landschaft an, in der das Geburtshaus zu finden war. Er zeichnete einen Flussverlauf, die umgebenden Berge und sogar das Geburtshaus samt Nachbarhäusern auf. Die Details gingen so weit, dass er von einem zweistöckigen Haus sprach, das von einer Mauer umgeben sei und dessen Eingangstür nach Osten zeige. Im Haus sollten acht Personen leben. Um ganz sicher zu gehen, fragten die Mönche nach weiteren Hinweisen. Der Karmapa zeigte auf die Zeichnungen, auf denen bereits der Name der Region geschrieben stand. Sie mussten also nicht einmal mehr rätseln, welche Gegend einige Tagesritte südlich von Tsurphu liegt. Der noch nicht elf Jahre alte Karmapa nannte ihnen sogar den ungefähren Zeitraum des Geburtsdatums im Jahr des Schweines: »Weder am Anfang noch am Ende und auch nicht in der Mitte, sondern zwischen Mitte und Ende, eher gegen Ende.«[31] Der Karmapa gab ihnen Lama Nyima, seinen Lehrer, als Berater mit und bot ihnen sogar seinen Jeep mit Fahrer für die Suche an.

Der Suchtrupp besuchte zuerst den Jokhang-Tempel in Lhasa, um dort mit reichlichen Opfergaben für einen erfolgreichen Ausgang der Suche zu beten. Sie waren tagelang unterwegs und sahen über hundert Kinder, die im angegebenen Jahr des Holzschweines geboren waren, aber das Richtige war nicht dabei.

Schließlich fanden sie das Haus, das ihnen der Karmapa beschrieben hatte. Eine ältere Frau kam ihnen mit einem Kleinkind, das sie auf den Rücken gebunden trug, entgegen. Die Angaben über das Kind, die Eltern und den Haushalt stimmten mit denen in dem Brief überein – bis auf ein Detail. Im Haus lebten nur sieben, nicht acht Personen.

Das Kind in seinem roten Mäntelchen zeigte keine Spur von Angst oder Scheu. Es spielte sogar fröhlich und zutraulich mit den

fremden Männern. Die Mönche waren sich sicher, den wiedergeborenen Jamgön Rinpoche gefunden zu haben.

Sie kehrten glücklich nach Tsurphu zurück und berichteten
dem Karmapa vom erfolgreichen Ausgang der Suche. Der hörte
sich die Berichte genau an, beriet sich noch einmal mit allen Beteiligten und verfasste schließlich den offiziellen Anerkennungsbrief für die Wiedergeburt von Jamgön Rinpoche. Zu diesem Zeitpunkt war der Tulku noch kein Jahr alt. In der Zwischenzeit hatte
sich auch herausgestellt, dass tatsächlich acht Menschen zu dem
Haushalt gehörten. Einer der älteren Söhne war kurz zuvor in die
Stadt gezogen.

Nachdem die Eltern ihr Einverständnis gegeben hatten, wurde
die ganze Familie nach Tsurphu eingeladen, um den Karmapa zu
treffen. Kurz nach der formellen Anerkennung zelebrierte der Karmapa in Tsurphu die traditionelle Haarschneidezeremonie, gab
dem 4. Jamgön Rinpoche seinen Namen und die erste Mönchsweihe. Vom ersten Moment an verband und verbindet die beiden
eine sehr innige Beziehung, die an das enge Band erinnert, das zwischen dem 16. Karmapa und seinem »Herzenssohn«, dem 3. Jamgön Rinpoche, bestand. Es war erstaunlich zu beobachten, erzählte
mir die Schülerin des hohen Lama, wie der kleine Jamgön Rinpoche, der gerade erst sitzen konnte, stundenlang eine nicht enden
wollende Reihe von Gläubigen und Anhängern segnete. »Wahrlich
ein ganz besonderes Kind.«

An dieser Stelle muss sich der Journalist in mir melden und die Geschehnisse hinterfragen. Immerhin sind sie in unserer Zeit passiert. Ein knapp Elfjähriger sieht in der Meditation Bilder von
einer Gegend, die er nicht kennen kann, weil er nie dort gewesen
ist. Und er benennt dann den Punkt auf der Landkarte, an dem ein
anderes besonderes Kind geboren wurde. Allein die Tatsache, dass
er das Haus und die Umgebung erstaunlich genau beschreiben
konnte, ist für westliche Gehirne kaum zu fassen.

Ich fragte den Karmapa, wie er sich gefühlt und was er gedacht hatte, als die Wiedergeburt von Jamgön Rimpoche tatsächlich gefunden wurde. Ich wusste, dass alle darüber sehr glücklich waren, auch der Karmapa selbst. Aber ich wollte wissen, ob es ihm auch ein wenig unheimlich oder beängstigend vorgekommen sei. Denn wir sprachen ja immerhin über eine Vision, eine Prophezeiung, die sich erfüllt hatte.

»Nein, nicht unheimlich oder beängstigend …«, sagte er. »Das war zu dieser Zeit nichts Besonderes. Wenn man selber noch ein Kind ist, ist nichts merkwürdig.« Er hielt kurz inne und sprach nachdenklich weiter: »Du hast dann dieses Vertrauen, du denkst einfach: So ist es eben.«

Ich verstand, was er meinte. Für ein Kind ist es völlig normal, wenn es etwas kann. Es denkt, alle sind so, alle können das.

»Aber beängstigend war es nicht«, nahm er meine Frage noch einmal auf. »Es waren die Attendants, die es mit der Angst bekamen. Das habe ich so gehört. Als der 16. Karmapa noch ein Kind war, hat er viele Voraussagen gemacht. Und die Attendants hatten den Aberglauben, häufige Prophezeiungen würden sein Leben verkürzen. Wieder andere hatten große Angst, dass sich die Aussagen als falsch erweisen könnten. Das würde einen großen Gesichtsverlust bedeuten. Aus Sorge darum baten sie ihn, keine weiteren Voraussagen mehr abzugeben.« Der Karmapa lachte.

Ein befreundeter Lama, mit dem ich über Sorgen dieser Art diskutierte, meinte, dass es für die Attendants vielleicht zu viel Verantwortung war. Sie hätten immer Angst gehabt, dass er etwas Falsches sagt oder dass sie es nicht interpretieren könnten. Weniger öffentliche Aufmerksamkeit war für sie besser zu kontrollieren, und sie konnten besser damit umgehen.

Vielleicht um mich zu beruhigen, sagte mir der Karmapa, ihm sei das nicht passiert. Und er versuchte weiter zu erklären, dass Kinder nicht an ihr Image denken würden. »Sie sagen einfach nur, was sie fühlen … Sie haben keine großen Bedenken und kümmern sich nicht um ihren Ruf.«

Der befreundete Lama erklärte mir: »Kinder wollen nicht manipulieren. Sie kennen noch kein interessegeleitetes Denken. Sie sind einfach, spontan und natürlich und denken nicht so viel darüber nach, wie es bei den anderen ankommt. Kinder sind eben so. Sie drücken es einfach aus, wenn es kommt. Die aufsteigenden Bilder, die sie beschäftigen, bringen sie in diesem Moment zum Ausdruck, und dann gehen sie wieder zur Tagesordnung über.« Damit meinte er auch den 17. Karmapa.

Nach seinem Linienhalter und Herzenssohn Jamgön Rinpoche erkannte der 17. Karmapa mehrere Dutzend Tulkus, sowohl aus der eigenen als auch aus anderen tibetisch-buddhistischen Traditionen. Darunter auch Wiedergeburten von bedeutenden und bekannten Lamas und Rinpoches wie z. B. die Reinkarnation seines alten Lehrers Drupon Dechen Rinpoche, Abt von Tsurphu. Der junge Tulku ist heute ein aufgeweckter, fröhlicher Teenager, der im Kloster Rumtek in Sikkim lebt und dort seine traditionelle Ausbildung erhält. In der langen Abwesenheit des Karmapa soll er dort die Rolle des Statthalters übernehmen.

Wie diese Beispiele zeigen, entfaltete der Karmapa in Aktion seine außergewöhnlichen Fähigkeiten zusehends und schon in ganz jungen Jahren. Sie versetzen ihn in den Stand, die archaischen Lehren des Buddhismus auch im 21. Jahrhundert angemessen zu vermitteln. Die Ausbildung der nachwachsenden Generation von Lehrern und Schülern gehört dabei zu seinen vorrangigen Aufgaben.

Der Titelaspirant des Shamarpa

Wer geglaubt hatte, der Shamarpa würde sich in sein Schicksal ergeben und zurücknehmen, was er jemals gegen den Karmapa und seine Anerkennung vorgebracht hatte, sah sich am 26. Januar 1994 wieder einmal getäuscht. An diesem Tag kam die Nachricht, der Shamarpa habe einen eigenen Kandidaten gefunden. In einer Verlautbarung hieß es: »Hiermit gebe ich bekannt, dass die authentische Wiedergeburt des Sechzehnten Karmapa, Rangjung Rigpe Dorje, aufgefunden wurde. Seine Heiligkeit der Karmapa befindet sich gegenwärtig in Indien. Details bezüglich der traditionellen Prozeduren seiner Einsetzung werden in Kürze bekanntgegeben.« Der Shamarpa präsentierte nun tatsächlich einen Jungen, der angeblich ein paar Wochen zuvor in Tibet gefunden und sofort nach Indien gebracht worden war. Es hieß, der zehnjährige Junge namens Tenzin Khyentse halte sich in der Obhut des Shamarpa an einem geheimen Ort auf. Einen Monat später sollte ein ausgewähltes Publikum den Aspiranten auf den Karmapa-Titel zum ersten Mal zu Gesicht bekommen. In einer seltsamen Zeremonie in einem Park in Delhi durften Buddhismus-Studenten den Segen des Jungen empfangen. Sie erlebten ein blasses Kind, das unsicher auf einem weißen Plastikstuhl auf einer Wiese saß. Auf Videoaufnahmen wirkt es, als sei der Junge im falschen Film gelandet. Ich sah ein desorientiertes, verängstigtes und bemitleidenswertes Kind, das offensichtlich der Öffentlichkeit vorgeführt wurde. Teilnehmer der Veranstaltung schrieben in einem Brief, der schnell Verbreitung fand: »Er war verwirrt.«

Im März 1994 wurde Tenzin Khyentse, der vom Shamarpa inzwischen den Mönchsnamen Thaye Dorje erhalten hatte, in Delhi von ihm inthronisiert. Indische Polizei hatte sich vor dem Tempel postiert, um die Inthronisierungszeremonie vor Protesten zu schützen. Drinnen hatten sich die Getreuen des Shamarpa eingefunden, um einen Jungen zum Karmapa zu machen, der keinerlei offizielle und öffentliche Anerkennung erhalten hatte. Dafür war aber eine finanzkräftige Gruppe von Unterstützern um den Dänen Ole Nydal beigesprungen. Der selbsternannte Lama hatte in der Zwischenzeit viele westliche Zentren, die unter seiner Ägide gegründet worden waren, von der eigentlichen Karma-Kagyü-Linie abgespalten und seinen eigenen Zwecken zugeführt.

Nach der Inthronisation wurde Thaye Dorje zur Ausbildung

nach Kalimpong in Nordindien gebracht und lebte dort in einem Haus, das zum Besitz des Shamarpa gehörte.

Der Shamarpa lieferte in der folgenden Zeit ein wirres Sammelsurium von Erklärungen dazu ab, wer der Junge war und warum er der 17. Karmapa sein sollte. 1986 wollte er zum ersten Mal von diesem Jungen gehört haben, der im Kleinkindalter von sich behauptet haben soll, der Karmapa zu sein. Seitdem habe er seine Identität erforscht. Die Ergebnisse des Besuchs eines unbekannten Gesandten des Shamarpa beim Kind und ein Traum, in dem ihm der 16. Karmapa erschienen sein soll, hätten ihn endgültig von der Echtheit des Jungen überzeugt.

Warum hatte er daraus dann aber ein Geheimnis gemacht, als er in den 1980er Jahren gemeinsam mit den anderen Linienhaltern verzweifelt nach dem Prophezeiungsbrief suchte? Das Treffen in Rumtek im Februar 1986, als sich die vier Herzenssöhne einvernehmlich für die »Notlösung« eines ersten noch zu entschlüsselnden Prophezeiungsbriefs entschieden hatten, um die Anhänger zu beruhigen, wäre die beste Gelegenheit gewesen, seinen Kandidaten vorzuschlagen. Als Situ Rinpoche schließlich den Prophezeiungsbrief aus dem Amulett des 16. Karmapa vorlegte, hätte er ebenfalls sprechen können. Warum sollte der Shamarpa seine Trumpfkarte im Ärmel behalten haben? Später behauptete er, er hätte bei den Treffen die Fassade der Einigkeit aufrechterhalten wollen.

Es gab noch eine Ungereimtheit. Im Jahr 1992 hatte der Shamarpa behauptet, es gäbe eine Person, die den Erklärungsschlüssel zu einem ersten, noch unbekannten Prophezeiungsbrief kenne. Die Instruktionen sollten vom verstorbenen 16. Karmapa selbst stammen. Später behauptete er, mit dieser Person öfter Rücksprache in Bezug auf seinen Schützling, den jungen Anwärter Tenzin Khyentse, gehalten zu haben. Schließlich soll ihm der Unbekannte erklärt haben, dass er als der Shamarpa, der zweithöchste Lama der Karma-Kagyü-Linie, richtig handele.

Jeder fragte sich, wer diese mysteriöse Person wohl sein mochte. Immer wieder stellte der Shamarpa in Aussicht, es bald preiszugeben, aber letztlich passierte nichts.

Mich beschäftigte noch eine ganz andere Frage: Wie war Thaye Dorje nach Indien gelangt? War er geflüchtet oder herausgeschleust worden? Als sicher bestätigt gilt, dass er auf dem internationalen Flughafen von Delhi landete, der Abflugsort ist unbekannt. Über die Details spricht der Shamarpa nicht. Nach mir vorliegenden Informationen soll er aus China über Hongkong, das zu der Zeit noch zur britischen Krone gehörte, ausgereist sein. Wie konnte ein tibetisches Kind scheinbar so einfach China verlassen, ausgerechnet über Hongkong und noch dazu mit seiner ganzen Familie? Ein äußerst ungewöhnlicher Fluchtweg für einen Tibeter. Es sei denn, es war gar keine Flucht, und die chinesischen Behörden haben es abgesegnet.

Im Januar 1997 wollte es der Shamarpa noch einmal wissen. Er versuchte dem Dalai Lama die offizielle Anerkennung für Thaye Dorje als Inkarnation des 16. Karmapa abzuringen. Weil er natürlich wusste, dass der Dalai Lama niemals von seiner Anerkennung Ogyen Trinley Dorjes als 17. Karmapa abrücken würde, hatte er eine seltsame Theorie ersonnen, die er ihm anbieten wollte. Er bat das tibetische Oberhaupt, seinen Titelaspiranten zu empfangen und ihm die Mönchsgelübde abzunehmen. Mehr noch: Er solle ihn als zweite Inkarnation beziehungsweise Emanation[32] des Karmapa anerkennen und eine weise Zuteilung der Sitze vornehmen. Der Kandidat des Shamarpa sollte nach dessen Vorstellung Thronhalter von Rumtek werden, und Ogyen Trinley Dorje bliebe der Thron in Tsurphu. Nun wurde es ganz verrückt. Nicht nur, dass der Shamarpa mit einem metaphysischen Trick die Inkarnation auf zwei Personen aufteilen und damit die Tradition der Einzigartigkeit zerstören wollte, er hatte auch noch vor, die politische Situation zu seinen Gunsten auszunutzen und dem eigentlichen

Karmapa nur den Thron zu überlassen, der im besetzten Tibet lag.

In einem Interview erklärte der Dalai Lama seinen Standpunkt in dieser Frage wie folgt: »Ich sagte ihm klar und deutlich, dass dies unmöglich ist. Der verstorbene 16. Karmapa hatte seinen Hauptsitz in seinem Kloster Tsurphu in Tibet. 1959 wurde er dann ein Flüchtling, und schließlich wurde sein Hauptsitz außerhalb von Tibet das Kloster Rumtek. Also gehört auch Rumtek, logischerweise, dem 17. Karmapa!«[33]

Auf sein Treffen mit dem Shamarpa reagierte der Dalai Lama am 3. Februar 1997. Ein offizielles Schreiben des Sekretariats Seiner Heiligkeit widersprach den Vorschlägen des Shamarpa deutlich und unmissverständlich. Darin heißt es: »... um weitere Schwierigkeiten zu vermeiden und auch zum Zwecke der Versöhnung, kann Seine Heiligkeit der Dalai Lama dem jungen Tulku (Thaye Dorje) zurzeit weder eine Audienz gewähren noch ihm klösterliche Gelübde geben.«

Im Schreiben wird auch ein Treffen mit Situ Rinpoche, Gyaltsab Rinpoche und anderen Kagyü-Lamas erwähnt. Die Vertreter der Linie hatten betont, dass es nie zuvor mehrere gleichzeitige Karmapa-Inkarnationen gegeben hätte. Im Interesse des Friedens innerhalb der Linie hatten sie den Dalai Lama auch gebeten, den jungen Thaye Dorje weder zu treffen noch ihn zu ordinieren.

Nach Ansicht des Dalai Lama und seiner Mitarbeiter war aber noch ein weiterer offener Punkt zu klären: die angeblichen »Beweise« für die Authentizität von Thaye Dorje, die der Shamarpa dem Dalai Lama wiederholt geliefert haben will. Im Schreiben heißt es, der Shamarpa habe Seine Heiligkeit mehrfach über die Existenz einer Person informiert, die sich im Besitz von Informationen befinden soll, die zur Auffindung der Wiedergeburt des Karmapa führen würden, ohne jedoch jemals den Namen dieser Person zu nennen. Nach dem Gespräch im Januar 1997 war dem Dalai Lama klar, dass der Shamarpa andeuten wollte, mit dieser

Person sei Chobgye Tri Rinpoche, ein hoher Lama der Sakya-Tradition, gemeint. Der Dalai Lama hatte dies überprüfen lassen. Chobgye Tri Rinpoche erklärte schriftlich, dass er zu keiner Zeit irgendeine Anerkennung vorgenommen oder eine anders geartete Äußerung in dieser Angelegenheit gemacht habe.

Angesichts der Peinlichkeit dieses abschlägigen Briefes verlor der Shamarpa keine Zeit, in einem offiziellen Antwortbrief zurückzurudern. Er hatte wohl nicht damit gerechnet, dass der Dalai Lama der Sache nachgehen würde. Von Missverständnissen war darin die Rede, davon, dass besagter Rinpoche nur eine von vielen Quellen gewesen sei, die ihn zur Wiedergeburt geführt hätten, und dass er den Dalai Lama niemals um die Anerkennung von Thaye Dorje als Inkarnation oder Emanation des 16. Karmapa gebeten habe.

Bis heute hat der Dalai Lama keine brauchbaren Nachweise vom Shamarpa erhalten, dafür muss er dessen ständige Versuche abwehren, ihn zu einem Treffen mit Thaye Dorje zu bewegen. Für den Dalai Lama wie für die Millionen Tibeter in Tibet und die Mehrheit der etwa 150 000 Tibeter im Exil besteht kein Zweifel, dass Ogyen Trinley Dorje der 17. Karmapa ist.

Hohe tibetische Lamas versicherten mir in Gesprächen immer wieder, der Karmapa zeige sich selbst, durch seine spirituelle Kraft und durch sein Charisma. Diese besonderen Qualitäten waren bei dem jungen 17. Karmapa schon im Kindesalter zu erkennen. Seit seiner Inthronisation im September 1992 hat er immer wieder für Schlagzeilen gesorgt, sogar in der internationalen Presse. Thaye Dorje dagegen, der mit Hilfe seiner finanzkräftigen und einflussreichen Gönner zunächst einen buthanesischen Diplomatenpass und heute sogar eine dauerhafte Aufenthaltsgenehmigung für den Schengenraum für sich und seine ganze Familie erhalten hat, wird von der Öffentlichkeit kaum wahrgenommen. Im Gegensatz zum 17. Karmapa genießt er Reisefreiheit, und weder Indien noch China interessieren sich für seine Pläne oder Befindlichkeiten. Er spielt für sie einfach keine Rolle und wird demzufolge auch nicht mit Restriktionen behelligt.

Druck aus Peking

»Kann man Politik erleuchtet nennen, wie es Deng Xiaoping einst tat?«, fragte ich den Karmapa. Er saß vor mir, strich sich die Gewandfalten glatt und überlegte einen Moment. Dann lächelte er.

»Ich meine die Bezeichnung der chinesischen Politik in den 1970er und 80er Jahren«, versuchte ich die Ernsthaftigkeit meiner Frage zu unterstreichen. Ich wollte ihn keinesfalls mit einer seltsamen philosophischen These auf die Probe stellen. Er lachte und sagte, dass es sich dabei um ein kommunistisches System handele. Da sei alles möglich. Nun musste ich ihn daran erinnern, dass ich selbst in einem kommunistischen Land aufgewachsen war.

»O ja – Ostdeutschland …«, räumte er ein und sah mich mit einem leichten Anflug von Mitleid an. »Natürlich, du hast mir davon erzählt. Nun, dann weißt du ja, wie es funktioniert.«

Anstatt mir von seinen Erfahrungen zu erzählen, fragte er nun mich aus. Er verwickelte mich so ins Gespräch, dass ich nicht einmal mehr wahrnahm, dass sich noch weitere Personen im Raum befanden. Chemed, der Audienzsekretär, saß etwas entfernt am Fenster, und vielleicht war da noch einer der Attendants bei der Tür. Der Karmapa schien es zu genießen, mit mir zu plaudern. Plötzlich war er bei einem ganz anderen Thema. Ich sollte mir die Pläne für den Altarbühnenaufbau zur 900-Jahrfeier der Karma-Kagyü-Linie im Dezember ansehen und meine Meinung zur Gestaltung kundtun. Der Karmapa hatte seinen Laptop auf dem flachen Glastisch vor sich aufgebaut, ließ mich näher heranrutschen und zeigte mir einen Entwurf. Ich sah eine riesige kegelförmige Treppenanlage mit einem halbrunden hallenartigen Dachaufbau aus Stahlgerippe. Über der Rundung stand KARMAPA in großen Buchstaben und über dem M das Logo der Feierlichkeiten.

»Wie findest du das?«, fragte er und sah mich an, als versuchte er meine Gedanken zu lesen. »Gut oder nicht gut?«, wollte er wissen, als gäbe es nichts dazwischen. »Nicht so ganz gut«, bot er mir als unverfängliche Antwort an, da ich noch nichts gesagt hatte.

»Bombastisch, aber …«, war meine erste Reaktion. Dann deutete ich auf die Buchstaben und kam nur so weit zu sagen: »Es sieht ein bisschen aus wie ein …«

»Bahnhof!«, ergänzte der Karmapa meinen Satz und lachte leicht gequält. »Das müssen wir ändern!« Dann sprachen wir darüber, was man modifizieren könnte. Uns fiel auch auf, dass die Leute im Publikum von unten gegen eine riesige ungestaltete Dachinnenfläche schauen würden. Da sprang er auf, rief mir »Warte!« zu und lief um das Sofa herum. Hinter dem Sofa standen hochaufragende, bunte Ritualskulpturen auf einem flachen Schrank, der von der Rückenlehne verdeckt wurde. Die aufgelegte Brokatdecke klappte er nach oben und suchte im Verborgenen nach irgendetwas. Das Innere des Schranks gab einen weiteren Laptop frei. Er suchte eine Weile singend in den Computer-Dateien und lief erneut weg. Diesmal verschwand er in dem Raum hinter dem Audienzzimmer. Nach ein paar Minuten kam er mit einem Stapel schwerer Bildbände zurück und mimte den schleppenden Gang eines alten Mannes.

»Oh«, rief ich ihm zu, »sind Sie jetzt 900 Jahre alt?« Mit einem theatralischen Seufzer ließ er sich auf das Sofa fallen und sagte: »Ja, manchmal fühle ich mich so alt. Und wenn du mich hier herumscheuchst, dann ganz besonders.« Er verzog bewusst keine Miene, sondern blätterte konzentriert in den Büchern.

Ich beobachtete ihn. Sein Gesicht war das des Jungen, den ich von Fotos aus seiner frühen Jugend kannte. Er hatte genau den gleichen versunkenen und zugleich wachen Blick. Manchmal konnte er aber auch aussehen wie ein alter Mann. Das Wechselspiel war spannend. Gerne hätte ich diesen Moment fotografiert, doch Kameras und jegliches Aufnahmegerät waren von der indischen Polizei verboten.

Er hatte gefunden, wonach er suchte, und forderte mich auf, ganz nah an das Sofa und den Tisch heranzurutschen. Er zeigte mir ein paar Gestaltungsbeispiele, und ich sollte mir nun dazu Gedanken machen.

»Vielleicht kannst du etwas zeichnen«, war seine Idee. Ich war einverstanden und hoffte noch immer darauf, irgendwann meine Fragen loszuwerden, denn eine Audienz dauert im Allgemeinen nicht sehr lange. Fünf Minuten sind normal, zehn Minuten möglich. Aber wir hatten bestimmt schon zwanzig Minuten zusammengesessen, und ich war mit meinen Fragen noch nicht weitergekommen. Während wir abwechselnd mit ein paar schwungvollen Strichen die Konturen einer überdimensionalen Blume aus fallenden Stoffstreifen auf das Papier zeichneten, musste ich an meine Eingangsfrage denken.

Kann man Politik »erleuchtet« nennen? Deng Xiaoping, Chinas neuer Machthaber nach dem Tod Mao Tse-tungs 1976, nannte seinen neuen Weg des Umgangs mit den Tibetern »erleuchtete Politik« und tadelte Maos Kulturrevolution als »zehn Jahre der Katastrophen«. Seine Herangehensweise erwies sich zunächst als pragmatischer, sozialer und kooperativer und stellte einen Wendepunkt in der Tibet-Politik dar. Als ein wichtiges Signal werteten internationale Beobachter die Freilassung des 10. Panchen Lama, der ab 1962 vierzehn Jahre lang inhaftiert und später unter Arrest gestellt worden war. Im Gelugpa-Orden gilt er als der zweithöchste Geistliche nach dem Dalai Lama. In der Zeit zwischen dem Tod eines Dalai Lama und dem Erreichen des regierungsfähigen Alters des Nachfolgers fällt ihm die wichtige Aufgabe des obersten Linienhalters zu, und er kann vorübergehend neben der religiösen auch die politische Führerschaft übernehmen. Zudem ist der Panchen Lama traditionell für die Suche und Bestätigung der Wiedergeburt eines Dalai Lama verantwortlich.

Nach Jahren im Gefängnis und des verordneten Aufenthalts in Peking durfte der Panchen Lama im Januar 1989 wieder zurück nach Tibet. Nach nur wenigen Tagen in seinem heimatlichen Stammkloster Tashi Lhünpo übte er bereits wieder harsche Regimekritik. Der kommunistischen Regierung in Peking warf er nach einigen Jahren des Schweigens erneut Völkermord an seinen Landsleuten vor. Nur ein paar Tage später starb er überraschend 53-jährig, angeblich an einem Herzinfarkt.

Traditionsgemäß stand dem Dalai Lama die Aufgabe zu, nach der Reinkarnation des Panchen Lama zu suchen. Peking lehnte ein Hilfsangebot aus Dharamsala ab und stellte einen eigenen Plan zur Suche und Anerkennung auf. Diesmal wollten sie von Anfang an die Fäden selbst in der Hand halten.

Im Mai 1995 gab der Dalai Lama im Exil bekannt, dass die Suchtruppe des Klosters Tashi Lhünpo in Tibet die Inkarnation des Panchen Lama gefunden habe. Seine Heiligkeit erkannte den sechsjährigen Gendün Chökyi Nyima sogleich formell als den 11. Panchen Lama an. Von Missfallen seitens der Regierung in Peking konnte man nicht mehr sprechen; es war ein Eklat. Der Dalai Lama hatte die Machthaber brüskiert, weil er noch vor ihnen die offizielle Anerkennung vorgenommen hatte. Sie waren weder über die Suche informiert worden, noch konnten sie ihren eigenen Plan umsetzen, wonach ihnen die letzte Entscheidung zur Anerkennung eines in Tibet geborenen hohen Tulku zustand. Außerdem hatten sie selbst einen Suchtrupp gebildet und losgeschickt. Der Gesichtsverlust machte die Chinesen sehr wütend.

Dieses Ereignis stellte den tragischen Wendepunkt in der Tibet-Politik Pekings dar. Was daraufhin folgte, erinnerte an noch nicht allzulang vergangene Zeiten. Von Toleranz und »erleuchteter« Liberalisierung war nicht mehr die Rede, stattdessen konnte man eher von Marschbefehlen in Richtung Kontrolle, Druck und Patriotismuspflicht sprechen.

Die erste direkte Reaktion war, dass die Mitglieder des Suchtrupps von Tashi Lhünpo kurzerhand verhaftet wurden und der Druck im Kloster selbst verstärkt wurde. Wer dagegen aufbegehrte, landete hinter Gittern. Noch bevor der 11. Panchen Lama in Tibet inthronisiert werden konnte, verschwanden der Junge und seine Familie von der Bildfläche. Bis heute fehlt von ihnen jede Spur. Im Dezember des gleichen Jahres präsentierte Peking seine eigene Wahl des 11. Panchen Lama.

Es schien, als sei der zarte Frühling der Liberalisierung in der chinesischen Tibet-Politik übergangslos zu einem neuen Winter geworden. Pekings kalter Atem ließ alle zarten Hoffnungspflanzen augenblicklich erfrieren. Das chinesische Misstrauen gegenüber der sehr eigenständigen tibetischen Identität und ihrem unbändigen Freiheitsdrang war wieder da, vielleicht stärker als zuvor.

In Tibet und im Exil stieß der Dalai Lama auf breite Unterstützung für sein forsches Vorgehen bei der Anerkennung des Panchen Lama. Den von den Chinesen eingesetzten Jungen lehnten die Tibeter von Anfang an ab. Für sie existiert der Kandidat Pekings schlichtweg nicht.

Was hatte Peking mit dem selbst kreierten Panchen Lama vor? Vorerst konnte er für sie von keinem großen Nutzen sein. Westliche Beobachter rochen den Braten recht schnell. Man befürchtete, dass er und der Karmapa zu Gegenspielern des Dalai Lama im Exil aufgebaut werden sollten. Diesen Trumpf im Ärmel brauchten die Chinesen aber noch nicht sofort auszuspielen. Die Zeit arbeitete für sie, denn der Karmapa und der Panchen Lama würden dann das Erwachsenenalter erreicht haben, wenn dem Dalai Lama nicht mehr viele Lebensjahre blieben. Die Stunde würde kommen, in der die Chinesen für ihren langen Atem und ihre strategischen Bemühungen belohnt werden würden.

In der Zwischenzeit hatten die Chinesen viele Möglichkeiten, die beiden Tulkus zu beeinflussen und zu manipulieren. Mit einer entsprechenden politischen Ausbildung konnten sie die zukünftigen religiösen Führer im Sinne des kommunistischen Patriotismus formen und für ihre Zwecke einsetzen. Beim Karmapa hatte man keinen Erfolg, ihn dazu zu bewegen, die einige Jahre zuvor in Peking gegründete Schule für »Lebende Buddhas« zu absolvieren. Logischerweise war dies bei dem von den Chinesen ernannten Panchen Lama ein einfaches Spiel. Er lebt bis heute in Peking.

Der Audienzsekretär erschien plötzlich neben mir und sah mich an, dann flüsterte er dem Karmapa etwas auf Tibetisch zu. Er ließ den Blick über den Tisch voller Laptops, Bücher und Papiere schweifen und verschwand wortlos. Ich wertete das als ein Zeichen, dass ich noch Zeit hatte, das Thema Politik zu erörtern.

In verschiedenen Veröffentlichungen hatte ich gelesen, dass den Karmapa in seinen jungen Jahren im Kloster Tsurphu die Politik der kommunistischen Volksrepublik China nicht sonderlich interessierte. In ihrer gesamten Geschichte haben die Karmapas jegliche Verstrickung mit Politik immer abgelehnt. Auch der junge Ogyen Trinley Dorje vermied sie, obwohl er in eine hochpolitische Lage hineingeraten war. Ich fragte ihn, ob für ihn damals irgendein politischer Druck von Peking her spürbar war. Sicher hatte er diese Frage schon oft gehört, dennoch wirkte er erstaunt darüber. Er antwortete diplomatisch: »Zu dieser Zeit war ich mit den Dingen nicht so vertraut – nicht so darin involviert. Die Leiter des Klosters sind immer zu den Regierungsstellen in Lhasa gegangen und haben die anstehenden Dinge geregelt. Und sie haben mir dann von allem berichtet.«

Mit dieser Antwort hatte ich gerechnet. Mir schien, dass seine Betreuer versucht hatten, Politik von ihm fernzuhalten. Also fragte ich konkreter, ob man ihn damals auf eine politische Linie mit Peking bringen wollte und er deshalb Druck verspürt hatte.

»Druck … Hm …«. Er überlegte und wischte sich übers Gesicht, als wolle er sich erfrischen. Dann machte er ein gequältes Gesicht und sagte: »Manchmal hatte ich schon etwas Angst und Sorge. Ich denke, alle Tibeter kennen das bedrückende Gefühl. Ganz besonders ich, als bedeutende Persönlichkeit, musste dieses Gefühl haben, wie alle hohen Lamas in Tibet.«

Ich sah ihn an und hoffte, dass er mehr dazu sagen würde, ob die Chinesen versucht hatten, ihn für ihre Zwecke zu instrumentalisieren. Dabei musste ich an die Schilderungen von Wegbegleitern des Karmapa denken, die allesamt deutlich machten, dass man schon blind sein musste, um es nicht zu bemerken. Allein bei den staatlich organisierten Reisen und den Treffen mit Staatspräsident Jiang Zemin und Ministerpräsident Li Peng war nicht zu übersehen, dass die überschwänglichen Ehrerbietungen dem Ziel dienten, sich seiner Person und seiner Innen- und Außenwirkung zu bedienen. Die Politstrategen in Peking und Lhasa hatten offenbar einen Plan ersonnen, der auf den ersten Blick beiden Seiten Vorteile versprach. Sie ließen den Karmapa durch China reisen, um seine Freiheit und Pekings Großzügigkeit zu demonstrieren. Einmal durfte er durch Zentraltibet reisen und die wichtigsten Klöster besuchen. Kurze Zeit später lud man ihn ein, wichtige Städte der Volksrepublik zu besuchen. Für ihre eigenen politischen Zwecke arrangierten die Parteigenossen allerorts Treffen und Veranstaltungen, die sie propagandistisch auszuschlachten versuchten.

Sowohl in Tibet wie auch in Dharamsala wurde man das Gefühl nicht los, dass Peking den Karmapa in Tibet als Leitfigur gegen den Dalai Lama im indischen Exil aufbauen wollte. Doch die Partei- und Staatsführung der Volksrepublik hatte ihre Rechnung nicht mit dem zwar jung und unbekümmert wirkenden, aber doch sehr intelligenten und selbständigen Karmapa gemacht. Er mochte es zwar gewohnt sein, den wohlmeinenden Anweisungen seiner persönlichen Tutoren zu folgen, jedoch schien er die Gefolgsamkeit gegenüber seinen Lehrern keineswegs auf die Herren aus Peking übertragen zu wollen. Der Karmapa könnte stolz davon berichten, dass er der politischen Klasse ein Schnippchen nach dem anderen schlug.

»Manchmal musste ich zu den Veranstaltungen der Regierung erscheinen ... Zum Beispiel, als ich nach China gefahren bin, oder als ich die Regierenden selbst getroffen habe. Die Verantwortlichen haben mich dann aufgefordert, etwas zu sagen. Sie hatten immer eine Rede für mich vorbereitet. Auf dem Blatt, das sie mir vorher gaben, standen dann jene Worte, die ich sagen sollte ... Es war nicht erlaubt, etwas anderes zu sagen als das, was auf dem Papier stand …«

Er hielt sich aber nicht daran.

Der Karmapa erklärte mir, die Texte hätten niemals direkt die Themen angesprochen, vor denen er und seine Leute sich am meisten fürchteten.

»Zu dieser Zeit war da nichts über den Dalai Lama dabei, wenngleich es vielleicht noch hätte kommen können. Aber es gab Sätze über den Patriotismus und über die Religion. Und es gab auch Aussagen über politische Umerziehungsschulen – Schulen für Gehirnwäsche. Ich sollte sagen, dass sie nützlich und gut seien … Manchmal, wenn ich es auswendig gelernt habe, gab ich einfach vor, es zu können. Aber wenn ich dann redete, habe ich etwas anderes gesagt …

An eine Begebenheit erinnere ich mich sehr gut. Zu dieser Zeit wurde die chinesische Botschaft in Jugoslawien von einer amerikanischen Bombe getroffen. Da waren sie alle sehr ärgerlich und schrieben mir eine scharfe Rede – ich war gezwungen zu sagen, dass es sehr schrecklich war, was man der chinesischen Botschaft angetan hatte, und dass ich dagegen aufs schärfste protestiere … und noch andere erschreckende Dinge. Als ich diese Rede auswendig gelernt hatte – und ich habe sie genau auswendig gelernt – habe ich an dem Abend dann aber gesagt, dass es mir sehr leid tut, was in Jugoslawien passiert sei, und dass im Sinne von Liebe, Mitgefühl und Verständigung unter den Menschen so etwas nicht gut sei. Ich habe wohl nicht alle politischen Statements wiedergegeben, die sie für mich aufgeschrieben hatten.«

Wie aufs Stichwort setzte der Karmapa eine Unschuldsmine auf und schaute verlegen zu Decke, bevor er leicht entrüstet weitersprach:

»Zuerst gab ich vor, die Rede so gelernt zu haben, dass ich sie perfekt konnte. Ich sollte alles so sagen, wie sie es wollten.« Er atmete tief aus und legte die Stirn in Falten. Lächelnd fuhr er fort:

»Ich habe ja dann auch etwas gesagt, aber eben nicht das, was sich die Herren so ausgedacht hatten.«

Die Herren hatten noch mehr ersonnen, um den Karmapa als politischen Mitspieler zu etablieren. So arrangierten sie etwa während einer zweiten Chinareise 1999 auch ein Treffen mit dem von ihnen ernannten Panchen Lama. Von der Parteiführung war dem Karmapa auch die Teilnahme an einer seiner Zeremonien auferlegt worden. Der Panchen Pekings sendete vereinnahmende patriotische Signale an den Karmapa, ganz so, wie es ihm die kommunistischen Lehrer beigebracht hatten. Den Karmapa ließ das kalt. Er kommentierte das Treffen vor der Presse mit einer allgemeinen Abhandlung über Tulkus, ohne in irgendeiner Weise auf den Peking-Panchen einzugehen. Immer wieder mussten der Karmapa und seine Lamas Vereinnahmungsversuche und zunehmend auch Angriffe abwehren.

Die Lage wurde immer bedrohlicher, und ein konkreter Attentatsversuch sorgte für Aufregung. Im Sommer 1998 wurden im Kloster Tsurphu zwei Chinesen festgenommen. Sie hatten sich in den persönlichen Räumen des Karmapa versteckt und trugen Messer bei sich. Der Karmapa muss irgendeine Vorahnung gehabt haben, denn er war kurz zuvor, ohne es den Polizisten anzukündigen, im Sommergarten verschwunden.

Als die Männer von den Mönchen befragt wurden, gaben sie zu, in Lhasa angeheuert worden zu sein, um den Karmapa umzubringen. Danach verschärften die Mönche die Sicherheitsvorkehrungen im Kloster. Die Sorge um ihr Oberhaupt nahm ständig zu.

Überall in Tibet war ab Mitte der 1990er Jahre, seit dem Zwischenfall um die Wiederauffindung des Panchen Lama, eine deutliche Verschärfung der politischen Lage zu spüren. Ehemalige Zugeständnisse an das tibetische Volk, die noch der liberalen Religionspolitik der 80er Jahre geschuldet waren, hatten sich nun in offene Feindseligkeit verwandelt. Bilder Seiner Heiligkeit des Dalai Lama waren im ganzen Land strengstens verboten, und auf Parteiveranstaltungen diffamierte man ihn als Staatsfeind und Verräter. Die staatlich gelenkte Presse intensivierte ihre Kampagnen, die den Dalai Lama als sektiererischen Spalter des Vaterlandes darstellten, der die volle Unabhängigkeit Tibets anstrebe. In den Medienhäusern verstieg man sich sogar zu der Annahme, man könne kraft der eigenen Propagandamacht dem Dalai Lama die religiöse Führerschaft aberkennen. Kurzum, der Einfluss des Dalai Lama im Exil auf die Tibeter innerhalb Chinas sollte zunichtegemacht werden. Das war das offensichtliche Ziel der kommunistischen Führung der Volksrepublik.

Um auch die Keimzellen von sektiererischem, antichinesischem Gedankengut besser kontrollieren zu können, entsandte Peking sogenannte Umerziehungsteams in die wichtigsten Klöster. Feudalistisches, reaktionäres und rückständiges Gedankengut sollte der maoistischen und uneingeschränkt patriotischen Philosophie weichen. Den Mönchen in den Klöstern traute man durchweg nicht über den Weg und befürchtete gar Sabotage der chinesischen Bemühungen von ihrer Seite. Sie wurden zur Teilnahme an den staatsbürgerlichen Lehrveranstaltungen verpflichtet und zudem gezwungen, ihre Unterschrift unter Denunziationsschriften gegen den Dalai Lama zu setzen und den Treueschwur auf die Volksrepublik China zu leisten.

Die Klöster des Karmapa blieben von der neuen härteren Gangart zwar vorerst noch verschont, jedoch wollte man auch dort auf Nummer Sicher gehen und schickte staatliche Aufpasser und Informanten des Geheimdienstes in die Mönchsgemeinschaften. Vom Prinzip der gegenseitigen Denunziation erhoffte man sich totale Kontrolle aller Aktivitäten. Man muss es sich vorstellen wie beim Staatssicherheitsdienst der ehemaligen DDR. Jede Kleinigkeit im Tagesablauf wurde notiert, und Unregelmäßigkeiten unterlagen der Meldepflicht, von der kein Mönch ausgenommen war. Gespräche, Besuche, Veranstaltungen und private Verbindungen waren von nun an von großem staatlichen Interesse. Selbst das Unterlassen der Meldung einer auffälligen Angelegenheit zog Strafe nach sich. Der geheimdienstliche Mechanismus funktionierte bestens, weil jeder eines jeden Spion war oder sein konnte und keiner im Nebel des Misstrauens etwas Verbotenes wagen würde.

Auch der Karmapa selbst war davon betroffen. Eine staatlich verordnete Lektion in Staatsbürgerkunde und der ebenfalls tägliche Unterricht in chinesischer Sprache waren da noch die verträglichsten Neuerungen, mit denen er konfrontiert war. Als sehr viel tragischer und unbequemer erwies sich der Umstand, dass er sich nicht mehr sicher sein konnte, wie viel der Geheimdienst von den Gesprächen bei den Audienzen erfuhr. Die Räumlichkeiten seiner Residenz wurden jetzt bewacht. Die neuerdings aufgestellten Posten konnten die private Korrespondenz und die Besucher des Karmapa registrieren und kontrollieren. Der private Umgang mit Tibetern und Ausländern wurde eingeschränkt. Die staatlichen Beamten reglementierten auch die öffentlichen Audienzen und Begegnungen im Tempel. Ein direkter Kontakt beim Empfang des Segens sollte nicht mehr möglich sein. Sowohl die Bewegungsfreiheit der Gläubigen und Anhänger als auch die des Karmapa selbst wurden Zug um Zug eingeschränkt. Die lokalen Behörden verlangten sogar, dass ihnen sämtliche Bewegungen innerhalb der Anlage – etwa zum Sommergarten am Fluss vor dem Kloster – zur Genehmigung gemeldet wurden. Ausflüge außerhalb von Tsurphu unterlagen selbstverständlich der Genehmigungspflicht.

Dennoch versuchten die Attendants und die Mitglieder des Labrang[34], Seiner Heiligkeit ein möglichst normales Leben innerhalb dieser eng gesteckten Grenzen zu ermöglichen. Der Karmapa selbst, so erzählen Anhänger, die ihn in Tsurphu erleben konnten, wirkte trotz der allgegenwärtigen Präsenz der Staatsmacht nicht niedergedrückt oder deprimiert. Aber sicherlich bewirkte die sich immer weiter zuziehende Schlinge aus Repressalien und politischer Vereinnahmung beim Karmapa ein verstärktes Nachdenken über die Zukunft.

In einem Interview berichtete er von einer seltsamen Begegnung mit einem chinesischen Regierungsbeamten. Der Mann habe ihm einen Hinweis zugeflüstert: »Man wird, sobald Sie achtzehn sind, großes Interesse an Ihnen zeigen.«[35] Der vierzehnjährige Karmapa witterte nichts Gutes. Sobald er volljährig war, konnte Peking die Zügel spürbar anziehen und eine neue Stufe seines ominösen Planes zünden.

Die unbeschwerten Zeiten der Kindheit waren endgültig vorüber. In den ersten Jahren hatte der Karmapa noch Berge von Geschenken aus Peking erhalten. Sogar einen großen Jeep hatten sie ihm zur Verfügung gestellt. Die Reisen durch Zentraltibet, der Besuch der wichtigsten Klöster und die Exkursion durch die Volksrepublik entpuppten sich als billige Pralinenschachteln, für die Peking als Gegenleistung erwartete, dass er an einigen Großveranstaltungen der Kommunistischen Partei teilnahm. Sehr viel weiter reichte die Freundlichkeit nicht – und nun erst recht nicht mehr. Eine Reise nach Indien zum Beispiel war ausgeschlossen. Der Antrag für einen Besuch bei den für seine Ausbildung essentiellen Lehrern und Linienhaltern wurde immer wieder abgelehnt. Auch der umgekehrte Wunsch, wonach Situ Rinpoche und Gyaltsab Rinpoche nach Tsurphu eingeladen werden sollten, um dem Karmapa die traditionellen Übertragungen und Einweihungen erteilen zu können, wurden abschlägig beschieden. Dabei war es für den Karmapa von besonderer Wichtigkeit, alle traditionellen spirituellen Inhalte der Übertragungslinie zu empfangen, die ihn als Oberhaupt der Karma-Kagyü-Linie ausmachten. Man könnte es mit verschiedenen Weihen oder Sakramenten vergleichen, ohne die der Karmapa nicht in der Lage war, alle seine traditionellen Aufgaben wahrzunehmen. Für diese Übertragungen sind die Wurzellamas zuständig. In dem Begriff selbst steckt schon die Bedeutung und die Beschreibung ihrer Aufgabe. Der Karmapa betonte in einem Interview: »In unserer Karma-Kagyü-Tradition existiert eine ununterbrochene Übertragungslinie. […] Der vorige Karmapa gab die Übertragungen an Situ Rinpoche und Gyaltsab Rinpoche weiter. Er gab sie zwar auch an andere Lamas weiter, jedoch sind Situ Rinpoche und Gyaltsab Rinpoche außergewöhnliche Lehrer, und darüber hinaus haben ihre Inkarnationen eine besondere Beziehung zu denen des Karmapa, da sie seit Generationen deren enge spirituelle Söhne sind. Bei diesen spirituellen Söhnen liegt die Verantwortung, einem wiedergeborenen Karmapa die Einweihungen zu geben.«[36]

Zu Zeiten der beginnenden Liberalisierung der Tibet-Politik durften Situ Rinpoche und Gyaltsab Rinpoche noch nach Tibet einreisen, jetzt war es mit der neuen Offenheit und den Zugeständnissen an den Karmapa anscheinend vorbei. Alle Bemühungen, ihm Zugang zu den Wurzellamas und qualifizierten Lehrern zu ermöglichen, blieben ohne Erfolg. Doch genau diese Zugeständnisse hätte der Karmapa dringend gebraucht, denn ohne die Übertragungen und Einweihungen konnte er nicht weiter in seine historische Rolle hineinwachsen. Hatte man in Peking nicht verstanden, dass es sich dabei um unentbehrliche Bestandteile seiner Vorbereitung auf die Aufgaben als Karmapa handelte, oder hatten sie es gerade aus diesem Grund sogar bewusst unterbunden?

Mit jedem Tag, der ohne die Unterweisungen durch seine Linienhalter und Wurzellamas verstrich, ging dem Karmapa nicht nur wertvolle Zeit verloren, sondern ihm fehlte auch die innere Erfüllung seines spirituellen Potentials. Als er noch ein Kind war, konnte man nicht erwarten, dass er schon im Vollbesitz der wesentlichen Fähigkeiten sei. Doch Ende der 1990er Jahre war er zu einem Teenager herangewachsen. Würde sich an dieser kritischen Situation nichts ändern, dann wäre er auch als Erwachsener zwar vom Namen her der Karmapa, sein Wirken wäre jedoch eingeschränkt. Wenn er seine Ausbildung entsprechend der Übertragungslinie der Karma-Kagyü-Lehren nicht vollständig abschließen würde, könnte er seine Aktivitäten als Oberhaupt der Linie nicht voll entfalten. Einweihungen und Übertragungen, die er selbst nicht erhalten hatte, konnte er auch nicht weitergeben.

III

Die Flucht über den Himalaya

Von Glück und Getreuen

1999 war ein aufregendes Jahr. Monatelang geisterten Horrorszenarien über den anstehenden Jahrtausendwechsel durch die Weltpresse. Was wurde nicht alles darüber geschrieben und gesendet, was in der Nacht vom 31. Dezember 1999 auf den 1. Januar 2000 an Katastrophen passieren sollten. Von einem drohenden Weltuntergang war die Rede, genauso wie von einem zivilisationsgefährdenden Blackout oder von weltweiten Computerserverabstürzen. Nostradamus und heutige Wahrsager wurden bemüht. Die Menschen deckten sich mit Lebensmitteln und Bargeld ein. In den Industriestaaten gab man viel Geld für die Vermeidung eines möglichen Crashs aus. An Silvester 1999 können sich die meisten noch bestens erinnern. Nicht wenige gingen damals mit einem mulmigen Gefühl in der Magengegend zur Party.

Letztlich ist so gut wie nichts passiert, bis auf einen kleinen politischen Supergau, der den Regierenden in der Volksrepublik China die Fete kräftig verhagelte: Zweieinhalbtausend Kilometer von Peking entfernt hatte der Karmapa vier Tage zuvor einen Brief auf den Tisch in seinem Appartement im Kloster Tsurphu gelegt.

113

Es war sein Abschiedsbrief. In dieser Nacht hatte der höchste in Tibet lebende Lama seinen Stammsitz verlassen, um aus dem Land zu fliehen.

Im Herbst des Jahres 1999 sagte der damals vierzehn Jahre alte Karmapa: »Wenn ich dieses Jahr nicht gehe, dann werde ich nie mehr in der Lage sein zu gehen. Die Zeit zu gehen ist jetzt.« Sein Gegenüber war sein Lehrer Lama Nyima. Er versicherte dem besorgten Gelehrten, der alles für ihn getan hätte: »Wir werden es definitiv schaffen. Es gibt keinerlei Zweifel, dass wir dort ankommen werden.«[37]

Lama Nyima vertraute den Worten des jungen Karmapa, weil er fest von dessen Fähigkeit überzeugt war, Ereignisse in der Zukunft sehen zu können. Wenn Seine Heiligkeit diesen Zeitpunkt festlegte, dann musste er seine Gründe dafür haben, dann war es keine spontane Idee. Die Entscheidung zur Flucht, zum Zeitpunkt und auch zur Route konnte nur vom Karmapa selbst kommen. Denn niemand anderes hätte die Verantwortung für ein eventuelles Scheitern übernehmen wollen. Abgesehen davon wäre kein Tibeter auf die Idee gekommen, Entscheidungen für einen so hohen spirituellen Meister zu treffen, wie der Karmapa es ist.

Die Wahl des Zeitpunkts der Flucht sollte sich als sehr glücklich erweisen. Die Tage zwischen Weihnachten und Silvester sind traditionell Tage, an denen man es ein wenig ruhiger angehen lässt. Viele nehmen sich Urlaub und verbringen die Zeit im Kreis ihrer Familien. Für dieses spezielle Silvester war zu erwarten, dass trotz oder gerade wegen der Horrorszenarien unendlich viele Menschen vor den TV-Geräten sitzen würden, um die Übertragungen der Jahrtausendwendefeiern im Stundentakt an allen Enden des Globus mitzuverfolgen. Auch diensthabende chinesische Grenzsoldaten verbrachten bei zweistelligen Minusgraden einen solchen Abend lieber in ihren Garnisonen vor dem Fernseher, statt draußen Wache zu halten.

Der Karmapa war der Planer und der Motor der konzertierten Aktion, und dann waren da noch seine getreuen Leute, die fest entschlossen waren – notfalls bis zum Tod –, die Aktion mit Herzblut und Hingabe durchzuziehen. Der Erste, der eingeweiht wurde, war Drubngak, der alte Leibattendant. Im Herbst 1999 vertraute der Karmapa dann auch Lama Nyima, seinem Lehrer, den Fluchtplan an. Lama Nyima war ihm sehr ergeben und sicherte seine volle Unterstützung zu. Dieser wiederum fragte seinen engen Freund, Lama Tsewang, der Verantwortliche des Nenang-Klosters, ob er bei der Flucht helfen und in dem Fall auch die Heimat verlassen würde. Lama Tsewang war dabei und holte wiederum Lama Tsultrim, seinen besten Freund, dazu. Sie mussten eine verschworene und verschwiegene Gemeinschaft sein, sonst wäre der Karmapa nicht mehr sicher gewesen.

»Wir waren gut vorbereitet«, sagte mir der Karmapa mit einem wissenden Lächeln. »Natürlich haben wir die Rinpoches in Indien darüber informiert. Situ Rinpoche war zunächst ängstlich und sagte, dass es sehr gefährlich sei und dass wir uns das gut überlegen sollten.« Situ Rinpoche benachrichtigte seinerseits den Dalai Lama über das Vorhaben. »Dieser erteilte mir seinen gütigen Rat, was für mich sehr wichtig war«, sagte der Linienhalter später in einem Interview. »Ich versuchte nach bestem Vermögen so gut es ging herauszufinden, welche Risiken mit diesen Plänen verbunden waren, und den Überblick über die Situation zu behalten. Ich teilte dem Karmapa mit, welche wichtigen Punkte berücksichtigt werden müssten und welche Gefahren und Schwierigkeiten mit der Flucht verbunden seien. Er ließ mich daraufhin wissen, dass er aus vielen Gründen, die seine Situation und die zeitlichen Umstände betrafen, keine andere Wahl habe, als sich nach Indien zu begeben. Wie schon seine vorige Inkarnation beschloss der Karmapa also, [...] als Flüchtling nach Indien zu kommen. Bezüglich der örtlichen und zeitlichen Umstände seiner Flucht konnte ich ihm nur wenig helfen. Was jedoch in meiner Macht stand, tat ich.«[38]

Der Karmapa wollte sich Rat bei Situ Rinpoche holen und sich seinen Plan von ihm absegnen lassen, denn dieser war sein Wurzellama, sein spiritueller Meister. Schließlich konnte keiner wissen, was passieren würde und ob die Voraussage des Karmapa sich tatsächlich erfüllen würde.

Er sagte mir mit der Entschlossenheit von damals: »Wir hatten uns entschieden und zogen das auch durch. Es gab nichts, was Situ Rinpoche für uns in Tibet hätte tun können. Wir mussten zuerst alles organisieren und es dann selbst hinbekommen, von Tibet nach Nepal zu gelangen. Nachdem alles so weit vorbereitet war, war es nur noch notwendig, dass Situ Rinpoche das Vorhaben absegnete, weil es so riskant war. Als wir dann in Indien waren, hat uns Situ Rinpoche natürlich konkret unterstützt.«

Ebenfalls im Herbst 1999 besuchte Palzom, die Schwester des Karmapa, ihren Bruder im Tsurphu-Kloster. Zu seinem Erstaunen berichtete sie ihm von einer Reise nach Nepal, die sie in den nächsten Wochen antreten wolle. Sie erzählte mir später, dass sie schon einmal einen Reiseantrag bei den Behörden in Lhasa eingereicht hatte, der jedoch abgelehnt worden war. Diesmal sollte sie aber fahren dürfen. Zu dieser Zeit wohnte sie in Lhasa. Als ihre Eltern sie dort besuchten, eröffnete sie ihnen, dass sie ein Dreimonatsvisum für Nepal bekommen hatte. Vater und Mutter stimmten ihren Reiseplänen zu. Nun wollte sie noch ihren Bruder fragen. Und der sagte, dass sie ruhig fahren könne, aber keinem davon erzählen sollte.

Ich fragte mich, ob der Karmapa seine Schwester in seine Pläne eingeweiht hatte. Sie sagte mir, er habe zwar von ihren Plänen gewusst, sie aber nichts von seinen. Der Karmapa bestätigte, dass sie von nichts gewusst habe: »Sie wäre vor lauter Aufregung und Angst um mich sicher viel zu nervös gewesen und vielleicht noch krank geworden.«

Der Karmapa beschäftigte sich indes in aller Heimlichkeit mit der Fluchtroute. Niemand durfte Wind davon bekommen. Als wir über die Vorbereitungen sprachen, erzählte er mit ausladenden Handbewegungen, als hätte er eine riesige Tibet-Karte vor sich: »Da waren verschiedene Möglichkeiten, verschiedene Grenzregionen. Eine Route führte über Dharamkot. Sie war wegen ihrer Kürze bei Reisenden sehr beliebt. Eine führte über Mustang. Und dann gab es auch noch eine andere … über Kongpo, nach Süden. Etwa zwei Monate vorher haben wir zwei Mönche losgeschickt. Sie sollten die drei in Frage kommenden Fluchtrouten auskundschaften.« Lama Tsewang und Lama Tsultrim waren jene Männer der ersten Stunde. Beide hatten eine Reisegenehmigung erhalten und machten sich auf den Weg nach Westtibet, um dann schließlich die Grenze nach Mustang zu überqueren. Mustang ist ein kleines, altes Königreich mit tibetischer Kultur, das heute politisch zu Nepal gehört. Lama Tsewang gab bei den Behörden an, im Westen Sponsoren aufsuchen und bei ein paar Kagyü-Klöstern, für die Tsurphu zuständig war, nach dem Rechten sehen zu wollen. Lama Tsultrims Reisegrund war ganz einfach. Er hatte einen Wagen und sollte Lama Tsewang als Attendant begleiten. Den jungen Mönch Dargye holten sie sich als Fahrer. Ohne eine offizielle Abmeldung und die Nennung von Gründen für die Reise hätten sie das Tolung-Tal nicht verlassen können.

Ihre erste Tour glich der eines Spähtrupps. Sie hatten sich als Händler verkleidet, um nicht aufzufallen, wenn sie die Strecke und die Straßenzustände erkundeten. Von größter Wichtigkeit war, die Sperren des Militärs und der Polizei auszukundschaften, wo sie lagen und wie stark sie besetzt waren. Sie prägten sich die Gegebenheiten der Route genauestens ein und machten Fotos. Als ein großes Problem sahen sie die Überquerung des Brahmaputra an, denn über den breiten Strom führte keine Brücke. Im Winter ist er zwar teilweise zugefroren, doch in der Mitte reisst die starke Strömung immer wieder das frische Eis weg. Außerdem mussten sie nach potentiellen Unterkünften suchen, denn für die fünfhundert

Kilometer Fluchtstrecke bis zur Grenze würden sie mehrere Tage brauchen. Es lag nahe, dafür auf ein weit verzweigtes und vertrautes Netz von Verwandten zurückzugreifen. Sie würden auch Pferde brauchen, denn mit dem Auto war es unmöglich, die steilen und schmalen Bergpfade zu überwinden.

So ganz nebenbei erledigten die beiden Lamas auch noch einen anderen Auftrag des Karmapa. Sie sollten im Grenzgebiet zu Nepal nach der Inkarnation eines Lamas, einem Tulku, suchen, den Seine Heiligkeit erkannt hatte. Sie wurden anhand seiner Hinweise sehr schnell fündig. Die Eltern des Tulku spannten sie gleich für ihr eigentliches Vorhaben ein, weil sie deren Haus für ein Nachtlager brauchen konnten und auch die Pferde für den weiteren Weg. Den wahren Grund für ihre nächste Reise verrieten sie niemandem.

Nach zwei Wochen waren die beiden Lamas zurück in Tsurphu und berichteten dem Karmapa von ihrer Erkundungstour. Von ihrem Bericht wollte er seine Entscheidung abhängig machen. Er nahm sich ein paar Tage Bedenkzeit, und am Ende hatte er Klarheit über das weitere Vorgehen. Im Gespräch über die Flucht sagte er mir:»Und so entschieden wir uns nach den Ergebnissen, die die beiden mitgebracht hatten, für die Route über Mustang. Sie fanden es einfacher, über Mustang zu fliehen, weil einer der Lamas Verwandte dort hatte. Den Angehörigen hatte er erzählt, sie wollten demnächst mit einem jungen Tulku vorbeikommen und sie bräuchten einen Schlafplatz. Aber er hat ihnen nicht gesagt, dass dieser Tulku der Karmapa sei, den sie nach Kathmandu bringen wollten.« Es war ohnehin gängige Praxis, Tulkus bereits im Kindesalter außer Landes zu bringen. So mancher wusste davon, aber keiner sprach darüber.

In Tibet gehören Fluchtgedanken zum Alltag. Viele Tibeter beschäftigten sich wegen der schmerzlichen Repressalien und dem Sterben ihrer Kultur seit Beginn der chinesischen Besatzung mit einer möglichen Flucht nach Nepal, Bhutan oder Indien. In fast jeder Familie wurde und wird gespart, um einem aus ihrem Kreis die Flucht zu ermöglichen. Dazu muss einer der geheim agierenden Fluchthelfer bezahlt werden. Jedes Jahr sind es zwischen zweitausend und viertausend Menschen, vom Kind bis zum Greis, die in geführten Gruppen in bis zu sieben Wochen langen Fußmärschen durch das Himalaya-Hochland in die Freiheit ziehen. Die Gefahr, von Grenzsoldaten oder Geheimpolizisten verhaftet und verschleppt zu werden, folgt ihnen dabei wie ein Raubtier auf Schritt und Tritt. Immer wieder endet für einige der Weg im Gefängnis. Sie haben kein Vergnügen an der Gebirgsromantik auf dem Dach der Welt, wenn sie die Bergpässe in fünf- oder sechstausend Metern Höhe, bei bis zu minus dreißig Grad, bei Schnee und mit wenig Proviant überqueren oder durch eisige reißende Flüsse waten müssen. Wenn man überlegt, dass etwa die Hälfte davon Kinder und Jugendliche sind, dann erscheint eine Flucht über den Himalaya fast wie ein Wunder. Und es ist erstaunlich, dass dabei bisher nur selten jemand sein Leben lassen musste. Allerdings tragen die Flüchtenden oft bleibende Schäden wie Erfrierungen in ihren Gesichtern und an ihren Gliedmaßen davon. Trotz des hohen Risikos war also auch die Flucht des Karmapa nicht unmöglich, zumal sie von vornherein gut vorbereitet wurde.

Ich wollte vom Karmapa wissen, ob er nicht eine Gefahr darin gesehen hatte, dass ihn jemand unterwegs erkennt. Seine Fotos waren in Tibet überall verbreitet. Bei der mehrtägigen Tour begegnete man sicher auch Menschen, die ihn erkennen und Verdacht schöpfen könnten. Er lehnte sich weit zurück, legte die Hand auf seinen kahlgeschorenen Kopf und schien all die Szenen von damals wieder vor Augen zu haben. Ganz gelassen erklärte er mir: »Niemand hatte erwartet, dass ich Tibet verlassen würde. Genauer gesagt, wenn jemand unterwegs gesagt hätte: ›Das ist der Karmapa‹, hätte ihm niemand geglaubt. Richtig? Wer hätte dann schon gerufen: ›Ah, da ist der Karmapa‹, und wäre gekommen, um einen Segen zu empfangen. Nicht nur die Chinesen, auch die Tibeter konnten sich das nicht vorstellen.« Auch wenn er während der Flucht natürlich zivile Kleidung tragen würde, musste er mit dem Risiko, erkannt zu werden, leben – und nicht nur mit diesem.

Egal welchen Alters und welchen Standes, zwei große Gefahren müssen alle bei der Flucht fürchten: die chinesische Grenzpolizei und die Naturgewalten des Himalaya.

Auch die drei Lamas begaben sich mit dem Vorhaben in Gefahr. Wenn ihnen schon im Vorfeld ein Fehler unterlief, konnte ihr Plan jederzeit auffliegen, und sie würden verhaftet werden. Ob es dann nur bei einer Verhaftung der drei geblieben wäre, ist eine andere Frage.

Lama Nyima sollte in Tsurphu bleiben, so war der Plan. Seine Rolle bestand darin, die Sicherheitsleute im Kloster möglichst lange hinzuhalten. Dazu suchte er sich noch einen Verbündeten, Thubten, den jungen Koch. Es schien fast unmöglich, dass der Karmapa das Kloster verlassen könnte, ohne dass die Polizisten und die Wachmönche es bemerkten. Aber die nächste Schwierigkeit bestand darin, dass die Klostergemeinschaft und die Sicherheitsleute nach dem Verschwinden des Karmapa möglichst lange keinen Verdacht schöpfen durften. Sie würden sofort Alarm schlagen. Je größer also die Zeitspanne vom Beginn der Flucht bis zur Entdeckung, desto größer wäre der Vorsprung des Karmapa und seiner Helfer. Also musste Lama Nyima darüber nachdenken, wie man die Wachen am effektivsten ablenken und auf welchem Weg der Karmapa unbemerkt vom dritten Stock nach unten kommen konnte. Die Zeit drängte, denn nach und nach wurden immer mehr Uniformierte am Kloster stationiert.

Der Karmapa erinnert sich: »Es war ja nicht so, als wäre dort eine ganze Armee oder viel Polizei stationiert gewesen. Tatsächlich waren es zu der Zeit, als wir abfahrbereit waren, zunächst fünf oder sechs Polizisten, die man vor dem Kloster positioniert hatte. Die fanden aber bis dahin nichts wirklich verdächtig. Außerdem lebten sie etwas weiter weg in einem anderen Gebäude vor dem Kloster.

Also mussten wir uns beeilen, denn später hätten wir vielleicht nicht mehr die Möglichkeit gehabt, zu gehen.«

Aber dann waren da noch die Wachmönche, von denen man nicht wusste, inwieweit sie mit der Polizei zusammenarbeiteten. Bis auf ein paar Eingeschworene konnte man im Kloster seit einiger Zeit keinem mehr so richtig über den Weg trauen.

»Es war nicht so eine Situation wie damals beim Dalai Lama. Er war in Norbulingka umgeben von Tibetern, die wiederum von chinesischen Soldaten umzingelt waren. Wir hatten eine andere Situation.« Der Dalai Lama war inmitten eines Kriegsgeschehens geflohen. Die Überwachung des Karmapa in Tsurphu war dagegen viel subtiler, aber nichtsdestotrotz allgegenwärtig.

Der Plan sah nun Folgendes vor: Der Karmapa hatte Anfang Dezember vorsorglich angekündigt, gegen Ende des Monats in ein 21-tägiges Retreat zu gehen. In dieser Zeit der Klausur würde ihn naturgemäß niemand zu Gesicht bekommen, auch nicht die Wachen oder Informanten. Der Koch sollte weiterhin Essen in das Appartement Seiner Heiligkeit bringen, in dem sich anstelle des Karmapa dann Lama Nyima befinden würde. Von drinnen sollte er Aktivitäten und Geräusche nachahmen, die keinen Verdacht aufkommen lassen würden, dass der Vogel das Nest verlassen hatte. Die kleine Handtrommel und die Glocke, die der Karmapa für seine Rituale verwendete, waren bestens dafür geeignet, denn ihr hochtöniges Klingen, Klopfen und Schlagen drang durch die Türen und Fenster, so dass man es auch von außen gut hören konnte. Kurz gesagt, Lama Nyima sollte hinter den verschlossenen Türen sämtliche Angewohnheiten Seiner Heiligkeit imitieren. Er war sich der Tatsache bewusst, dass die Polizei ihn als Ersten entdecken würde, wenn sie feststellten, dass der Karmapa nicht mehr im Kloster war. Seine Verhaftung war damit gewiss. Er war bereit, sein Leben und seine Freiheit einem höheren Zweck zu opfern, der sehr viel bedeutenderen Lebensaufgabe des Karmapa. Lama Tsewang und Lama Tsultrim mussten ihre Heimat aufgeben und all das zurücklassen, wofür sie Verantwortung trugen, denn sie wollten mit dem Karmapa fortgehen. Zu ihrer Verschwörertruppe zählte auch Drubngak, der zierliche alte persönliche Attendant Seiner Heiligkeit. Keiner traute ihm eine beschwerliche Flucht zu, weil er wegen seiner kaputten Knie und einem Hüftleiden deutlich sichtbar humpelte.

Die Lamas kauften inzwischen Proviant ein. Tsampa, Yak-Butter, Trockenfleisch und Tee, große Thermosflaschen, alles, was man auf dem Weg benötigen würde. Außerdem brauchten sie Zivilkleidung für den Karmapa. Sie musste unauffällig, warm und praktisch sein. Lama Tsultrim ließ den Fluchtwagen flott machen. Für ihre letzten Absprachen per Telefon nutzten die Lamas vorher abgemachte Codes, denn allen war klar, dass sämtliche Leitungen im Kloster jederzeit abgehört werden konnten. Auch ihre Mobiltelefone waren nicht sicher.

Die Schwester des Karmapa war wie geplant im November 1999 nach Nepal gereist und befand sich mittlerweile in Indien. Nepalesische Nonnen hatten sie auf eine Pilgerreise mit dem Bus dorthin eingeladen. Ihre Stationen sollten die heiligen buddhistischen Städte Varanasi und Bodhgaya sein, Orte des Lebens und Wirkens von Buddha. Das Angebot der Nonnen konnte sie nicht ausschlagen. Im Anschluss fuhr die ganze Reisegruppe weiter nach Dharamsala, um dort den Dalai Lama zu sehen. Im Bergdörfchen McLeodganj hatte es sich schnell herumgesprochen, dass Ngodrup Palzom, die Schwester des Karmapa, zu Besuch war.

Abschied von Tsurphu

Der Karmapa war sich seiner Entscheidung sicher. Keiner hatte ihn dazu aufgefordert zu fliehen, keiner hatte ihn gebeten zu kommen. Es war einzig und allein sein Entschluss, sein Heimatland, sein Kloster, seine Familie und alle Anhänger in Tibet zurückzulassen, um seiner persönlichen Verantwortung für die Karma-Kagyü-Linie gerecht zu werden. Er begab sich bewusst in Gefahr, um in der Freiheit seine traditionelle Ausbildung abzuschließen und seine historische Rolle ganz ausfüllen zu können.

Die Nachrichten von der Fluchtstrecke klangen gut. In der Grenzregion herrschte eine ungewohnt ruhige Wetterlage. Normalerweise wird das Gebiet in der Winterzeit oft von heftigen Schneestürmen heimgesucht. Der Karmapa überblickte in seinem Appartement in Tsurphu alle eingelaufenen Daten und sah sich bestätigt. Was er und seine Getreuen vorhatten, war kein Spiel und kein Film. Er verglich es mir gegenüber mit einer Schlacht, die es zu gewinnen galt: »Es ist wie bei einer Schlacht ... Wenn du eine große Schlacht führen willst, musst du das Wetter, die Geographie und vieles andere mit einrechnen. Das größte Glück für uns war, dass wir Winter hatten. Es war bitterkalt und deshalb für die Grenzpatrouillen sehr unangenehm, sich draußen aufzuhalten. Unseren genauen Standort konnten sie nur herausfinden, wenn sie nach draußen gingen und nachsahen.«

Dann wandte er sich der Situation im Kloster zu, denn eine Schlacht beginnt schon bei der Vorbereitung: »Du musst auch schauen, ob die Leute um dich herum argwöhnisch sind oder Verdacht schöpfen. Niemand hatte erwartet, dass es solch eine Schlacht geben könnte. Und dass es niemand tat, war unser Glück.« Auf das Glück allein wollte aber niemand vertrauen. Jeder, der sich für die Flucht vorbereitete, die bald bevorstand, verrichtete Rituale und betete.

Am 27. Dezember 1999 verabschiedete sich der 17. Karmapa in seine 21-tägige strenge Klausur, die Türen zu seinen Räumen wurden geschlossen, und nur sein Lehrer, sein Attendant und sein Koch sollten die Gemächer in dieser Zeit betreten dürfen. Lama Tsewang und Lama Tsultrim streuten derweil die Information, dass sie erneut verreisen müssten. Sie brauchten allerdings noch einen Fahrer; am besten gleich zwei. Der Mönch Dargye kannte den Weg bereits von der Erkundungstour. Er sagte nach kurzem Überlegen zu. Seine Zusage bedeutete nicht nur, dass er den Fluchtwagen steuern würde, sondern auch, dass es für ihn kein Zurück mehr geben würde.

Am 28. Dezember war der Tag der Flucht gekommen. Lama Tsewang brachte seinen Fahrer aus dem Nenang-Kloster mit, den er erst auf dem Weg nach Tsurphu fragte, ob er Seine Heiligkeit bei seiner Flucht unterstützen wolle. Der junge Tsewang Tashi war sofort bereit. Der Zeitpunkt konnte nicht besser gewählt sein, denn der Sicherheitschef des Klosters war im Urlaub, die Wachen ließen es langsam angehen und waren unaufmerksamer als sonst. Am Abend wurden sie mit einer guten Suppe und dem Videorekorder in die Klosterküche gelockt. Dargye parkte den Fluchtwagen hinter dem Tempel der Hauptgottheiten. Dort wartete er mit Lama Tsultrim. Thubten, der Koch, fing einen vorbeipatrouillierenden Wachmönch ab und verschwand mit ihm unter einem schnell erfundenen Vorwand.

Es war halb elf, der vereinbarte Zeitpunkt des Fluchtbeginns. Auf dem Tisch im Wohnraum Seiner Heiligkeit lag der Abschiedsbrief, in dem er erklärte, dass er wegginge, weil er die Lehren der Wurzellamas in Indien empfangen wollte, nicht weil er China nicht mochte. Am Schluss des Briefes hatte er noch geschrieben, dass er eines Tages nach Tibet zurückkehren würde.

Der Karmapa war bereits mit Drubngak unterwegs zum Wagen. Zum ersten Mal seit seiner Kindheit trug er wieder zivile Kleidung. Eine dunkelblaue Daunenjacke, Hose und Schuhe in brauner Farbe, Mütze und Schal in grauer Farbe, und damit keiner seine Augen erkennen konnte, eine große Sonnenbrille. Durch ein Fenster verließen sie das Hauptgebäude zur Rückseite hin und warteten dort auf einem flachen Dach, bis sie zu Tsultrim und Dargye ins Auto schlüpfen konnten. Der Jeep rollte langsam durch ein Nebentor, menschenleere Straßen entlang hinunter zum Fluss und erreichte bald die Hauptstraße, die Richtung Westen nach Shigatse führt. Dort warteten bereits ungeduldig Lama Tsewang und sein Fahrer Tsewang Tashi.

Lama Nyima hatte schweren Herzens von seinem berühmten Schüler Abschied genommen. Nun saß er im Zimmer des Karmapa und harrte betend seines unabwendbaren Schicksals. Sein größter Wunsch war, dass es möglichst lange dauern würde, bis man ihn anstelle des Karmapa entdeckte.

Der Übergang ins neue Jahrtausend

Im Jeep herrschte Schweigen. Die Angst, bereits von den Chinesen verfolgt zu werden, begleitete die Flüchtlinge durch die Nacht. Auf dem Rücksitz saß der Karmapa zwischen Drubngak und Lama Tsewang, vorn die beiden Fahrer und Lama Tsultrim. Jeder Lkw, jeder dunkle Jeep konnte ein Polizeifahrzeug sein. Da half nur Beten, Wachbleiben und Weiterfahren in Richtung Shigatse.

Dort wartete die nächste Hürde auf sie. Hinter der Stadt gabelte sich die Straße. Links lag die kürzere Wegstrecke nach Nepal. Sie hätte sie über Dram geführt. Der Karmapa hatte sich aber für die längere Wegstrecke über Westtibet entschieden. Ob links oder rechts, in jedem Fall mussten sie hier den ersten Kontrollpunkt der Polizei passieren. Der Posten lag verwaist im Dunkel des frühen Morgens. Die Schranken waren geöffnet.

Bei aufgehender Sonne fuhren sie durch Lathse und etwas später durch Ngamring. Keiner hielt sie auf. Als die Straße sich einsamer durch eine triste, unbesiedelte Hügellandschaft wand, hielten die sechs Männer die Zeit für gekommen und die Gegend für sicher genug, eine kurze Rast einzulegen. Auch wenn nach dem stundenlangen Sitzen im schaukelnden Jeep ein bisschen Bewegung guttat, konnte sich der Karmapa nicht wirklich erholen. Er sagte dazu: »Es war ein wenig eigenartig: Im Auto habe ich mich noch relativ entspannt gefühlt. Außerhalb des Autos habe ich mich halb tot gefroren und war ängstlich.«

Die natürliche Grenze des Brahmaputra stellte wider Erwarten ein weniger großes Hindernis dar, als Lama Tsultrim, Lama Tsewang und Dargye erwartet hatten. Der Fluss war an einigen Stellen komplett zugefroren. So blieb ihnen eine Durchquerung des Stroms auf dem Rücken von Pferden erspart, und sie konnten ihre Fahrt mit dem eigenen Jeep fortsetzen. Andernfalls hätten sie sich auf der anderen Uferseite ein neues Fahrzeug kaufen müssen. Für alle Eventualitäten hatten die Lamas und der Karmapa vorher bei Sponsoren Geld gesammelt.

Am Abend erreichten sie das Gebiet, in dem das Militärlager Dranggo liegt. Dort beginnt das Grenzgebiet. Um weiterfahren zu können, benötigt man einen Passierschein. Beim letzten Mal hatten die beiden Lamas und Dargye die Genehmigung bekommen. Doch mit dem Karmapa konnten sie schlecht in die Wachstube zum diensthabenden Militär gehen. Ihre einzige Chance, unbehelligt weiterzukommen, bestand darin, zu warten. Der Spähtrupp hatte gute Arbeit geleistet und herausgefunden, dass die Wachmannschaft gegen halb zwei in der Nacht schlafen ging. In gebührendem Abstand beobachteten sie das Lager, bis die Lichter erloschen waren. Dann kroch der Wagen Meter für Meter weiter. Nun mussten sie eine folgenschwere Entscheidung fällen. Sollten sie einfach langsam am Lager vorbei durch den Kontrollpunkt fahren, oder sollten sie sich aufteilen? Beim erschreckenden Anblick eines nahenden Lichts war die Entscheidung schnell getroffen. Lama Tsewang, Drubngak, Dargye und der Karmapa sprangen aus dem Jeep. Lama Tsultrim und Tsewang Tashi fuhren weiter und versuchten ihr Glück, sich irgendwie durchzulavieren. Wenn alles gutginge, würden sie sich hinter dem Militärcamp wieder zusammenfinden. Für die Vierergruppe bedeutete dies, dass sie am Lager vorbei über einen Berg auf die andere Seite gelangen mussten. Dieses Unterfangen sollte sich als äußerst gefährlich herausstellen, denn es war nicht nur schwarze Nacht und bitterkalt, sondern die Hänge des Berges waren übersät mit lockerem Geröll und wuchernden Dornenbüschen. Immer wieder rutschten sie ab und zerrissen sich an den Dornen Haut und Kleider.

Die beiden Männer im Jeep passierten den Kontrollpunkt wie im Traum. Keine Soldaten, keine Maschinengewehre, kein Schlagbaum. Unbehelligt erreichten sie die Passstraße auf der anderen Seite des Berges. Dort warteten sie auf den Karmapa und seine drei Begleiter.

Im Kloster Tsurphu schliefen alle tief und fest. Keiner hatte etwas von der Flucht des Karmapa mitbekommen. Der Plan war aufgegangen, das Ablenkungsmanöver hatte funktioniert, und die Abreise von Dargye und Lama Tsultrim war wie vorgesehen verlaufen. Niemand schöpfte Verdacht. Ob Lama Nyima in dieser Nacht schlafen konnte, habe ich nicht in Erfahrung bringen können. Wer hätte in einer solchen Situation geschlafen? Er hatte keinerlei Informationen darüber, wie es dem Karmapa ging und ob die Gruppe noch vollständig und ohne Probleme unterwegs war. Das bisherige Ausbleiben der Polizei musste er aber als ein gutes Zeichen werten.

Lama Tsultrim und Tsewang Tashi warteten eine Stunde. Sie warteten zwei Stunden. Kein Karmapa war in Sicht, auch keine Soldaten. Was war passiert? Der Berg, über den die vier kommen sollten, war eigentlich von überschaubarer Größe. Nach zweieinhalb Stunden tauchte Dargye aus dem Dunkel auf. Er lief die Passstraße hinauf, allein! Seine Erklärung klang so einfach wie beunruhigend: Auf dem Gipfel angekommen, hatte der Karmapa ihn zurückgeschickt, um nach den beiden Männern im Jeep zu schauen. Er hatte Sorge, dass sie verhaftet worden waren. Dargye musste nur den Reifenspuren folgen, um zu sehen, dass alles in Ordnung war. Die beiden Fahrer kletterten nun den Berg herauf, um den Karmapa, Lama Tsewang und Drubngak aus ihrem Versteck zu holen. Doch dort war niemand zu finden. Was für ein Drama in tiefer Nacht. Den Karmapa hatte ein Gefühl der Unsicherheit beschlichen, deshalb hatten sie das Versteck verlassen. Nun irrten zwei Gruppen über den Berg, bis sie sich schließlich fanden.

Es sollte nicht die einzige brenzlige Situation auf der Flucht bleiben, auch wenn sie das nächste Militärlager todesmutig mit Vollgas umfuhren. Es war nicht mehr weit bis zur chinesisch-nepalischen Grenze. Doch ob sie den Grenzstein nun hinter sich gelassen hatten oder nicht, sie konnten sich noch lange nicht in Sicherheit wähnen, denn das chinesische Militär und die Polizei verfolgten Flüchtende auch bis weit nach Nepal hinein. Sie scheren sich auch heute nicht um Hoheitsgebiete, wenn es um Republikflucht und die Verteidigung eigener Interessen geht.

Die Pässe in Nepal waren wenig geeignet für zügige Fahrten bei Dunkelheit. Deshalb geschah, womit sie immer rechnen mussten, dass der Jeep in einem Loch hängenblieb. Nichts ging mehr. Nun galt es, zu Fuß weiterzugehen und das Gepäck zu schleppen. Es war nicht allzu weit bis zum Haus von Lama Tsewangs Verwandten. Dennoch war der Weg gefährlich, weil man jederzeit abrutschen konnte. Der alte Drubngak hatte naturgemäß die größten Probleme. Wenn man ihn sich heute ansieht, kann er nur schlecht laufen. Ich fragte den Karmapa, ob das vor elf Jahren sehr viel besser war. »Wie hat er das nur geschafft, als es dann auch zu Fuß weiterging?« Der Karmapa lachte und stützte sich auf die Knie. »Er hat das alles gut durchgehalten«, konstatierte er in einem kurzen Anflug von Ernst. Dann schien ihn ein Gedanke zu amüsieren.

»Aber witzig war, dass die Klosteroberen in Tsurphu alle wussten, dass Drubngak so schlecht laufen kann«, setzte er lächelnd fort und ahmte mit seinen Fingern den humpelnden Gang seines alten Begleiters nach. »Und die vermuteten danach, dass sein Humpeln nur vorgetäuscht gewesen sei. Er habe ja schließlich bei der Flucht gehen können – und das sehr weit.«

Auch Drubngak habe ich danach gefragt. Doch anstatt mir zu antworten, klopfte er nur stolz lächelnd auf seine Brust und reckte den Kopf, als sei er imstande, über sich hinauszuwachsen, wenn es darauf ankäme. Von Tsewang Tashi erfuhr ich, dass sich der Karmapa auf der Flucht hingebungsvoll um seinen alten Attendant gekümmert hatte. Strauchelte der, reichte der Vierzehnjährige ihm den Arm, um ihn aufzufangen.

Bei den Verwandten von Lama Tsewang erhielten sie Reitpferde, die sie, mit der Morgensonne des 30. Dezember im Rücken, nach Lo Monthang, der Hauptstadt von Mustang brachten. Dort kamen sie im Haus des nächsten Verwandten unter und konnten sich nach zwei Tagen Flucht zum ersten Mal wieder sicher und geborgen fühlen. Die beiden Fahrer ritten jedoch sofort mit Helfern zurück, um den Jeep zu holen, denn der wäre sonst ein zu eindeutiger Hinweis gewesen.

Nun waren sie zwar auf nepalesischem Staatsgebiet, aber noch nicht außerhalb der Reichweite der Chinesen. Jedoch ließ sich der Karmapa nicht davon abhalten, unter strengster Geheimhaltung den König von Mustang zu treffen.

Die nächste Panne ereilte sie in Lo Monthang. Der bestellte Führer war nicht erschienen. Dennoch verließen sie am nächsten Morgen die behagliche Unterkunft und zogen weiter. Der Jeep blieb in einem Schuppen. Dafür hatten sie neue Pferde und zwei neue Begleiter. Einer der Verwandten und der Pferdebesitzer sollten sie zur nepalesisch-indischen Grenze bringen. Und wie es der Zufall so wollte, traf die Vierergruppe des Karmapa den Bergführer ein paar Meilen weiter im Gasthof des nächsten Ortes. Den Abend verbrachten sie bei gutem Essen und über Plänen brütend.

Über Tsurphu war die Hölle hereingebrochen. Polizei und Militär rückten ein. Lama Nyima wurde sofort verhaftet. Alle Mönche wurden verhört, das Kloster abgeriegelt. Peking und Lhasa standen Kopf. An den Hauptstraßen nach Nepal errichtete die Staatsmacht Kontrollpunkte. Auch die Behörden in Nepal erhielten die Information, dass der Karmapa flüchtig sei. Die Sicherheitsleute im Kloster waren zu spät gekommen.

In der Herberge im nepalesischen Tsug hatte Seine Heiligkeit entschieden, die längere der beiden zur Verfügung stehenden Strecken zu nehmen. Sie war weniger bewacht, und an ihrem Ende würden sie auf einen Helikopterlandeplatz stoßen. Es hieß, man könne dort relativ unkompliziert einen Hubschrauber chartern, so wie andernorts einen Bus. Die kürzere Route hätte sie zu einem kleinen Flughafen geführt. Doch Flughafen bedeutete Polizei, und neugierige Polizisten an der Passkontrolle konnten sie nun wirklich nicht gebrauchen. Überdies konnte man sich nie sicher sein, ob die nepalesischen Beamten nicht auch Verbindungen zu China unterhielten. Immer wieder hört man davon, dass Nepals Polizei Tibeter zur Grenze zurückbringt. Da versprach der Hubschrauberpilot ein weniger großes Risiko zu sein.

Als sie am Morgen des letzten Tages des Jahrtausends aufbrachen, teilte sich die Gruppe. Lama Tsewangs Verwandter ritt zurück in seinen Ort. Die beiden Fahrer sollten sich auf dem kürzesten Weg nach Indien durchschlagen. Der Karmapa, Drubngak, die zwei Lamas und die beiden Führer hatten den schwierigsten Teil der Flucht noch vor sich. Das Kloster Tsurphu unbemerkt zu verlassen wirkte dagegen wie ein Kinderspiel. Es warteten enge und steile Bergpässe auf sie, die kaum zu überwinden waren. Selbst die kleinen, recht geländegängigen Pferde, wie sie in der Himalaya-Region typisch sind, waren überfordert und mussten geführt werden. Das Schlimme an Aufstiegen ist aber auch, dass ein Abstieg folgt. Jeder, der jemals in den Bergen unterwegs war, weiß, wie gefährlich es ist, mit müden Beinen steil abfallende, steinige

Pfade hinunterzulaufen. Lama Tsewang und dem Karmapa machte die Höhenkrankheit zu schaffen. Schmerzende Knie und Füße hatte jeder. Nachts mussten sie ohne Schlaf auskommen. Mit großer Anstrengung und eisernem Willen zogen sie ins 21. Jahrhundert.

Der wegen seiner Schneestürme gefürchtete Thorong-Pass auf über 5400 Metern Höhe lag noch vor ihnen. Auch ein Blick auf den erhabenen Mount Everest entschädigte da wenig. Zu dieser Jahreszeit war der Pass am gefährlichsten. Nur Lebensmüde verirrten sich jetzt noch hierher – oder Menschen, denen nichts anderes übrigblieb. Sie kämpften sich immer weiter, den ganzen langen Tag, durch steinige Einöde, völlig ausgelaugt und von Schmerzen geplagt.

In einem Interview erklärte Lama Tsewang später, wie es ihnen während dieses Martyriums gelungen war, die Moral aufrechtzuerhalten: »Wären wir Westler gewesen, dann wären wir in einer solchen Situation sicherlich sehr niedergeschlagen gewesen und hätten irgendwie versucht uns zu ermutigen. Aber wenn man darüber spricht, niedergeschlagen zu sein, dann heißt das auch, dass man Zweifel hat und dass man denkt, ›O nein, es ist alles ein großer Fehler. Wir hätten das niemals tun sollen.‹ Aber wir hatten keine Zweifel. Wir machten uns natürlich Sorgen. Wir sorgten uns um Seine Heiligkeit, der sehr krank war. Wir fragten uns, was wohl wäre, wenn sich sein Zustand verschlechtert, und was wir für ihn tun könnten. Und wir machten uns Sorgen um die Chinesen, was wohl passieren würde, wenn sie unsere Flucht bemerkten, und ob sie wohl versuchen würden uns einzufangen. Den Karmapa zu betrachten, zu wissen, dass er ein Buddha ist, der menschliche Form angenommen hat, zu sehen, welchen Strapazen und Gefahren er sich in so jungem Alter aussetzte, das bereitete mir schlimmste Qual. Einmal, als ich ihn so betrachtete, musste ich weinen. Einmal ging Seine Heiligkeit voraus. Er schaute zu uns zurück und rief, ›Wir schaffen es!‹ Er wollte uns ermutigen. Er sagte:

›Ihr müsst auf allen vieren kriechen. Eine Flucht ist unbequem. Eine Zeit, in der man durch alle möglichen Entbehrungen gehen muss.‹«[39]

Mit dem Hubschrauber in die Freiheit

Es war neun Uhr morgens und der zweite Tag des neuen Jahres. Vor ihren Augen landete der Helikopter, der sie nach Nagarkot nahe der nepalesischen Hauptstadt Kathmandu bringen sollte. Sie erkannten auf den ersten Blick, dass er zu klein war, um die ganze Gruppe aufnehmen zu können. Sie durften aber keine Zeit verlieren, denn sie wussten, dass sie von nun an jederzeit entdeckt werden konnten. Als sie am Abend zuvor aus ihrer Unterkunft den Hubschrauber bestellt und den Sekretär von Situ Rinpoche über ihren Standort informiert hatten, wählte Lama Tsewang auch die Nummer des Telefons im Zimmer des Karmapa in Tsurphu. Lama Nyima meldete sich nicht, eine fremde Stimme war am Apparat gewesen. Da wussten sie, dass ihre Flucht entdeckt worden war.

Der Karmapa und der alte Drubngak flogen voraus. Mit dem zweiten Flug kamen Lama Tsultrim und Lama Tsewang nach. Von Nagarkot fuhren sie – ohne Zeit zu verlieren – mit einem Taxi zur nepalesisch-indischen Grenze. Das letzte Hindernis der Flucht war die Grenzkontrolle. Sie konnten unmöglich ihre Pässe zeigen. Also lösten sie das Problem, wie in der Gegend viele heikle Angelegenheiten geregelt werden: mit genügend Bakschisch. Die Freiheit war das »Trinkgeld« wert. Ein Zug brachte sie von Gorakhpur an der Grenze nach Lucknow. Dort erwartete der Sekretär von Situ Rinpoche, Lama Tenam, den Karmapa und seine Begleiter in einem Hotel. Doch auch hier konnten sie nicht lange bleiben, denn alle vier Ankömmlinge befanden sich nun illegal in Indien. Mit Taxis ging es rund eintausend Kilometer weiter nach Dharamsala. Dort würde der Karmapa in der Obhut des Dalai Lama am sichersten sein. Bis dahin konnte er noch immer abgefangen werden.

Unterdessen war Palzom im kleinen Exilort des Dalai Lama angekommen. Ein wenig Lhasa-Gefühl überkam sie, als sie durch die wenigen engen Straßen lief. Vieles in McLeodganj erinnert an Tibet. Überall wimmelt es von Mönchen und Nonnen in dunkelroten Gewändern. Doch dass ihre Heimat sie hier auf eine ganz besondere Weise einholen würde, damit rechnete sie nicht. Als man ihr am vierten Tag ihres Aufenthaltes mitteilte, dass sie sich im Bagsu-Hotel auf dem Hügel gegenüber dem Tempelberg einquartieren solle, weil Seine Heiligkeit der Karmapa am nächsten Tag dort einträfe, traute sie ihren Ohren nicht. Nun war es mit ihrer Ruhe vorbei. In McLeodganj selbst ahnte niemand von der nahenden Ankunft. Nur der Dalai Lama und sein Sekretär waren informiert, dass der Karmapa bereits in Indien angekommen und auf dem Weg zu ihnen war.

Um kurz nach vier Uhr in der Früh wand sich ein Taxi die buckeligen Serpentinen zum Bergdorf hinauf. Vom Hauptplatz, der tagsüber laut, hektisch und verstopft ist, fuhr es die Temple Road hinunter. Kleine Geschäfte und zusammengezimmerte Händlerstände begrenzen die quirlige Flaniermeile für Tibeter, Touristen, Sinnsucher, Händler, Kühe und Fahrzeuge aller Art. McLeodganj lag noch im Schlaf, auch in den vielen kleinen Klöstern brannte noch kein Licht, als der Wagen den Schotterweg zum Hotel hochfuhr. Sobald sie die Scheinwerfer sah, rannte Palzom nach unten. Aus dem Auto stiegen Lama Tsultrim und Lama Tsewang, sonst niemand. Die beiden Lamas mussten der Schwester nun beibringen, dass der Wagen mit dem Karmapa einen Unfall gehabt habe. Es war wie eine Ironie des Schicksals, dass nach einer relativ pannenfreien Flucht kurz vor Schluss noch etwas passierte. Das Taxi mit dem Karmapa darin war nicht weit von Dharamsala in einen Graben gefahren. Die gute Nachricht: Keiner war verletzt.

Um kurz nach sechs bog eine schwarze Ambassador-Limousine aus dem Dunkel auf den Hotelparkplatz ein. Auf der hochgepolsterten Rücksitzbank saßen der Karmapa und Drubngak, vorn beim Fahrer der Sekretär Lama Tenam.

»Als ich aus dem Wagen ausstieg, kam sie die Treppen vom Hotel heruntergelaufen«, erzählte mir der Karmapa, und er erinnerte sich, dass seine Schwester geweint habe. »Ich erinnere mich nicht mehr an alles«, sagte er und wischte sich mit der Hand langsam über die Augen. Nach einer Weile sprach er weiter: »Ich weiß auch nicht mehr, was ich gedacht und gefühlt habe.« Er stoppte erneut. »Vielleicht war das alles in diesem Moment auch zu viel für mich«, fügte er hinzu und lächelte verschämt, als müsste er sich für die Unpässlichkeit nach der anstrengenden Flucht entschuldigen.

Sie habe natürlich geweint, gestand mir Palzom. Vor lauter Freude, vor Rührung, vor Sorge und Mitgefühl.

»Heiligkeit« – wenn sie über ihren Bruder redet, nennt sie ihn immer Holiness – »Heiligkeit hat mir so leid getan. Überall hatte er Wunden. Sein Gesicht, seine Hände waren ganz zerkratzt. Und dann diese Hose!« Sie lachte. »Ich hatte ihn noch nie so gesehen«, rief sie und schüttelte heftig den Kopf. Dann legte sie nach: »Und sein Gesicht, das war von der Sonne fast schwarz gebrannt. Das war mein Bruder – und ich konnte ihn fast nicht erkennen.«

Eine Frage ließ mich nicht los. War das Zusammentreffen der Geschwister im Exil nun Zufall, Glück oder Schicksal? Ich wusste von beiden, dass es zwischen den Geschwistern keine Absprache gegeben hatte. Der Karmapa konnte also nicht wissen, dass Palzom nicht nur nach Nepal, sondern auch nach Indien kommen würde. Hatte er es vielleicht geahnt oder vorausgesehen?

»Sie ist ein paar Wochen vorher nach Nepal gereist«, sagte er mir beschwingt auf Englisch, als wir uns darüber unterhielten. Eine Hand ruhte auf der Lehne des Sofas, mit der anderen gestikulierte er, als würde er die verschiedenen Richtungen anzeigen, in die sich seine Schwester bewegt hatte.

»Sie ist auf eine Pilgerreise nach Nepal gefahren … und ich denke, sie plante auch schon, nach Indien zu gehen. Aber …« Nun hielt er inne, saugte an seiner Unterlippe und sagte dann nur knapp: »Secret! – Geheim!« Ich wollte nachhaken und ihn fragen, was das bedeutete und ob er … Da fuhr er mir mit hoher Stimme fast singend dazwischen und sagte: »Nein, nein, nein.« Er lachte, als ob er ahnte, dass sich meine Gedanken beim Begriff »geheim« verselbständigten. Im selben Augenblick wurde er ernst und sah mich länger an. »Ich habe es ein wenig gefühlt. Aber tatsächlich wusste ich nur, sie fährt nach Nepal.«

Auf dem Hotelzimmer versorgte seine Schwester zunächst einmal seine Blessuren. Dann legte der Karmapa wieder ein rotes Mönchsgewand an. Lama Tenam hatte es extra aus dem Kloster Sherabling mitgebracht. Optisch war die Flucht damit beendet, denn alles hatte achteinhalb Tage zuvor mit dem Ablegen des Gewandes begonnen. Doch erst wenn der Karmapa beim Dalai Lama ankam, war die Flucht tatsächlich beendet, das wusste jeder der Anwesenden im Hotelzimmer. Die beiden Lamas und Drubngak mussten erst einmal ohne rote Robe auskommen. Es war ihnen wohl etwas peinlich, als schon bald der eilends herbeigerufene Sekretär des Ministers für Religion und Kultur der Tibetischen Administration im Exil im Hotel erschien. Nach kurzer Begrüßung und Ehrerbietung fuhr er sofort zum Dalai Lama und kam umgehend mit der Nachricht zurück, der Dalai Lama wolle den Karmapa schnellstmöglich sehen.

Situ Rinpoche, der nur seinen Sekretär schicken konnte, um Aufsehen zu vermeiden, erzählte: »Am 4. Januar, dem Tag, bevor der Karmapa eintraf, konnte ich Seiner Heiligkeit dem Dalai Lama die Neuigkeiten in Dharamsala mitteilen. Er war sehr erleichtert, dass der Karmapa die Flucht sicher überstanden hatte. Am 5. Januar war der Dalai Lama der Einzige, der seine Ankunft erwartete.

Es war zu gefährlich, andere davon wissen zu lassen. In dieser Situation hatte die Sicherheit Seiner Heiligkeit des Karmapa absoluten Vorrang.«[40]

Im Morgengrauen des 5. Januar fuhr ein Auto durch das Tor mit dem markanten gelben Dach und nahm links die Auffahrt zur Residenz des Dalai Lama. Niemand innerhalb des Residenz-Areals ahnte, dass der Karmapa an Bord war. Die Polizisten kannten nur den Wagen. Allein das Auto war so etwas wie eine Eintrittskarte, so dass sich keiner der Insassen der üblichen Kontrolle unterziehen musste.

Als der Karmapa aus dem Wagen stieg, kam der Dalai Lama ihm schon mit ausgebreiteten Armen entgegengelaufen. Stirn an Stirn begrüßten sie sich, wie es Tibeter traditionell tun, wenn sie etwas Besonderes verbindet. Dann fasste der Dalai Lama den jungen, hochgewachsenen Karmapa bei den Händen und zog ihn ins Wohnzimmer seiner bescheidenen Exilresidenz.

Über die Flucht des Karmapa aus Tibet ist viel geschrieben worden. Manche Autoren haben sich dabei zu allerlei phantastischen Beschreibungen und Mutmaßungen verstiegen. Hartnäckig hält sich seit den ersten Wochen nach der Ankunft des Karmapa im Exil die Fama von einer »mysteriösen Flucht«. An sich ist nichts Ungewöhnliches oder Mysteriöses daran zu finden, wenn man sich mit den Fakten beschäftigt und die Beteiligten dazu befragt. Einzig in Peking und Lhasa hat man Grund, wegen des politischen Erdbebens, das der Weggang ausgelöst hatte, nachtragend zu sein. Die Tibeter im Exil fühlten einmal mehr eine Verbundenheit mit dem Karmapa, weil er genau wie sie die Gefahren der Flucht auf sich genommen hatte. Beide bedeutenden religiösen Führer befanden sich nun im Exil. Der Dalai Lama, der den jungen Karmapa in seine Obhut nahm, lobte ihn bei der ersten Begegnung für seinen Mut und seine Beharrlichkeit.

Als ich den Karmapa fragte, wie es gewesen war, dem Dalai

Lama zum ersten Mal von Angesicht zu Angesicht gegenüberzustehen, dachte er lange nach, bevor er mir antwortete: »Es war eine Mischung aus Freude und Traurigkeit.«

Freude darüber, das Oberhaupt der Tibeter endlich persönlich begrüßen zu können, und Traurigkeit, weil er seine Heimat Tibet dafür hatte verlassen müssen.

IV

Der goldene Käfig im Kloster Gyuto

Mahakala, der Große Schwarze

Mit Lama Phuntsok, dem ehemaligen Privatsekretär des Karmapa, hatte ich mich zu gebratenen Nudeln im einzigen Restaurant in der Nähe des Gyuto-Klosters verabredet. Ein spartanischer Raum in leicht angegilbtem Hellgrün mit einer Glastheke, in der verstaubte Chipstüten auf hungrige Mönche warteten, ein Kühlschrank mit Getränken zur Selbstbedienung, Plastikmobiliar und ein paar kreuz und quer aufgehängte Fotos vom Dalai Lama und vom Karmapa ließen nicht gerade auf gehobene Gastronomie schließen. Bei einer Cola warteten wir auf unser Essen. Lama Phuntsok verzog sein Gesicht, als er probierte, was eine junge Frau in quietschbunter Freizeitkleidung an unseren Tisch geliefert hatte.

Wir sprachen über den Tagesablauf des Karmapa, der schon morgens um sechs mit Meditation und Ritualen beginnt. Dann folgen Frühstück und Studium, bis um halb elf schon die Gäste auf die Privataudienz warten. Der Nachmittag verläuft ähnlich – allerdings ohne Audienzen. Gegen 17.00 Uhr hält der Karmapa eine Mahakala-Puja. Ich horchte auf.

Der Name Mahakala sagte mir etwas. Ich erinnerte mich an den

Besuch des Dalai Lama in Frankfurt am Main im Juli 2010. In einem der Zeltshops im Außenbereich der Commerzbank-Arena, in der die Veranstaltungen mit dem Dalai Lama abgehalten wurden, hatte ich eine Figur entdeckt. Inmitten von goldglänzenden Buddha-Statuen in verschiedenen Größen leuchteten lodernde Flammen hervor. Ich ging hinein, um mir die Figur genauer anzusehen. Es war kein gewöhnlicher, schön anzusehender Buddha, der sanft lächelnd im Lotussitz verharrte, sondern ein Mann mit zornig funkelnden Augen, einer Totenkopfkrone und gefletschten Zähnen. Umgeben von einem bizarren Kranz aus orangerotem Feuer tanzte er auf Menschen und hielt allerlei gefährliches Gerät in den Händen. Irgendwie interessierte mich diese Statue. Als ich den Verkäufer nach ihrer Bedeutung fragte, sagte er, das sei eine Schutzgottheit und ihr Name sei Mahakala.

In Dharamsala begegnete mir der Name wieder. Nun erfuhr ich auch, dass Mahakala der oberste Schützer des Karmapa und der gesamten Karma-Kagyü-Linie ist. Auch von anderen Schulen wird er um Schutz angerufen. Aber es wurde noch interessanter: Der Karmapa selbst ist nach der Tradition des tibetischen Buddhismus eine Emanation des Mahakala. Protektoren oder Schützer spielen in der tibetischen Kultur eine wichtige Rolle. Man kann sie in etwa mit Schutzheiligen in volkskirchlich geprägten Gegenden des Abendlandes vergleichen. Ähnlich wie im Christentum werden ihnen eigene Altäre und Tempel errichtet, oder man malt ihr Abbild auf die Flanken großer Felsblöcke. Unweit des Tsurphu-Klosters kann man einen riesigen Mahakala bewundern, der in kräftigen Farben von einer ebenen Felswand prangt. Von dort aus soll er wie ein Torhüter das Kloster vor negativen Einflüssen schützen.

Der Name Mahakala bedeutet: der Große Schwarze. Er verkörpert den »zornvollen« Aspekt der Meditationsgottheit des Mitgefühls. Seine Hauptaufgaben in Bezug auf äußere und innere Hindernisse sind Bezähmen, Disziplinieren und Überkommenes zerstören. Die Schutzfunktion ist besonders, weil er Situationen klärt, indem er Hindernisse in Schutz und Kraft umwandelt. Wenn man zum Beispiel durch eine Krankheit eine Reise nicht antreten kann, dann hat Mahakala dadurch unter Umständen einen Unfall verhindert, so sagen die Tibeter.

Ich fragte Lama Phuntsok, ob es möglich wäre, an einer der Mahakala-Pujas des Karmapa teilzunehmen. Er sah mich fragend an, schluckte den letzten Rest Nudeln hinunter und wischte sich lange und ausführlich den Oberlippenbart ab. Dann lachte er geheimnisvoll und sagte: »Frag Seine Heiligkeit!«

Am nächsten Tag war ich wieder beim Karmapa zur Audienz angemeldet. Chemed, der Audienzsekretär, hatte den Kalender anscheinend so vollgepfropft, dass sich schon in der Empfangshalle im Erdgeschoss alles staute. Ich war wie üblich auf der letzten Position, wurde aber langsam unruhig, denn die Uhr raste, während die Warteschlange noch immer nicht sehr viel kürzer war. Um halb zwölf glaubte ich schon nicht mehr daran, dass ich vor der Mittagspause noch zu einem Interview kommen würde. Dabei hatte ich extra die vom Karmapa gewünschten Skizzen dabei. Ich hoffte, dass trotzdem noch ein Gespräch zustande käme. Also vertrieb ich mir die Zeit, parlierte mit den Mönchen über das Wetter, über deutschen Fußball, Ballack, Neuer und Ronaldo, und wieder einmal fragten sie mich, ob ich mehr darüber in Erfahrung bringen konnte, warum Seine Heiligkeit im Mai nicht nach Europa reisen durfte. Die Enttäuschung darüber schien immer noch sehr groß zu sein.

Bald erschien auch Drubngak, der alte Attendant, auf der Loggia und blieb vor mir stehen. Er hielt eine Hand beschirmend vor die Augen und musterte mich. Dann gestikulierte er mit seinen dünnen, faltigen Fingern in meine Richtung und raunte etwas in die Runde. Der füllige, etwas tapsige Mönch Palden, der den Spitznamen »Panda« trug, kam zu mir herüber und flüsterte, dass mich Drubngak nicht erkannt hatte – wegen der Sonnenbrille. Wie in einem Werbefilm nahm ich langsam die Brille von den Augen. Da kam der alte Mönch lachend auf mich zugehumpelt und umarmte mich herzlich. Seit unserer ersten Begegnung hatte er mir gegenüber diese Vertrautheit gezeigt. Nun murmelte er etwas, strahlte mich mit seinen feuchten, blassen Augen an und deutete auf meine Sonnenbrille. Eine Sekunde später hatte er sie sich aufgesetzt und stolzierte, so aufrecht wie möglich, unter dem Beifall der Mönche, der Gäste und der Sicherheitsleute über den grünen Kunstrasenteppich. Drubngak amüsierte sich königlich und betrachtete sein schemenhaftes Spiegelbild in der Fensterscheibe. Schnell noch ein Foto mit Brille, dann nötigte er mich sanft, mich auf einen der weißen Plastikstühle zu setzen. Normalerweise mied ich sie, weil man angesichts der Außentemperaturen recht schnell eine wässrige Verbindung zu ihnen aufbaute.

Da saß ich nun. Ein Blick auf die Uhr verriet mir, dass von der offiziell erlaubten Audienzzeit nicht mehr viel übrig war. Vor mir warteten noch zwei Schüler des 16. Karmapa mit Bergen von Geschenken in glänzender Goldfolie. Die Tür des Audienzzimmers ging auf, gebückt und rückwärts laufend verließen Hongkong-Chinesen in bunten Kleidern den Saal, da wurde der Vorhang erneut beiseitegezogen, und plötzlich schoss der Karmapa durch die Tür. Binnen Sekunden waren alle aufgesprungen und drückten sich ehrfurchtsvoll an die Wände und Balustraden. Ich war vor Schreck sitzen geblieben. Der Karmapa kam direkt auf mich zu, hielt mir einen Filzstift wie ein Mikrophon vor die Nase und sagte, dass die Zeit heute nicht gut zu uns sei. Er hätte so viel zu tun und uns würden deshalb nur ganz wenige Minuten bleiben. Er verzog sein Gesicht theatralisch, als müsste er sein Bedauern selbst für ganz entfernt sitzendes Publikum sichtbar machen. Dann eilte er zur Tür, die zu seinem Wohn- und Schlafzimmer führte. Noch fünfzehn Minuten bis 12. Ich rechnete mir aus, dass wir mit etwas Glück ein paar Punkte schaffen könnten, mehr nicht.

Als ich endlich dran war, kam er auf die Brücke zur Dachterrasse gelaufen und rief mir zu: »Stephan – komm her!« Als ich in den

142

Audienzraum trat, begrüßte er mich mit einem »Hi« und gab mir im Gehen die Hand. Unkompliziert und frisch. Seine Heiligkeit schien allerbester Laune zu sein. Am Sofa angekommen sagte er »Sdrastwuitje!«. Mit einem russischen Gruß hatte ich nun wirklich nicht gerechnet, aber ich erwiderte ebenfalls auf Russisch.

Ich saß noch nicht richtig, da klappte er schon seinen Laptop auf und zeigte mir diverse Internetseiten. Ob ich eine Idee für eine neue Seite hätte, fragte er. »Meine eigene Seite … nicht ganz so technisch in der Optik, dafür ein bisschen traditioneller im Design«, konkretisierte er seine Vorstellungen. Noch konkreter wurde er, als er wie nebenbei feststellte, dass sie natürlich auch für Tibeter zu lesen sein müsste, damit die sich auch ohne Englischkenntnisse zu Audienzen anmelden könnten. Meine kurzzeitig abschweifenden Gedanken fing Seine Heiligkeit aber sofort wieder ein, als er sagte: »Wenn ich nicht reisen darf, wenn ich nicht zu den Menschen draußen kommen kann, dann müssen sie eben zu mir kommen können – und sei es virtuell durch das Internet.« Seit dem Frühjahr veranstaltete der Karmapa alle drei Monate Teachings über das Internet. Bild und Ton sind dann live überall auf der Welt zu empfangen und auch später noch abrufbar.

Ich hatte gerade die Skizzen hervorgekramt, als wir synchron auf die Uhr sahen. Es war schon kurz nach zwölf.

»Die Zeit, die Zeit …«, philosophierte er ausatmend.

»Soll ich gehen?«, fragte ich direkt. Nun richtete er sich auf dem Sofa auf, deutete mit einer Feldherrengeste in Richtung Tür und sagte kurz und bündig: »Go!« Er sah auf mich herab. Sein Arm schwebte noch immer in der Luft, sein Finger noch immer gen Ausgang. Ich war etwas erschrocken über diese Deutlichkeit, die man auch Unhöflichkeit hätte nennen können. Ohne mich zu rühren, sah ich ihn einfach nur an. In seinem ernsten Gesicht zuckten erst die Mundwinkel, dann fing er an zu lachen. Zwei langgezogene »Noooo … Noooo!« folgten. Er ergriff meinen Arm, beugte sich zu mir herüber und verriet mir flüsternd, dass alle auf das Mittagessen warteten: Lamas, Mönche, Sicherheitsleute und die indischen Polizisten. Scheinbar scherte er sich aber nicht allzu viel darum, sondern er sagte: »Bleib noch ein bisschen, denn wir hatten doch heute so wenig Zeit.« Während sich der Karmapa aufmerksam meine Skizzen ansah, dachte ich kurz darüber nach, dass wir die knappe Zeit eigentlich nur für seine Belange genutzt hatten. Und nicht für das, weswegen ich nach Indien gereist war.

»Gut, danke! Das kann ich gut nutzen!«, war sein Fazit aus der Betrachtung meiner Skizzen.

Wohl um seine Leute nicht über Gebühr zu strapazieren, stand er jetzt auf und gab damit das Signal, dass es gleich zum Essen gehen könnte. Gleich, aber nicht sofort, denn er blieb mitten im Raum stehen, um dort weiter mit mir zu reden. Ich fragte ihn, wie es ihm momentan damit gehe, dass er nicht reisen darf und wie im Hausarrest leben muss. Gerade erst war ihm nämlich auch die Genehmigung verweigert worden, eine tibetische Schule im Stadtbereich von Dharamsala zu besuchen. Statt sich nun gemeinsam mit mir darüber zu echauffieren und seinen Unmut zum Ausdruck zu bringen, beschwichtigte er mich fast schon. Ich solle mir keine Sorgen machen, sagte er. Das würde er schon verkraften.

Zwei Dinge hatte ich völlig vergessen: »Mahakala-Puja ...«, platzte es aus mir heraus. »Ist es möglich, an der Mahakala-Puja am frühen Abend teilzunehmen?« Der Karmapa hielt sich augenblicklich eine Hand vor die Augen und fragte mit einer Mischung aus Erstaunen und Verzweiflung in der Stimme: »Mahakala-Puja?« Ich wolle es einfach einmal miterleben und würde ihn gern dabei beobachten, erklärte ich mein Vorhaben. Er holte tief Luft und seufzte: »Nein, nein, das ist nicht möglich.« Dann lieferte er den Grund dafür. Erstens sei er dabei ganz allein in seinem Zimmer und zweitens würden mich die Polizisten am Nachmittag und Abend nicht mehr zu ihm lassen.

War ich mit meiner Bitte zu forsch gewesen? Ich konnte ja nicht ahnen, dass er die Rituale in seinem stillen Kämmerlein ganz für sich allein abhielt. Hatte Lama Phuntsok deshalb so geheimnisvoll gelacht, als er sagte, ich solle Seine Heiligkeit doch einfach einmal fragen?

»Das machen wir ein anderes Mal, aber nicht hier in Gyuto«, schloss er zu meiner Erleichterung.

Mein zweites Anliegen war, dass er eine kleine Mahakala-Statue segnete. Tags zuvor hatte ich sie in McLeod beim besten Devotionalienhändler erstanden. Eine fein gearbeitete Statue, komplett in Gold. Ich hatte sie noch nicht ganz aus der Tasche herausgeholt, da sagte der Karmapa sofort: »Das ist kein Mahakala, das kann ich schon von hier aus sehen.« Ich erwiderte, dass mir der Händler die Statue aber als Mahakala verkauft habe. Er sah sie sich noch einmal kurz an und meinte, dass ich mir da etwas Falsches habe andrehen lassen. Ich war natürlich enttäuscht und erzählte ihm, warum ich sie haben wollte.

»Sei nicht traurig!«, tröstete er mich und verkündete mir freudestrahlend: »Weißt du was, du bekommst einen Mahakala von mir.« Ich wusste nicht, was ich darauf sagen sollte. Umständlich versuchte ich ihm klarzumachen, dass ich mich doch auch selbst nach einem echten Mahakala umsehen könne. Der Karmapa aber blieb dabei und verabschiedete mich, jedoch nicht ohne darauf hinzuweisen, dass ich jetzt die Möglichkeit hätte, mit seinen Leuten zum Mittagessen zu gehen.

Zusammen mit Chemed, dem Audienzsekretär, und Tashi, dem jungen Technikverantwortlichen, ging ich in ein Seitengebäude des Klosters, das während der Bauzeit als Unterkunft für die Arbeiter gedient haben muss. In schlichter Umgebung traf ich auf viele bekannte Gesichter. Vom Lama bis zum Leibwächter saßen sie dort beisammen und hießen mich in ihrer Runde willkommen. Dann löcherten sie mich mit Fragen, denn bislang waren wir bei Begegnungen nie über eine herzliche Begrüßung und freundlichen Smalltalk hinausgekommen. Irgendwann bemerkte Tashi flüsternd, dass ich mich geehrt fühlen könne, wenn mir der Karmapa einen Mahakala schenken wolle. Ich spielte es etwas herunter, weil ich vermutete, dass er es vielleicht ohnehin vergessen würde. Tashi sah mich völlig bestürzt durch seine schwarz gerahmte Brille an. »Nein!«, rief er fast, »wenn der Karmapa etwas verspricht, dann hält er es auch!«

Zwei Tage später. Die Audienz verlief so, wie sie der Karmapa gestaltete. An ein Interview war nicht zu denken. Eigenartigerweise beunruhigte mich das nicht einmal. Wenn der Karmapa die Dinge in die Hand nimmt, dann wird er schon wissen, was er tut, dachte ich. Normalerweise versuche ich in solchen Situationen das Ruder in der Hand zu behalten. Beim Karmapa war es anders. Ich entdeckte etwas an mir, was ich bisher nur von den Tibetern kannte: Gelassenheit. Eine Gelassenheit, die mich bei anderen zuerst wahnsinnig gemacht hatte, die ich aber bald bewunderte.

Der Karmapa hatte mich auf das Mittagessen angesprochen und nachgefragt, wie es gewesen war. Ich begann zu ahnen, dass er mich nicht ohne Grund dorthin geschickt hatte. Es schien, als wollte er damit das latente Misstrauen seiner Leute gegenüber Fremden – also auch mir gegenüber – abbauen. Ich würde ihn noch viele Male treffen müssen, um mit ihm über sein Leben, seine Aufgaben und seine Visionen zu sprechen. Dabei war ich auf das Vertrauen und Wohlwollen seiner engsten Mitarbeiter angewiesen, denn ich wusste, dass man nur schwerlich eine Audienz bekommt, wenn es bestimmte Leute nicht wollen. In diesen Tagen sollte ich sage und schreibe sechs Begegnungen mit dem Karmapa haben. Lama Phuntsok hatte mir schon angedeutet, dass so etwas äußerst selten vorkommt.

Am Ende der Audienz vertagten wir uns auf den nächsten Termin. Anders als sonst wollte er mich aber nicht an Ort und Stelle verabschieden, sondern begleitete mich durch die Tür auf die Loggia. Um uns herum standen die beiden Attendants, ein paar Lamas, die jungen Mönche, Chemed und die Leibwächter. Als die Augen des Karmapa Bewegung auf der Treppe registrierten, setzte er ein feierliches Lächeln auf. Drubngak kam um die Ecke gehumpelt. Im roten Überwurf seines Gewandes hielt er etwas verborgen. Der Karmapa hob das Tuch und holte eine bunte Statue darunter hervor.

»Das ist jetzt dein Mahakala!«, sagte er und drückte ihn mir ohne weitere Umschweife in die Hände. Dann verschwand er mit einem Lächeln. Viele Augenpaare sahen mich verdutzt an. Ich war sprachlos und schaute beeindruckt auf die große alte Figur aus Holz. Sie roch deutlich nach Weihrauch, und meine Finger spürten einen leicht klebrigen Film, der ebenfalls von vielen Jahren Weihrauch herrühren mochte. Mir wurde bewusst, dass ich ein großes und wunderbares Geschenk vom Karmapa erhalten hatte.

Der furchterregend dreinblickende Mahakala hielt in der linken Hand eine Schädelschale, nach buddhistischer Auffassung gefüllt mit Weisheitsnektar, als Zeichen, dass er die Natur der Wirklichkeit erkannt hat. In seiner hoch erhobenen Rechten funkelte ein geschwungenes Messer, mit dem er alles Anhaften, alles Festhalten durchschneidet. Unter seinen Füßen winselte eine jämmerliche Gestalt, das Ego, das er unerbittlich zerstört. Aber insgesamt strahlte er trotz seiner grimmigen Erscheinung Kraft und Vertrauen aus. Die Tibeter sagen, er zerstört oder vernichtet oft mit unsanften Methoden das egoistische, von Gier gesteuerte Streben und fördert dadurch die altruistische Hinwendung zum anderen, das Mitgefühl. Das ist es, was alle Religionen ihren Gläubigen zu vermitteln suchen.

Lama Phuntsok kam und begleitete mich die Treppe hinunter. Im Wartezimmer sah er sich die Statue genau an und stellte fest, dass sie alt sei und aus dem privaten Besitz Seiner Heiligkeit stamme. »Du hast etwas ganz Besonderes bekommen. Solange ich den Karmapa kenne, hat er noch nie eine solch große Statue verschenkt. Und erst recht keinen Mahakala. Schon gar nicht an einen Westler.« Ich war beeindruckt und ich begann zu ahnen, wie bedeutsam dieses Geschenk war.

Dann half mir der Lama, die Figur mit einigen Segensschals zu verpacken. Als wir fertig waren, sagte er mit zusammengekniffenen Augen: »Der Karmapa wird sehr genau wissen, warum er dir den Mahakala geschenkt hat. Das tut er nicht ohne Grund.« Beim Verabschieden bemerkte er noch wie beiläufig, dass Seine Heiligkeit bei mir vielleicht eine persönliche Verbindung zu Mahakala sehe. Und vermutlich habe er mir diese Statue gegeben, um die Schwierigkeiten, die durch dieses Buchprojekt auf mich zukommen könnten, abzuwenden.

Auf der Rückfahrt nach McLeodganj musste ich lange über diese Worte nachdenken. Als ich mein Geschenk im Kloster vor mir stehen sah, fiel mir noch etwas anderes ein: Wenn ich an die Augen des Karmapa denke, seinen manchmal funkelnden, ein anderes Mal stechenden oder durchdringenden Blick, dann kann ich nachvollziehen, was die Tibeter über ihn sagen: Es ist ganz einfach zu verstehen, dass er die Manifestation des Mahakala ist. Einer, der alles sieht und alles durchschaut, besonders die Dinge, die nicht ganz in Ordnung sind. Deshalb haben die Leute auch so einen riesigen Respekt vor ihm. Wenn ich mit Tibetern über den Karmapa sprach, erlebte ich jedes Mal die gleiche Reaktion des Respekts und der Ehrfurcht; sogar bei älteren Mönchen. Der Karmapa strahlt eine natürliche Autorität aus. Das war schon so, als er noch ein Kind war, sagten mir die Lamas.

Im Vakuum der Staatenlosigkeit

Der Mahakala hatte Wunder bewirkt. Es schien zumindest so, denn alles war ein wenig anders als bei den Besuchen zuvor. Nun kannte ich zwar schon recht viele der Lamas und Mönche, die im Labrang und in unmittelbarer Nähe des Karmapa arbeiteten, aber manche von ihnen waren mir gegenüber bislang recht zurückhaltend gewesen. Andere hingegen zeigten sich sehr kontaktfreudig und interessiert.

Gyatso Thaye gesellte sich völlig unvermittelt zu mir, als ich auf die Brüstung der Loggia gestützt über das Klostergelände ins Kangra-Tal schaute. Er ist der jüngste persönliche Attendant Seiner Heiligkeit. Genau wie ich auf die Brüstung gestützt, stand er neben mir und sah mich wortlos an. Seine Augen kniff er leicht zusammen, als wollte er erforschen, was hinter meinen Augen liegt. Nach einer Weile begann er zu lachen, fasste meine Hand zur Begrüßung und ließ sie nicht mehr los. Ich versuchte Englisch mit ihm zu sprechen, doch er antwortete auf Tibetisch. Zu meiner Linken fand sich Sithar Dorje ein. Er war schon beim 16. Karmapa in Rumtek persönlicher Attendant gewesen. Nach der Ankunft des 17. Karmapa im Exil kam er von dort nach Dharamsala, um hier der Reinkarnation seines früheren Meisters zu dienen. In seinem weichen, faltenlosen Gesicht findet man kaum Hinweise auf sein Alter, dafür umso mehr Muttermale. Seine gütigen Augen schauen immer etwas traurig. Er hatte sich bisher scheu und zurückhaltend gegeben und wirkte vielleicht deshalb schüchtern. Nur selten erwiderte er meinen Blick. Vielleicht war es auch die Würde seines Amtes, denn schließlich diente er zwei Inkarnationen eines der berühmtesten Lamas der Welt. Gyatso Thaye dagegen hatte bei den Besuchen zuvor immer freundlich gegrüßt und mir zu verstehen gegeben, dass er mich wiedererkannt hatte. Bei der Menge an Menschen, die er hier Woche für Woche erlebt, wenn sie zur Audienz in den vierten Stock hinaufkommen, ist das schon bemerkenswert.

Die zwei Attendants redeten nicht mit mir, sie sahen mich nur an und tauschten sich einige Male kurz in ihrer Sprache aus. Es kam mir vor, als würden sie mich genau unter die Lupe nehmen, um zu ergründen, wer ich bin. Oder suchten sie die Nähe, um ihr Vertrauen zu demonstrieren? Vielleicht waren sie so zutraulich, weil sie zwei Tage zuvor beim Karmapa erlebt hatten, dass auch er mir vertraute. Der Mahakala, den mir Seine Heiligkeit überreicht hatte, war wohl der unmissverständliche Beweis dafür. Schon bei meiner Ankunft war mir aufgefallen, dass die allgemeine Zurückhaltung und Skepsis mir gegenüber nicht mehr so stark war.

Die beiden Attendants wichen nicht von meiner Seite, als wären sie von nun an meine neuen Freunde. Nur Sithar Dorje schlüpfte ab und zu in den Saal, aber er kehrte immer wieder an meine Linke zurück. Von hinten zupfte jemand an meinem Jackett und lachte kehlig. Es war Drubngak, der älteste Attendant und damit der Dritte im Bunde. Ich hatte ihn von der ersten Begegnung an gemocht. Seine Augen strahlten wie kleine Sonnen, auch wenn sie trüb schienen. Ich konnte mir sehr gut vorstellen, dass sich der Karmapa in seiner Nähe geborgen fühlte. Er schläft noch heute in dem kleinen Zimmerchen vor dem Schlaf- und Wohnzimmer Seiner Heiligkeit und kümmert sich wie ein sorgender Vater und eine herzliche Mutter zugleich um dessen ganz persönliche, alltägliche Angelegenheiten.

Heute liefen die Audienzen schneller ab als gewohnt. Um kurz nach elf gingen die letzten Audienzgäste. In ihren Händen hielten sie je ein rotes Segensbändchen, einen neongrünen, länglichen Umschlag mit Segenspillen und ein Foto Seiner Heiligkeit. Ein Leibwächter hielt den Vorhang beiseite, und die zwei Attendants schoben mich hinein. Der Karmapa strahlte und pendelte mit dem Oberkörper hin und her, als wäre er auf einem Volleyballfeld und wartete auf den ankommenden Aufschlag. »Hi«, sagte er etwas bedächtig. Als ich ihm die Hand gab, sauste mir etwas entgegen. Es war seine linke Faust. Millimeter vor meiner Nase kam sie zum Halten. Ich betrachtete ungläubig die gespannte Haut seiner Finger und wunderte mich darüber, dass ich nicht einmal gezuckt hatte. Was für eine Begrüßung! Der Karmapa lachte laut.

»Hast du keine Angst?«, quietschte er vergnügt.

»Mahakala«, entgegnete ich schlagfertig. »Ich hab doch jetzt einen Mahakala. Also keine Angst …«

»Ah ja, das stimmt«, war darauf sein knapper Kommentar. »Setz dich, wir machen es uns heute ein bisschen bequem«, sagte er und ließ dabei noch offen, was das hieß. Er drückte mich sanft an die Stelle auf dem Teppich, wo ich sitzen sollte. Genau in dem Winkel zwischen seinem Sofa und dem Glastisch.

Ich hatte mich bisher noch nicht richtig für das Geschenk bedankt und wollte das nun als Erstes nachholen. Etwas umständlich formulierte ich, wie sehr es mich freue und was mir das Geschenk bedeute, da unterbrach er mich mit einem »Ja ja, gut« und lächelte verschwörerisch. Im selben Augenblick kamen die beiden Attendants Gyatso Thaye und Sithar Dorje herein. Beide trugen ein Tablett. Auf dem ersten befanden sich eine Teekanne und zwei Tassen, auf dem zweiten stand eine flache Porzellanschale. Wollte der Karmapa jetzt tatsächlich mit mir Tee trinken? Es war fast wie ein Déjà-vu. Ganz zu Anfang des Buchprojekts hatte ich nämlich davon geträumt, mit dem Karmapa Tee zu trinken. Tee mit einem Buddha – das würde sich sogar für einen Buchtitel eignen. Zumindest wäre es ein schöner Abschluss für das Buch, dachte ich zu dieser Zeit. Nun steckten wir zwar noch mitten in der Arbeit, aber auf dem Glastisch standen bereits jetzt zwei feine Teetassen mit Goldrand. Gyatso Thaye goss den milchig braunen Tee hinein. Der Karmapa nutzte heute nicht seinen eigenen Teebecher mit Porzellandeckel, der immer auf einem kleinen Beistelltisch neben dem Sofa bereitstand, sondern das gleiche Geschirr wie sein Gast. Ich hoffte indes inständig, dass in der Kanne kein Buttertee war, denn seit meiner ersten unvergesslichen Begegnung mit diesem salzig-herben, öligen Nationalgetränk wollte ich nie wieder freiwillig davon trinken. Der Karmapa reichte mir die Schale entgegen. Darin lagen ungewöhnlich große, rechteckige Kekse, die aussahen wie heller Spekulatius mit aufwändigem Prägemuster.

»Die sind aus der Schweiz!«, schwärmte der Karmapa und schaute wie ein kleiner Junge, der mir klarmachen wollte, dass ich im Begriff war, etwas ganz besonders Köstliches zu essen – etwas, das es nur dann gibt, wenn Vollmond und Mondfinsternis auf einen Tag fallen. Ich musste also nach Indien fahren, um dort Riesenkekse aus der Schweiz zu essen, die ich noch nie vorher gesehen hatte, und dazu Tee trinken, den ich fürchtete. Ich war beeindruckt.

Alle hatten den Raum verlassen, und sogar die Tür war heute verschlossen. Ganz allein saß ich neben dem Karmapa auf dem Teppich und versuchte eine Ecke vom Gebäck abzubeißen; Seine Heiligkeit tat es mir gleich. »Uhm«, ließen wir beide verlauten, den Keks zwischen den Zähnen. Dann mussten wir lachen, denn an den beinharten Dingern tat sich überhaupt nichts. »Was ist das?«, fragte er entgeistert und klopfte mit dem Finger dagegen. Irgendjemand musste das Gebäck aus der Schweiz mitgebracht und dann hier dem Karmapa geschenkt haben. Die entscheidende Frage ist, wie lang das wohl schon her war. Ich vermutete, die getreuen Attendants hatten das teure Gebäck gut verwahrt und sahen nun den Zeitpunkt gekommen, die kulinarische Brücke nach Europa zu schlagen. Ich schlug vor, wir könnten die Kekse doch einfach in den Tee tunken. Der Karmapa sah mich irritiert und entgeistert an, als hätte ich etwas völlig Abwegiges vorgeschlagen. Er lachte sich kaputt und tauchte sogleich eine Ecke des Kekses in den Tee, aber das Ergebnis war nicht berauschend. Die Schweizer Delikatesse wollte sich einfach nicht erweichen lassen.

Nach einer Weile gaben wir auf und begnügten uns mit dem Getränk, das offenbar indischer Herkunft war und zu meiner großen Erleichterung weder mit Yak-Butter noch mit Sodasalz versetzt war.

Zehneinhalb Jahre nach seiner Flucht wollte ich mit dem Karmapa über die ersten Tage in der Freiheit sprechen. Damals war er nur eine Nacht im Bagsu-Hotel geblieben, dann war er mit seinen Begleitern in das nahegelegene Chonor-Gästehaus umgezogen. Diese Herberge im Stil eines typisch tibetischen Hauses wird vom Kloster des Dalai Lama betrieben. Auch dort blieb der Karmapa nur drei Nächte. Der Dalai Lama und seine Mitarbeiter suchten in der Zwischenzeit fieberhaft nach einer passenden Unterkunft, die gleichzeitig auch Schutz bieten sollte. Da fiel ihnen das fast fertig gebaute Gyuto-Kloster ein, der Neubau einer Mönchsuniversität des Gelugpa-Ordens. Die Anlage liegt etwa zehn Kilometer von der Residenz des Dalai Lama entfernt, unterhalb von McLeodganj. Dieses Kloster sollte die nächste vorläufige Station des Karmapa werden.

In eben diesem Kloster saß mir der Karmapa nun schräg gegenüber und schien meine Frage zu ahnen. Als ich sagte: »Warum eigentlich Gyuto?«, ergänzte er wie automatisch: »Warum immer noch Gyuto?« Dann verzog er sein Gesicht zu einer Miene, die Genervtheit und Schicksalsergebenheit zugleich ausdrückte.

»In dieser Zeit waren wir ja hier in Indien noch ganz frisch im Exil. Ich weiß nicht so genau, wie die Dinge damals abliefen und was man da organisiert hatte. Seine Heiligkeit der Dalai Lama hat sich sehr liebevoll um mich gekümmert. Auch die tibetische Exilregierung. Zunächst wurde über Sherab Ling, das Kloster von Situ Rinpoche, das ja nur vierzig Kilometer von Dharamsala entfernt ist, nachgedacht. Aber diese Möglichkeit wurde aus Sicherheitsgründen verworfen. Und dann war da noch das Gyuto-Kloster. Es gehört dem Gelugpa-Orden des Dalai Lama. Zu dieser Zeit war man noch dabei, die Wohnungen für die Mönche zu bauen. Nur das Gebäude des Haupttempels war bereits fertiggestellt und damit auch die Wohnräume im obersten Geschoss. Dann sind wir hier eingezogen. Aber wir dachten, wir würden nur ein paar Monate bleiben. Vielleicht drei oder vier Monate, bis eine andere Lösung gefunden wird. Aber jetzt sind es schon elf Jahre.« Als er die Zahl elf nannte, riss er die Hand nach oben, wie jemand, der etwas nicht fassen kann. »Das ist unglaublich!«, resümierte er mit leidender Miene. »Das ist nicht nur unglaublich, das ist ein Drama!«, hielt ich dagegen. Der Karmapa lachte. »Ja, ein Drama …«. Der Satz hallte lange nach.

In den Klöstern ist das oberste Stockwerk über dem Haupttempel traditionell den höchsten Lamas vorbehalten. Da das Kloster Gyuto dem Dalai Lama und seinem Gelugpa-Orden gehört, ist in der linken Hälfte der obersten Etage eine Wohnung für ihn eingerichtet. Er nutzt sie bei seinen gelegentlichen Aufenthalten, ansonsten stehen die Räume leer. In der Mitte des Stockwerks liegt der Audienzsaal, den der Karmapa offiziell nutzen darf. Rechts davon hatten die Architekten eine kleine Wohnung für einen hohen Gast eingeplant. Ein kleines Wohnzimmer mit Vorraum und Badezelle. Zwischen Treppenhaus und Audienzsaal quetschten sie noch eine schmale Küche, ursprünglich für die Versorgung des Dalai Lama gedacht. Damals ahnten sie nicht, dass auf ihrem Reißbrett die Bleibe für einen sehr hohen Geistlichen entstand. Der Karmapa wohnt hier nur zur Miete, ebenso die Mitarbeiter, die sich seit dem Jahr 2000 nach und nach angesammelt haben. Ihre Wohnbüros liegen in den unteren Stockwerken. Die Enge der Räume wäre sicher schlechter zu ertragen, wenn da nicht der Laubengang und eine großzügige Dachterrasse wären, die dem ständigen Bewohner ein wenig Bewegungsfreiheit schenken. Schon oft habe ich die ungläubigen Blicke von Audienzgästen erlebt, die danach fragten, ob Seine Heiligkeit tatsächlich in den paar Quadratmetern neben der Treppe lebe. Unter den wachsamen Augen der indischen Polizisten habe ich den Bereich einmal mit Schritten vermessen. Es sind vielleicht vierzehn Quadratmeter für den Karmapa und sechs für Drubngak. Das Badezimmer nutzen sie offenbar gemeinsam.

»Wenn ich das nächste Mal nach Gyuto komme, um Sie zu besuchen, könnten wir dann einfach mal eben einen Spaziergang durch den Garten machen?«, fragte ich den Karmapa. Der entgegnete sofort, was ich denn für einen Garten meinen würde, er hätte gar keinen. Ich spielte auf den schön angelegten Garten hinter dem Tempel an. Von seinem schmalen Küchenbalkon aus, der ihm in der warmen Jahreszeit als Esszimmer dient, hat man einen wunderbaren Blick auf klassisch englisch angelegte Beete mit herrlich duftenden Rosen, prächtigen Hortensien und vielen anderen bunten Blumen.

Der Karmapa zögerte mit der Antwort und überlegte: »Niemand sagt, es ist erlaubt oder verboten. Aber es ist nicht so einfach, weil ich dann nicht ganz privat mit dir dort entlanggehen könnte, sondern das wäre dann eine offizielle Angelegenheit. Wenn wir es dennoch tun wollten, wären zunächst viele Stellen involviert, um diesen Spaziergang zu ermöglichen.« Ich verstand sehr gut, was er meinte, ohne dass er es erklären musste. Das, was so offensichtlich und einfach zu sein scheint, nämlich mal eben hinunter in den Garten zu gehen, wie man es mit Besuchern gern tut, ist hier eine komplizierte Angelegenheit. Schon wenn der Karmapa am Nachmittag seine üblichen drei Runden um den Tempel drehen will, um mal etwas Natur zu sehen und frische Luft zu schnappen, muss vorher bei der indischen Geheimpolizei Bescheid gegeben werden, ebenso bei der Polizei des Bundesstaates und auch noch beim Sicherheitsdienst der tibetischen Exilregierung. Dann kommen die entsprechenden Vertreter zusammen, und Seine Heiligkeit kann sich mit zwei oder drei Mönchen in die Prozession einreihen. Immerhin darf er vorangehen und den freien Blick nach vorn genießen. Ein Attendant hält einen Sonnenschirm über ihn, zwei Polizisten tragen Maschinengewehre, und rund um den Tempel sichern die Leibwächter das Terrain. In der Regel sind etwa ein Dutzend Leute damit beschäftigt, den vielleicht siebenminütigen Ausgang zu ermöglichen. Ich versuche mir gerade eine solche Prozession vorzustellen, wie sie sich durch die engen Wege des nicht allzu großen Gartens schlängelt.

»Lebt Seine Heiligkeit der Karmapa in einem Käfig, der nicht einmal golden zu sein scheint?«, stellte ich eine Frage in den Raum, als würde sie aus dem Nichts kommen.

»In einem Käfig?«, fragte er zurück.

»Vielleicht wie in einem Vogelkäfig. Es kommt zwar Luft rein und raus, aber der Vogel darf nicht ausfliegen?«, präzisierte ich. Er schnaufte.

»Ich denke, wenn du die Hühner auf den Märkten siehst und sie einmal zum Vergleich nimmst, dann kann ich behaupten, es geht mir besser«, bedeutete er mir mit hochgezogenen Augenbrauen. »Aber ich bin ja kein Huhn, sondern ein Mensch. Und es ist ja nicht so, als könnte ich mit der Situation in Gyuto nicht umgehen. In Tibet gab es auch einige Einschränkungen – vor allem politischer Art. Aber da konnte ich mich innerhalb des Klostergeländes bewegen. Natürlich war da einfach mehr Platz ... Freunde haben mir gesagt«, fuhr der Karmapa fort, »wenn sie so eingeengt leben müssten, wie ich es tue, würden sie durchdrehen oder zumindest mentale Probleme bekommen.« Er schmunzelte leicht, jedoch meinte ich, einen Anflug von Bitterkeit in seinem Gesicht entdeckt zu haben. Was sollte er tun? Sollte er sich öffentlich über seine Situation beklagen? Viele würden ihn verstehen, doch manche könnten es auch als Undankbarkeit missverstehen. Also bleibt ihm nur, milde zu lächeln.

Weil ich gut nachvollziehen konnte, was die Freunde meinten, fragte ich ihn, ob er unter der Situation leide. Der Karmapa antwortete nicht direkt, sondern erzählte mir eine Geschichte aus seiner Kindheit: »Als ich noch klein war, damals im Kloster Tsurphu in Tibet, war ich manchmal traurig. Von der Dachterrasse vor meinem Appartement konnte ich immer die Menschen beobachten, wie sie von irgendwoher kamen und das Kloster dann auch wieder verließen. Sie waren frei. Sie konnten kommen und gehen, nur ich nicht. Das hat mich traurig gemacht.« Und dann erzählte er von Leuten, die er beim Picknick auf den Wiesen hinter dem Kloster beobachtet hatte. »Sie saßen dort in der Natur mit ihren Freunden, aßen, tranken und konnten den Ausflug genießen. Ich habe mir dann immer vorgestellt, wie schön es wäre, wenn ich das auch einmal erleben könnte.«

Ein Ehepaar, das den Karmapa seit 1993 öfter in seinem Kloster Tsurphu in Tibet besucht hat, erzählte mir folgende Geschichte:

Eines Tages gingen sie hinunter zum Fluss, auf die Wiese vor dem Kloster. Sie waren zuvor beim Karmapa gewesen und waren noch ganz erfüllt und aufgeregt von der Begegnung mit ihm. Nun wollten sie sich über das gerade Erlebte austauschen und es vor der beeindruckenden Bergkulisse einsinken lassen, da kam plötzlich einer der Mönche des Karmapa auf sie zugelaufen. In seiner Hand hielt er einen Picknickkorb gefüllt mit Getränken, Trockenfrüchten, Chips und Süßigkeiten. Er gestikulierte wild und zeigte auf das Dach des Klosters, von wo aus der Karmapa den beiden fröhlich zuwinkte. Sie waren völlig überrascht: Der Karmapa hatte ihnen einen Picknickkorb geschickt. Voller Freude und Dankbarkeit winkten sie zurück. Beide hatten den Eindruck, er wäre bei diesem Picknick gerne dabei gewesen.

Die Augen des Karmapa verrieten Traurigkeit, doch sein Blick änderte sich schnell, als er sagte: »Aber heute denke ich, es ist mein Karma. Vielleicht ist es einfach mein Schicksal.«

Mein Tee war kalt geworden. Ich hatte ihn ganz vergessen. Lange betrachtete der Karmapa einen unbestimmten Punkt vor sich, als würde er die Worte mit Ruhe und Bedacht wählen, bevor er noch einmal den zeitlichen Bogen zurück schlug: »Damals waren wir sehr glücklich darüber, dass wir die Flucht aus Tibet geschafft hatten, dass ich Seine Heiligkeit den Dalai Lama endlich treffen konnte. Doch was damals so schön war, erscheint mittlerweile nicht mehr so leicht zu ertragen. Die Tage werden immer länger, die Jahre auch.«

Er erzählte mir, dass es in den ersten Tagen sehr aufregend gewesen sei. Die Nachricht von seiner Flucht und seiner Ankunft im Exil hatte sich wie ein Lauffeuer verbreitet. Die Exiltibeter pilgerten in Scharen zum Gyuto-Kloster, um den jungen Karmapa zu sehen und seinen Segen zu empfangen. Aus dem Ausland reisten Schüler und Anhänger in den kleinen Ort am Fuß des Himalaya. Die internationale Presse war voll von Berichten über den zu diesem Zeitpunkt berühmtesten Flüchtling der Welt. Dabei hatte er noch nicht einmal den offiziellen Status eines »Flüchtlings« und den Exilantenausweis von der indischen Regierung erhalten. Solange das nicht geklärt war, galt der Karmapa als staatenlos, denn entsprechend dem indischen Einwanderungsgesetz war er weder ein Staatsbürger noch ein Flüchtling gemäß der UNO-Charta.

Warum war das alles so problematisch? Warum musste es so aussehen, als wäre er aus dem Gefängnis in Tibet entkommen, um sich hier in einem Käfig wiederzufinden? Ich stellte ihm die Frage. Seine Antwort klang traurig und desillusioniert: »Ich weiß es nicht ... Es ist alles irgendwie Politik.«

Absurdistan in Indien

Werfen wir doch einmal einen Blick auf die »Politik«, wie der Karmapa das Hintergrundgeschehen, das ihn wie einen Schatten verfolgt, nennt. Gleich nach seiner Ankunft im Exil tauchten die ersten Leute vom indischen Geheimdienst auf, um den Karmapa zu verhören. Sie wollten herausfinden, wie die Flucht abgelaufen war. Ihr Verdacht, dass die Angelegenheit nicht ganz lupenrein sein könnte, nährte sich aus einer bereits bekannten Quelle. Wenn man weiß, wie indische Behörden funktionieren, dann kann man sich auch recht schnell ausmalen, wie viel Wirkung eine Äußerung des Shamarpa entfalten konnte. Nach dem Bekanntwerden der Flucht kam sofort der Verdacht auf, die Chinesen hätten nicht nur die Suche des Karmapa, sondern auch seine Flucht gesteuert. Auch die jahrelangen Gerüchte um konspirative Verbindungen von Situ Rinpoche mit Peking waren noch nicht verklungen. Im Gegenteil. Dem Rinpoche wurden bekanntermaßen nicht nur die Reisen nach Tibet untersagt, auch innerhalb Indiens durfte er sich nicht frei bewegen. Die Probleme erreichten einen tragischen Höhepunkt, als ihm die indischen Grenzbehörden nach einer Auslandsreise die Rückkehr ins Land verweigerten. Erst nach dreijährigem Hin und Her und internationalen Protesten durfte er 1998 wieder nach Indien einreisen.

Der offensichtliche Konflikt zwischen Situ Rinpoche und dem Shamarpa hatte mit dem Prophezeiungsbrief des 16. Karmapa und der Anerkennung durch die Linienhalter begonnen. Eigentlich dürfte es diesen Konflikt gar nicht geben, weil der Karmapa von Seiner Heiligkeit dem Dalai Lama anerkannt und bestätigt wurde und die Angelegenheit deshalb als abgeschlossen betrachtet werden konnte. Wie die Geschichte gezeigt hat, war der Shamarpa damit aber ganz und gar nicht zufrieden. Seine Wut richtete sich nicht nur gegen die anderen Linienhalter, sondern auch gegen den Dalai Lama, und zwar in doppelter Weise.

Der erste Grund war ein historischer: Die alte Wunde des Verbots der Linie der Shamarpas Ende des 18. Jahrhunderts aufgrund von Landesverrat schmerzte den heutigen Shamarpa anscheinend noch immer. Für viele Tibeter war die Verstrickung des 10. Shamarpa mit den nepalesischen Invasoren der Grund, warum die tibetische Regierung damals die Hilfe der Chinesen erbitten musste. Diese halfen zwar, die Nepalesen zu besiegen, haben aber ihren Einfluss auf Tibet nie mehr aufgegeben.

Das Verhältnis des Shamarpa zum heutigen Dalai Lama und seiner Exilregierung ist immer noch von diesem historischen Konflikt belastet. Und aus diesem Grunde trieb ihn wohl der Zorn wie ein unablässiger Wahn.

Der zweite Grund war aktuell: Das Oberhaupt der Tibeter hatte Ogyen Trinley Dorje offiziell als den 17. Karmapa bestätigt. Den Titelaspiranten des Shamarpa, Thaye Dorje, wollte der Dalai Lama nicht einmal empfangen, geschweige denn anerkennen. Scheinbar blieb dem Shamarpa nur, seinen Hass auf alle Lamas in unwürdige Kampagnen münden zu lassen. Ein Teil dieser Sabotage-akte zielte offenbar darauf, die Bewegungsfreiheit des Karmapa einzuschränken und damit dessen Wirkungsfeld zu begrenzen. Ein anderer Teil seiner Aktionen richtete sich auf Rumtek, das Hauptkloster der Linie, und sollte langanhaltende Komplikationen mit sich bringen. In verschiedenen Prozessen, die der Shamarpa und seine Leute gegen Gyaltsab Rinpoche und die Regierung von Sikkim anstrengten, wollte er sich selbst als rechtmäßigen Regenten und Besitzer vom Kloster Rumtek bestätigen lassen. Er, der Neffe des 16. Karmapa, versuchte sein familiäres Erbrecht auf die Besitztümer zivilrechtlich durchzusetzen. Gyaltsab Rinpoche wurde angeklagt, mit Hilfe der sikkimesischen Regierung unrechtmäßig Kontrolle über Rumtek erlangt zu haben. Der Shamarpa betrachtete aber sich als den eigentlichen und höchsten Regent der Karma-Kagyü-Linie und des Stammsitzes im indischen Exil und damit als den alleinigen Besitzer. Deshalb wollte er die Herausgabe der Schlüssel für das Kloster und vor allem für die Schatzkammer und alle darin befindlichen Wertgegenstände, zum Beispiel die kostbare Schwarze Krone, gerichtlich erwirken. Gyaltsab Rinpoche sollte zugleich per Räumungsklage der Zugang zum Kloster verwehrt werden. Sein Titelaspirant Thaye Dorje sollte nach seinen Vorstellungen den Thron in Rumtek einnehmen und die Schwarze Krone tragen.

Ein Ende der Prozesslawine, die seit 1993 rollt, ist bis heute nicht in Sicht. Da er weder in Tibet noch im Exil umfangreiche Klosteranlagen besitzt und zu unterhalten hat, kann der Shamarpa seine Einnahmen aus den Spenden seiner großzügigen Gönner vollständig und frei in seine Kampagnen investieren. Er nutzte seine hervorragenden Verbindungen zum politischen Establishment in Indien, um den Karmapa daran zu hindern, sein Kloster zu betreten. Die kostbaren Schätze und vor allem die wertvolle Schwarze Krone sollten dem 17. Karmapa, der als rechtmäßiger Besitzer gilt, unter keinen Umständen in die Hände fallen. So einfach wie wirkungsvoll war daher das von ihm und seinen Leuten gestreute Gerücht, der Karmapa und Situ Rinpoche unterhielten konspirative Verbindungen nach China, zum Erzfeind Indiens.

1998 gingen bei der Polizei in Delhi Strafanzeigen gegen Situ Rinpoche und Gyaltsab Rinpoche ein. Der Vorwurf gegen die bei-

Der Karmapa nach seiner Auffindung, auf dem Weg zum Tsurphu-Kloster.

Döndrup und Lolaga, die Eltern des Karmapa.

Das Kloster Tsurphu, Stammsitz der Karmapas in Tibet.

Der 16. Karmapa.

Der 17. Karmapa mit Lama-Hut nach seiner Inthronisation in Tsurphu.

Situ Rinpoche assistiert dem 17. Karmapa bei dessen Inthronisation.

Ausflug zum Sommerhaus mit Entourage.

Die große Schwester Palzom und der kleine Bruder Apu Tsewang.

Kloster Rumtek, Exilsitz des Karmapa in Sikkim, Indien.

Der Karmapa als Teenager.

Leibattendant Drubngak und Schwester des Karmapa Ngodrup Palzom.

Zwei Heiligkeiten unter sich: Der 14. Dalai Lama und der 17. Karmapa.

Wohnung des Karmapa über dem Tempel des Gyuto-Klosters in Dharamsala.

Der Karmapa vollendet den selbstkreierten Buddha.

Der Karmapa mit Gyaltsab Rinpoche.

900-Jahre-Karmapa-Feier in Bodhgaya.

Begegnung mit Tibetern in Ladakh, Nordindien.

Teaching in Seattle, 2008.

Arbeitsgespräch im Gyuto-Kloster.

Der Karmapa auf der Dachterrasse vor seiner Wohnung im Gyuto-Kloster.

den Lamas klang absurd. Angeblich gefährdeten sie als Verschwörer die innere Sicherheit Indiens, weil sie den Anschluss des Bundesstaates Sikkim an die Volksrepublik China vorbereiteten. Als Beweis legten die Leute des Shamarpa einen Bericht der sikkimesischen Regierung vor. Darin wurden unter anderem die Ereignisse rund um die Anerkennung des Karmapa so beschrieben, wie sie auch der Shamarpa für gewöhnlich darstellte. Neben der angeführten Verschwörung zwischen Peking und der »Situ-Truppe« sollte in dem Bericht vor allem die Auffassung der Regierung von Sikkim deutlich gemacht werden, die kein Interesse daran habe, dass sich ein chinesischer Spion innerhalb des Bundesstaates, in einem strategisch wichtigen und sensiblen Gebiet an der Grenze zu China, aufhalte. Damit waren sowohl der Karmapa als auch seine beiden Linienhalter gemeint. Der Gerichtsprozess wirbelte Staub auf, weil sich naturgemäß Beamte verschiedenster Institutionen einschalteten. Schließlich ging es um die Souveränität Indiens. In der Folge recherchierte man die Fakten und kam zu überraschenden Erkenntnissen:

Der Bericht soll angeblich von einem Regierungsbeamten auf offiziellem Briefpapier der Landesregierung verfasst worden sein. Erst als ein Staatssekretär der sikkimesischen Regierung die Zentralregierung in Delhi schriftlich darüber informierte, dass der Bericht gefälscht war, und keineswegs die Meinung der Landesregierung widerspiegelte, flog der Schwindel auf. Die Klagen gegen Situ Rinpoche und Gyaltsab Rinpoche wurden vom Gericht abgewiesen, aber aus den Köpfen mancher Geheimdienstler und Journalisten war der Verdacht nicht mehr zu löschen.

Die Frage, wo man den prominenten Flüchtling nun unterbringen sollte, blieb schwierig und unbequem. Im Gyuto-Kloster, nahe beim Dalai Lama und unter den wachsamen Augen der tibetischen Exiladministration wähnte man den Karmapa besser und für alle Seiten sicherer untergebracht. Nach Rumtek wollte man ihn auf keinen Fall ziehen lassen. Das Gebiet war hoch sensibel und der Besitzrechtsstreit war es auch. Und dann war da noch der latent schwelende Spionageverdacht gegen den erst vierzehn Jahre alten Karmapa. Dieser Verdacht wurde immer wieder neu von außen angefacht. Dabei förderten die nicht endenwollenden Verhöre der indischen Sicherheitsdienste keine Fakten zutage, die den Verdacht erhärteten. Trotzdem brachten selbst die Bitten des Dalai Lama und seine Verbürgung für die Rechtschaffenheit des Karmapa keine Lösung. Der Verdacht, es gäbe geheime Motive für dessen Flucht, flackerte immer wieder auf. Auch die indische Presse wurde von Zeit zu Zeit mit verschwörerischen Storys über die angeblich mysteriöse Flucht gefüttert.

Der Karmapa schrieb sogar einen persönlichen Brief an den damaligen indischen Premier Vajpayee. Darin versicherte er ihm und den Regierungsbehörden, dass er aus freiem Willen und mit reinen Motiven aus China geflohen war. Seine Worte blieben wirkungslos. Man erlaubte ihm nicht, nach Rumtek zu gehen. Und genauso war es dem Karmapa verboten, zu Situ Rinpoche in dessen Kloster Sherab Ling zu reisen. Er durfte seinen wichtigsten Lehrer nur in Gyuto treffen.

Die Verleumdungskampagne gegen die Linienhalter und die Unruhe, die durch den offenen Rechtsstreit entstand, zeigten volle Wirkung. Situ Rinpoche und Gyaltsab Rinpoche durften nur selten und mit Sondergenehmigung nach Gyuto kommen, um dem Karmapa jene Unterweisungen und Übertragungen zu erteilen, die ihm schon in China verwehrt gewesen waren. Was also hatte die Flucht nach Indien gebracht? Es schien, als sei er vom Regen in die Traufe gekommen, von einer Diktatur in ein Dickicht aus politischen Intrigen und Korruption.

Dass die Wut und die Enttäuschung eines einzelnen spirituellen Lehrers solche schwerwiegenden Folgen haben kann, ist kaum vorstellbar. Es ist aber bittere Realität und bei weitem kein Einzelfall. Der Shamarpa hatte nichts mehr zu verlieren. Es scheint also, dass er alles daran setzen wollte zu verhindern, dass seine vermeintlichen Kontrahenten sich frei entfalten können.

Es wurde noch absurder. Im April 2000 kursierte plötzlich das Gerücht, der Karmapa sei nicht der echte, also nicht mehr der, den man 1992 in Tsurphu inthronisiert hatte. Demnach soll der junge Karmapa noch 1992, also mit gerade mal sieben Jahren, einen Infarkt erlitten haben. Eine daraus resultierende halbseitige Lähmung sei trotz verschiedener Therapien nicht reversibel gewesen, und zudem sei sein Sprachzentrum gestört. Fünf Jahre später sollen ihn die Mönche von Tsurphu während einer einjährigen Klausur gegen seinen älteren Bruder ausgetauscht haben.

Ein angeblicher medizinischer Bericht eines Krankenhauses in Chandigarh sollte den Beweis liefern. Die Klinik, in der sich der Karmapa im April zu einer Routineuntersuchung einfinden sollte, war von Pressereportern belagert, die gerne glauben wollten, dass der Vierzehnjährige in Wahrheit ein erwachsener Mann über dreißig war. Keinem der Beteiligten scheint daran gelegen gewesen zu sein, einen offiziellen Bericht der Ärzte zu fordern. Der Skandal war da und lief ab wie eine Kettenreaktion, die nicht mehr zu bremsen ist. Man zitierte sich nicht nur gegenseitig, nein, die Presseberichte übertrafen einander noch.

Wer die Familie des Karmapa und Fotos aus seinen Kindertagen kennt, weiß: Die Gesichtszüge des erwachsenen Karmapa sind im Wesentlichen die gleichen wie die des Kindes. Sein immerhin zwanzig Jahre älterer Bruder, Rabsal, sieht völlig anders aus als er. Rabsal wäre nie für einen Tausch in Frage gekommen. Da wäre eher noch seine Schwester Palzom geeignet gewesen, denn sie ist dem Karmapa wie aus dem Gesicht geschnitten. Allerdings ist sie eben eine Frau und noch dazu acht Jahre älter. Schüler des Karmapa, die ihn seit seiner Ankunft in Tsurphu kennen, versicherten mir, dass er vor ihren Augen herangewachsen sei. Eine Vertauschung wäre da schlechterdings nicht möglich gewesen. Zahlreiche Fotos und Videoaufnahmen von seinen Jahren in Tibet bestätigen dies.

Die Ärzte der Klinik in Chandigarh sahen sich dementsprechend nicht einmal veranlasst, ein Bulletin bezüglich der »Echtheit« des Karmapa abzugeben. Aus ihrer Sicht hatte dies niemals in Frage gestanden, und es war daher auch kein Gegenstand ihrer Untersuchungen.

Es ist unschwer zu erraten, wer hinter all dem steckte. Der Shamarpa hatte nämlich an anderer Stelle gefordert, der Karmapa solle sich zum Beweis seiner Echtheit einer Knochenmarksuntersuchung unterziehen. Nur dann und wenn zusätzlich der Prophezeiungsbrief forensisch untersucht würde, würde er den Namen der mysteriösen Person nennen, die über die Schlüsselinformationen zur Auffindung des Karmapa verfüge. Nur einer hatte Interesse daran, die unwiderlegbaren Fakten auf irgendeine Weise zu widerlegen. Nichts war absurd genug, nicht versucht zu werden.

Angekommen im Exil

Seit seiner Flucht aus Tibet hatte der Karmapa ein ganzes Jahr ohne geklärten legalen Status leben müssen. Er war kein Staatsbürger, kein Exilant, kein offiziell anerkannter Flüchtling. Im August 2000 brachte eine internationale Karma-Kagyü-Konferenz in Gyuto, zu der auch der Dalai Lama kam, eine gemeinsame Petition an die indische Regierung auf den Weg. Kurz darauf tat sich etwas. Der Frühling 2001 schien schon etwas früher zu beginnen: Im Februar gewährte die Regierung dem Karmapa offiziell den Flüchtlingsstatus und damit die Genehmigung, in Indien bleiben zu dürfen. Erst jetzt war er wirklich im Exil angekommen. Bis dahin war es theoretisch immer noch möglich gewesen, dass ihn die indischen Behörden an China ausliefern.

Von nun an durfte er sich innerhalb Indiens relativ frei bewegen. Seine erste Reise sollte ihn nach Bodhgaya führen, in die heiligste Stadt Indiens, den Ort, an dem Buddha vor 2500 Jahren seine Erleuchtung erlangt hat. Für zwei Orte bestand allerdings weiterhin ein behördlich verordnetes Reiseverbot: sein Kloster in Rumtek und Sherabling, Situ Rinpoches Kloster.

Und noch ein zweites Zugeständnis wurde vonseiten der indischen Regierung gemacht: Er durfte Vertreter der internationalen Presse empfangen. Bis dahin war es ihm nicht erlaubt gewesen, Kontakt zur Presse aufzunehmen. Das Ministerium für Religion und Kultur der tibetischen Administration im Exil agierte als Kontaktstelle zu den indischen Behörden und regelte auch alle Medienangelegenheiten, die ihn betrafen. Am 27. April 2001 drängelten sich über einhundert Reporter, Radio- und Kamerateams im Haupttempel von Gyuto, um dem lebenden Buddha, dem jungen 17. Karmapa, dem derzeit wohl berühmtesten Teenager der Welt, Fragen zu stellen. Die Pressekonferenz musste kurzerhand in den Tempel verlegt werden, weil kein anderer Raum im Kloster eine so große Menschenmenge aufnehmen konnte.

»Es war cool«, sagte mir der Karmapa, als ich ihn fragte, wie der erste große Pressekontakt war und ob er nicht Lampenfieber hatte.

Die Pressekonferenz war deshalb bemerkenswert, weil es ein Fünfzehnjähriger war, der auf die vielen und nicht immer angenehmen Fragen der Journalisten aus aller Welt antwortete. Im Falle eines Fehlers oder einer Bemerkung, die andernorts vielleicht zu Verstimmungen führen könnte, würde man dem Karmapa nicht sein Alter zugutehalten, sondern ihn wie einen Erwachsenen zur Verantwortung ziehen. Nicht umsonst fürchten selbst erfahrene Personen des öffentlichen Lebens die Klippen und Fangfragen auf Pressekonferenzen.

Der Karmapa hatte sich bestens vorbereitet. Er hatte sogar eine Begrüßung in englischer Sprache einstudiert, obwohl er gerade erst damit begonnen hatte, Englisch zu lernen. Er dankte der indischen Regierung und der Exilregierung höflich für ihre Unterstützung. Beim Dalai Lama bedankte er sich nicht nur, sondern er betonte vor den Vertretern der Weltpresse sein uneingeschränktes

Vertrauen gegenüber dem tibetischen Oberhaupt. Die beeindruckten Journalisten erlebten dann eine Erklärung, in der er die Gründe und die Umstände seiner Flucht darlegte. Zur Begründung führte er zunächst seine vergeblichen Bemühungen an, nach Indien reisen zu dürfen oder seine Lehrer nach Tibet einladen zu können, um die Linienübertragungen und Einweihungen für seine spirituelle Ausbildung zu erhalten. Des Weiteren sagte er, dass er das Rumtek-Kloster in Sikkim aufsuchen wolle, den Exilsitz seines berühmten Vorgängers, als Zeichen, dass er dessen Aktivitäten fortführen möchte. Er betonte ausdrücklich, dass sich die Karmapas traditionell nicht politisch engagieren und dass auch er nicht vorhabe, politisch aktiv zu werden. Was Tibet betreffe, schloss er seine Erklärung, sei er über das große Engagement Seiner Heiligkeit des Dalai Lama für die Erhaltung der tibetischen Religion und Kultur sehr glücklich. Er versicherte, ihn in dieser Sache nach Kräften zu unterstützen.

Dann folgte der für Journalisten interessanteste Teil der Veranstaltung. Ob der geheiligte Ort des Tempels eine Auswirkung auf die Art und Weise der Fragen hatte, bleibt das Geheimnis des großen goldenen Buddhas des Mitgefühls, der hoch über dem Karmapa thronte.

Der Kollege vom japanischen Fernsehen stellte eine originelle Frage, die reichlich politischen Zündstoff enthielt. Er wollte wissen, wie lange der Karmapa vorhabe in Indien zu bleiben und ob er nach China zurückgehen werde. Die Antwort: »Ich bin von Tibet hierher nach Indien als Flüchtling gekommen, und dementsprechend habe ich den Status eines Flüchtlings erhalten. Ich plane solange nicht, nach Tibet zurückzugehen, bis Seine Heiligkeit der Dalai Lama zurückkehrt. Ich werde mit ihm gehen.«

Die Frage des Reporters vom norwegischen Radio Tibet schien auf Informationen zu basieren, die wir schon kennen: »Eure Heiligkeit, seit Sie nach Indien gekommen sind, behauptet die chinesische Regierung, dass Sie hier nicht Ihren Wohnsitz nehmen, sondern den Schwarzen Hut und die anderen Besitztümer Ihres Vorgängers zurückfordern und nach China zurückkehren wollen und dass Sie einen Brief hinterlassen haben, in dem das geschrieben steht.«

Der Karmapa ließ sich nicht beirren und bestätigte zunächst die Existenz dieses Briefes, stellte aber klar, dass er ihn selbst geschrieben habe und aus diesem Grund sehr genau wisse, was darin steht und was nicht. »Ich schrieb in dem Brief, dass ich wegginge, weil mir über eine lange Zeit trotz meiner wiederholten und nachdrücklichen Bitten, ins Ausland reisen zu dürfen, die Erlaubnis dazu nicht erteilt worden war. Schließlich hatte ich keine Wahl mehr und musste gehen. Ich habe die Schwarze Krone, den Schwarzen Hut in dem Brief nicht erwähnt. Warum sollte ich sie überhaupt aus Indien holen und sie nach China bringen? Die einzige Sache, die ich bewerkstelligen könnte, wäre Jiang Zemin[41] den Hut aufzusetzen.«

Nach der Ausführung des Übersetzers brach im Tempel allgemeines Gelächter aus. Niemand hätte gedacht, dass Seine Heiligkeit auch noch Nerven dafür hatte, die versammelten Journalisten von seinem Humor zu überzeugen.

Die Frage der italienischen Nachrichtenagentur ANSA, wie er dazu stehe, dass der Shamarpa behauptet hätte, er sei ein chinesischer Spion, beantwortete der Karmapa diplomatisch. Er verwies darauf, dass er in seinem Eingangsstatement bewusst auf Spekulationen und Aussagen zu diesem Thema verzichtet habe, weil das die Dinge nur noch schlimmer machen würde.

Ein australischer Zeitungsjournalist fragte, ob der Karmapa vorhabe, mit dem Dalai Lama zusammenzuarbeiten, um die Aufmerksamkeit der Weltöffentlichkeit auf die Tibet-Frage zu lenken. Er antwortete geduldig, dass Tibet für seine einzigartige Kultur und Religion bekannt, ja berühmt sei, und er alles tun werde, um diese zu bewahren.

Der Korrespondent des *Daily Telegraph* wollte den Karmapa

wohl ein wenig aufs Glatteis führen, als er ihn zunächst als einen der berühmtesten Lamas von Tibet bezeichnete, der dafür bekannt sei, dass er die Vergangenheit und die Zukunft sehen könne. Dann fragte er: »Würden Sie sich deshalb dazu äußern wollen, wo Sie in fünfzehn Jahren sein werden?« Der Karmapa darauf: »Kümmern Sie sich nicht um die Zukunft. Ich werde morgen schon vergessen haben, was ich heute gesagt habe.«

Der Korrespondent fragte weiter: »Haben Sie Sorge, dass die tibetische Kultur wegen der Umstände in China ausgelöscht werden wird?« Damit sprach er eine oft geäußerte Sorge des Dalai Lama an, der nicht müde wird, darauf hinzuweisen, dass durch die Ansiedlung von vielen Millionen Han-Chinesen und durch die Unterdrückung des religiösen Lebens ein kultureller Genozid an Tibet verübt werde. Der Karmapa verwies darauf, dass er den Dharma praktiziere und nicht politisch involviert sei. Im Übrigen habe jede Nation ihre individuelle spirituelle Tradition und Kultur hervorgebracht. »Wenn dadurch etwas in Gefahr ist, ausgelöscht zu werden, dann hoffe ich, dass das nicht passieren wird.« Es war klar, dass ihm von den Behörden untersagt worden war, politische Statements abzugeben. Auch der Dalai Lama musste sich in den ersten Jahren im Exil mit politischen Aussagen zurückhalten. Erst nachdem ihm 1989 der Friedensnobelpreis verliehen worden war, konnte er sich breiter internationaler Unterstützung gewiss sein und sich viel energischer und eindeutiger zu politischen Fragen äußern.

Von der *Newsweek* kam die Anschlussfrage: »Warten die Chinesen darauf, dass der Dalai Lama stirbt, in der Hoffnung, dass dies das Ende der tibetischen Unabhängigkeitsbewegung wäre und sie in der Lage wären, die tibetische Kultur vollständig von der han-chinesischen Kultur verschlucken zu lassen?«

Der Karmapa antwortete, wie es auch ein routinierter Pressesprecher nicht anders tun würde: »Seine Heiligkeit der Dalai Lama ist noch nicht so alt und erfreut sich bester Gesundheit.« Außerdem mussten die Journalisten verstehen lernen, dass das Gebet eines Karmapa durchaus wirkt, als er ihnen sagte: »Ich bete täglich für sein langes Leben, und ich bin voll Zuversicht, dass der Moment seines Todes noch lange auf sich warten lässt. Wahrscheinlicher ist es, dass sich vorher noch die politische Situation in China ändert.« Und er fuhr fort: »Dazu kommt Folgendes: Die Kraft der Wünsche und des Mitgefühls Seiner Heiligkeit des Dalai Lama übersteigt jegliche Vorstellungskraft.« Über diese Aussage ließ er sie kurz nachdenken. »Mit Blick auf die Jugend«, nahm er den Faden wieder auf, »denke ich, dass es für sie am wichtigsten ist, sich darauf zu konzentrieren, die spirituellen und kulturellen Traditionen Tibets zu bewahren. Seine Heiligkeit der Dalai Lama gibt ihnen auch immer wieder diesen Rat.«

Die BBC fragte nach seiner Vision für Tibet. Er antwortete, dass die Grundlage der spirituellen Tradition Tibets Gewaltlosigkeit und Friedfertigkeit sei. Deswegen wünsche er sich, dass sich Tibet in Zukunft in einen Ort verwandeln möge, wo Gewaltfreiheit und Frieden herrsche. Damit zeigte er sehr wohl eine klare Zukunftsvision für Tibet, auch wenn er sich politisch weder äußern konnte noch wollte.

The Times fragte nach den Eltern des Karmapa, und er musste gestehen, dass er zu dieser Zeit keinerlei Informationen über ihre Umstände habe. Die Kollegen von der Times of India beklagten sich kuriorserweise darüber, dass es so lange gedauert habe, bis der Karmapa mit den Informationen über seine Flucht vor die Presse getreten sei. Dabei hätten gerade sie wissen müssen, dass die indischen Behörden dem Karmapa bis dahin jeglichen Kontakt mit der Presse untersagt hatten.

Auf die Frage von der Nachrichtenagentur Reuters, wie er mit der Behauptung anderer Kagyü-Anhänger umgehe, Thaye Dorje sei der echte Karmapa, antwortete er ohne Umschweife und mit großem Nachdruck: »Die Identität des Karmapa wird nicht von einem öffentlichen Votum oder durch eine Debatte zwischen Gruppen entschieden. Es wird nur durch die Prophezeiung des vorherigen Karmapa entschieden.«

Die *Hindustan Times* fragte, ob es wahr sei, dass China versucht habe, ihn politisch zu missbrauchen. Die Antwort kam klar und besonnen: Er habe von Plänen der chinesischen Regierung gehört, ihn politisch einzusetzen, zum Beispiel, um einen Keil zwischen die Tibeter und Seiner Heiligkeit dem Dalai Lama zu treiben.

Die letzte Frage kam von der Londoner *Times*, die wissen wollte, was er an einem normalen Tag tut. Seine Antwort war knapp und pragmatisch: »Ich studiere und praktiziere den Buddhismus.« Auf Antworten dieser Art muss man gefasst sein, wenn man ihn ausfragen will.

»Kommst du nach Bodhgaya?«, fragte mich der Karmapa am Ende der letzten Audienz im Herbst 2010. Dabei schaute er mich an, als meinte er diese Frage eher wie eine Vergewisserung. Ich sagte, dass ich natürlich kommen wolle, schließlich lockten dort drei Groß-veranstaltungen: die 900-Jahre-Karmapa-Feiern, ein besonderes Teaching und das Kagyü-Mönlam, die mittlerweile zu einer guten Tradition gewordenen Friedensgebete am Buddha-Heiligtum. Aber der wichtigste Grund für mich war, dass ich den Karmapa zum ersten Mal außerhalb des eng begrenzten räumlichen wie pro-tokollarischen Rahmens in Gyuto würde erleben können. Und nicht nur das: Endlich würde ich das spirituelle Oberhaupt in Ak-tion sehen, vor Tausenden Menschen, auf einem Thron, in Zere-monien und Liturgien – und in Freiheit.

V

Neunhundert Jahre Reinkarnation

Buddhas Heilige Stadt

Sanft golden glänzten die Pagodendächer im Licht der ersten Sonnenstrahlen, die sich ihren Weg durch ein Gemisch von Nebel, Abgasen und Dunst bahnen mussten. Das Tergar-Kloster lag erhaben im morgendlich milchigen Schleier, wie die Filmkulisse einer geheimnisvollen Burg. Unter mir ächzte das alte Metallgestell einer Fahrrad-Rikscha, vor mir die dürre Gestalt eines jungen Inders, der für jeden Tritt in die Pedale sein ganzes Körpergewicht verlagern musste. Ich war auf dem Weg zur 900-Jahr-Feier des Karmapa und mit mir viele andere. Mönche und Nonnen zogen in langen roten Schlangen rechts und links von mir in die gleiche Richtung. Auf den Pfaden zwischen den Reisfeldern kamen von allen Seiten Kindermönche in wehenden Gewändern herbeigerannt. Hier und da sah ich auch Menschen in Zivilkleidung, die zum Kloster liefen, doch die meisten von ihnen fuhren auf Rikschas oder knatternden Tuktuks mit. Ein kleinerer Lkw brauste laut hupend vorbei. Zu meinem Erstaunen trug er auf seiner Ladefläche nicht wie sonst hoch aufgetürmte Lebensmittel oder Baustoffe, sondern vielleicht dreißig junge Mönche, denen das Lachen trotz der unbequemen Fahrt im Stehen noch nicht vergangen war. Im Gegenteil. Ich schätze, dass nichts auf der Welt ihnen ihre Freude daran hätte verderben können, in der Nähe des Karmapa sein zu dürfen.

Gaya gilt als die heiligste Stadt Indiens und ist der größte und wichtigste Pilgerort für die Buddhisten. Der Stadtteil Buddha-Gaya, also Bodhgaya, ist jener Punkt auf der Weltkarte, zu dem alle Wurzeln des Buddhismus zurückreichen. Bei den Muslimen ist Mekka der heiligste Ort. Für die Christen ist es Jerusalem, die Stadt im ehemaligen Palästina, in der Jesus Christus gekreuzigt, gestorben und von den Toten wiederauferstanden ist. Für die Juden ist Jerusalem die von Gott erwählte Heilige Stadt des heiligen Volkes Israel. In Bodhgaya findet sich die Stelle, an der Buddha Shakyamuni unter einem Baum, dem Bodhi-Baum, dessen Nachzüchtung aus den Zweigen des Urbaumes man noch heute am großen Stupa-Heiligtum bewundern kann, die Erleuchtung erlangt hatte. Erleuchtung ist die geistige Befreiung, die das große Ziel eines buddhistischen Gläubigen ist.

Der historische Buddha war ein Prinz namens Siddhartha. Um 560 v. Chr. wurde er als Sohn eines Fürsten aus dem Geschlecht der Shakyas geboren. Das Reich seines Vaters war ein kleiner Staat im Vorgebirge des Himalaya, im Bereich des heutigen Nepal. Schon bei der Geburt soll er Merkmale der Vollkommenheit aufgewiesen haben, die darauf hindeuteten, dass er entweder ein Weltenherrscher oder ein »Erwachter«, ein Buddha, werden würde. Siddhartha genoss eine fürstliche Erziehung und lebte in höfischem Reichtum. Doch auf Dauer beeindruckte ihn der weltliche Luxus nicht. Weil sich ihm Fragen aufdrängten, die ihm niemand beantworten konnte, geriet er in eine tiefe Lebenskrise.

Vier Begegnungen sollten sein Denken verändern. Ein hinfälliger alter Mann verwies ihn auf die Vergänglichkeit. Ein von Krankheit Gezeichneter verdeutlichte ihm, dass man dem Leiden nicht entfliehen kann. Als er bei einer dritten Gelegenheit auf eine

Totenfeier stieß, fragte er sich, ob man Alter, Krankheit und Tod ewig ausgesetzt sein müsse oder ob es einen Ausweg aus diesen Leiden gebe. Bei der vierten Begegnung gab ihm ein Mann mit seiner würdevollen Haltung und seinem zufrieden lächelnden Gesichtsausdruck die Antwort. Es war ein wandernder Asket mit Bettelschale und Baumwolltuch auf dem sonnengegerbten Leib. Daraufhin beschloss Siddhartha im Alter von 29 Jahren, der Welt der materiellen Freuden zu entsagen. Er verließ den Fürstenhof, seine wunderschöne junge Frau und seinen neugeborenen Sohn, schnitt sich seine langen Haare ab und tauschte seine kostbaren Gewänder gegen das einfache Tuch der Asketen.

Der wichtigste Punkt, der Wendepunkt in seinem Leben, der für alle spirituell Suchenden – nicht nur im Buddhismus – exemplarisch ist, ist der Zeitpunkt, an dem er erkannte, dass flüchtige Freuden wie Reichtum, schöne Frauen, gutes Essen und Erfolg keine bleibende Zufriedenheit und Freude schenken können. An diesem Punkt der Erkenntnis fängt jede spirituelle Reise an. Es ist die Abkehr von der äußeren Suche und der Beginn einer Reise, die nach innen gerichtet ist.

Es sollte sechs Jahre dauern, die er zunächst in Askese und dann in Meditation verbrachte, bis er unter dem Bodhi-Baum in Bodhgaya die Erleuchtung, die tiefe Erkenntnis der Natur der Wirklichkeit erlangte. Durch diese erleuchtende Einsicht wurde er zum Buddha, zum »Erwachten«. Nach buddhistischer Vorstellung ist das Erscheinen eines Buddhas kein einmaliges Ereignis, sondern wiederholt sich in verschiedenen Perioden der Weltgeschichte. Der historische Buddha ist von heute aus gesehen der vierte in einer Reihe von Buddha-Manifestationen. Vor ihm gab es Buddhas und es werden weitere folgen. Erstaunlicherweise gibt es keine Biographie des historischen Buddha, weil seine Schüler sich nicht dazu genötigt sahen, die Daten seines Lebens aufzuschreiben. Alles, was man weiß, entstammt den mündlichen Überlieferungen der Generationen von Schülern, die später zusammen mit den Lehren in den Schriften festgehalten wurden.

Es dauerte einige Zeit, bis ich mich auf dem Platz vor dem Tergar-Kloster zu Fuß durch die Menschenmassen gekämpft, Angebote von Händlern ausgeschlagen, Bettler abgeschüttelt und Barrieren von Fahrrad-Rikschas überwunden hatte. Endlich konnte ich auch einen Mönch auftreiben, der mir erklärte, wo ich Lama Phuntsok finde. Der Lama und sein Assistent Tashi erwarteten mich bereits ungeduldig, als ich durch eine Seiteneinfahrt das eigentliche Klostergelände erreichte. Von ihnen erhielt ich meine Ausweise, ohne die ich keinen Zugang zum Festgelände erhalten hätte und auch keinen Sitzplatz in dem Bereich, der für geladene Gäste reserviert war. Sie sagten, ich müsse mich beeilen, denn der Karmapa sei bereits losgegangen. In der Tat, an den Sicherheitskontrollen ging gar nichts mehr, weil die Prozession des Karmapa sich gerade durch den provisorischen Korridor bewegte. Mit meinem Ausweis wurde ich glücklicherweise etwas schneller abgefertigt als die Mönche, Nonnen und übrigen Gäste. Hinter den Kontrolltoren traf ich einen der Leibwächter Seiner Heiligkeit. Er erkannte mich und brachte mich, ohne groß nachzufragen, über einen seitlichen Weg nach vorne zur Bühne.

Eine angenehme, sanfte Musik lag in der Luft, die mich sehr berührte. Ich hatte sie schon von weitem gehört, nun war sie ganz nah. Tausende Stimmen sangen »Karmapa Chenno – Karmapa sei bei uns«. Trotz dicker Daunenjacke bekam ich eine Gänsehaut.

Ich war auch überwältigt von dem, was ich sah. Tausende Mönche und Nonnen saßen in gleichmäßigen rot-gelben Reihen unter zwei hochragenden weißen Zeltdächern, die sich rechts und links vom Hauptprozessionsweg erstreckten. Seitlich vor mir die Bühne, die ich ja schon von den Zeichnungen her kannte. Aber jetzt war sie überdimensionale Realität geworden. Ähnliche hügelartige Altarpodien mit Riesendach hatte ich bisher nur bei Papstgottesdiensten erlebt.

Der Kamapa war schon da und hatte gerade auf seinem traditionell geschmückten Thron Platz genommen. Auf den breiten Stufen, die sich wie ein Kegel nach oben verjüngten, saßen rechts und links Mönche in safrangelben Überwürfen. Auf der Spitze des Kegels thronte ein riesiger Buddha, der von einer Muschelschale in Gold und Weiß umgeben war. Auf halbem Weg zwischen dem Karmapa und dem Buddha stand ein Schrein mit einer kleineren Statue. Und weiter oben, fast zu Füßen des großen Buddhas, stand ein zweiter Thron, auf dem noch jemand zu sitzen schien. Von weitem sah es aus, als sei es der Karmapa, weil auch diese Figur den Schwarzen Hut, die rituelle Aktivitätskrone, trug. Zwei lebende Karmapas, das konnte nicht sein. Ich vermutete, dass es sich um die lebensechte Nachbildung des ersten Karmapa handelte, von der mir der Karmapa Fotos gezeigt hatte. Damals war sie noch ein Modell aus Ton gewesen.

Unter dem himmelblauen Dach schwebte eine riesige Lotusblüte aus gold-orangenem Stoff über dem Altarpodium. Ich stand am Rande des Podiums und versuchte das alles in mich aufzunehmen. Plötzlich erblickte ich die Schwester des Karmapa, Palzom. Sie bat mich, ihr unauffällig zu folgen. Unauffällig bedeutete in diesem Fall aber, dass ich den breiten Gang entlang der Bühne auf die andere Seite des Sitzblocks gehen musste. Rechts die hohen Lamas, dahinter die Gläubigen, links der Karmapa. Unauffälliger ging es nicht. Direkt vor dem Thron hielt unsere kleine Prozession inne, wir drehten uns zum Karmapa, und ich wusste nicht, was ich tun sollte. Eine Kniebeuge, wie in der katholischen Kirche üblich, hätte sicher zur allgemeinen Erheiterung beigetragen. Also verneigte ich mich kurz, und als ich aufblickte, sah ich den Karmapa. Er lächelte, als wollte er sagen, dass spätestens jetzt jeder mitbekommen haben müsste, dass ich da bin. Ein bisschen peinlich war es mir schon. Vor allem, als ich dann auch noch in der ersten Reihe sitzen sollte.

Einige Minuten lang war ich damit beschäftigt, mir alles anzusehen, den Karmapa zu beobachten und mir wieder einmal bewusst zu machen, dass ich hier einer Feier beiwohnte, die ganz und gar nicht alltäglich war. Genauso wenig alltäglich waren für mich als Katholiken die buddhistischen Rituale. Seit meinen ersten Besuchen in Dharamsala hatte ich mich aber recht schnell und ohne Probleme an sie gewöhnt. Natürlich gab es einige kulturelle Unterschiede, aber alles in allem erschienen mir die Liturgien gar nicht so weit entfernt von den Gottesdiensten in der katholischen Kirche. Hier wie dort ist es das Prächtige, das Durchdringende, das Meditative, das den Menschen für ein paar Momente lang wegführt von der Last und vom Getriebe des Alltags. Hier wie dort regen die Musik, der gemeinsame Gesang, die Kunst und der gestaltete Raum selbst den Geist an und wirken der Trägheit und Sattheit des Menschen entgegen.

Es klang wie eine sanfte Urgewalt, als die etwa achttausend Stimmen tief und kehlig Ritualgebete sangen. Traditionell wird jede buddhistische Versammlung mit der Zufluchtnahme zu Buddha begonnen und mit den Gebeten zur Entwicklung von Bodhichitta, dem Erleuchtungsgeist, die Geisteshaltung des grenzenlosen Mitgefühls. Daran schließt sich das Liniengebet an, mit dem der Segen einer langen Reihe von spirituellen Vorvätern erbeten wird. Der Karmapa saß aufrecht im Lotussitz und ließ seinen Blick schweifen. Es war, als würde er jedes Gesicht anschauen, jeden Winkel überprüfen.

Endlich sah ich ihn auf einem Thron, umgeben von seinen Lamas, von vielen tausend Mönchen und Nonnen. Sie lagen ihm wie ein rot-gelbes Meer zu Füßen, aus dem unzählige frisch geschorene Köpfe wie Wellenspitzen herausleuchteten. Er wirkte wie ein Buddha, friedlich, erhaben, wach und stark. Seine Hände hielt er vor der Brust gefaltet. Der Mönch Gyatso Thaye brachte Seiner Heiligkeit Tee und versorgte ihn mit allen Dingen, die er in den nächsten zweieinhalb Stunden brauchen würde. Die höchsten Lamas hatten festliche Brokatgewänder angelegt und trugen breite, hochaufragende, goldbestickte Hüte. Jetzt zogen sie in einer feierlichen Prozession vor ihr Oberhaupt, um ihm Opfergaben und Geschenke darzubringen, die Körper, Rede und Geist des Buddha symbolisierten.

Plötzlich wurde es ganz still. Der Karmapa rückte sich die Mikrophone zurecht und räusperte sich erst einmal, statt Guten Morgen zu sagen oder die Menschen mit salbungsvolleren Worten zu begrüßen. Er räusperte sich lange. Dann begann er zu beten. An dieser Stelle war ich aufgeschmissen, denn ich war weder der tibetischen Sprache mächtig, noch konnte ich dem Zusammenhang entnehmen, worum es ging. Langsam kamen aber die Übersetzerteams in Gang, die man über Radio in den verschiedensten Sprachen relativ simultan hören konnte. Gerade für die anschließende Rede des Karmapa war das hilfreich, denn mir war natürlich daran gelegen zu verstehen, was er sagte. Schließlich war dies – nach dem hochoffiziellen Rede- und Kulturprogramm – sein Tag. Heute konnte er die Geschichte seiner Linie ganz persönlich Revue passieren lassen und seinen Anhängern einmal mehr die Lehren und Grundsätze der eigenen Tradition ins Gedächtnis rufen.

Der Buddhismus, die Lehre des Buddha, auch Buddhadharma genannt, kam im siebten Jahrhundert zur Zeit von König Songtsen Gampo von Indien nach Tibet und begann dort im achten Jahrhundert, zur Zeit des Königs Trisong Detsen, Wurzeln zu schlagen. Zwei große indische Lehrer, der tantrische Meister Padmasambhava und der Gelehrte Shantarakshita, halfen König Trisong Detsen, die Lehren Buddhas in Tibet heimisch werden zu lassen. Es sollte viele Jahrhunderte dauern, bis die Lehren in Tibet vollständig integriert waren.

Im Laufe der Zeit bildeten sich vier Hauptströmungen oder Linien heraus, bekannt als die »Vier Großen Schulen des Tibetischen Buddhismus«: Nyingma, Kagyü, Sakya und Gelug[42]. Ähnliche Entwicklungen kennt man vom Islam, der auch verschiedene Schulen hervorgebracht hat. Alle tibetisch-buddhistischen Schulen haben ihren Ursprung direkt im historischen Buddha Shakyamuni. Zudem führt jede Schule in Tibet ihre Gründung auf einen bestimmten spirituellen Meister zurück, der seinerseits mit einer bestimmten Tradition in Indien verbunden ist.

Der Ursprung der Karma-Kagyü-Schule liegt beim großen indischen Yogi Tilopa (988-1069). Der gab seine Lehren an den bekannten indischen Meister Naropa weiter. Von Naropas Schüler Marpa, einem großen tibetischen Übersetzer, ging die Linie an Milarepa über, dem berühmtesten Yogi Tibets. Milarepas bedeutendster Schüler war Gampopa, der die Linie der Lehren wiederum an Düsum Khyenpa (1110-1193) übertrug. Dieser wurde der erste Karmapa, der Begründer der Karma-Kagyü-Schule.

Der Karmapa ist also Glied einer ununterbrochenen Kette von erleuchteten Meistern, die die Lehren Buddhas an ihre Schüler übermittelten. Diese erlangten durch eigene spirituelle Praxis die Erleuchtung und verhalfen dann wiederum ihren Schülern zur endgültigen Befreiung vom Leiden. Die dauerhafte Überwindung vom Leiden durch die Bezähmung des eigenen Geistes, der eigenen Leidenschaften, führt zur Erleuchtung, zum höchsten Ziel der buddhistischen Praxis.

So weit zu den historischen und spirituellen Fakten des tibetischen Buddhismus und der Karma-Kagyü-Tradition. Begeben wir uns jetzt einmal in die Mystik; hin zu den Prophezeiungen, die vor langer Zeit schon den Karmapa vorausgesagt haben. Diese Prophezeiungen weisen alle in die gleiche Richtung.

In der Sutra des Buddha Shakyamuni mit dem Titel »König des Samadhi« heißt es: »Mehr als tausend Jahre nach meinem Dahinscheiden werden die Lehren im Land der Rotgesichter (Tibet) erscheinen, und seine Bewohner werden Schüler von Avalokitesvara sein. Im für die Lehren dunklen Zeitalter wird Avalokitesvara erscheinen als der Bodhisattva Simhanada, das »Brüllen des Löwen«. Er wird als ›Karma-pa‹ bekannt sein.«

Eine andere Quelle sagt: »Der Karmapa wird als Bodhisattva in diese Welt kommen und zur Buddhaschaft aufsteigen. Er wird zukünftigen Äonen als Repräsentant des fünften Buddhas dienen. Dieses große Wesen wird jedoch vor dem Erlangen der Buddhaschaft in unserer Zeit als ein Bodhisattva in Samsara[43] verbleiben, der ozeangleiche Handlungen ausübt und den Lebewesen weiten

Nutzen bringt. Während dieses zukünftigen Lebens wird er die wahre Buddhaschaft erlangen und als Simhanada, ›Brüllen des Löwen‹ bekannt werden.«

Das Tantra »Der zornvolle Vajra« beschreibt ihn folgendermaßen: »In einem vollkommen reinen Mandala wird ein Wesen erscheinen, das alle Buddhas der zehn Richtungen in sich vereint. Er wird die Verwirklichung in diesem Leben lehren und bei allen als ›Karmapa‹ bekannt sein. Damit wird die Eigenschaft aller Karmapas beschrieben, wonach sie die erleuchtete Aktivität aller Buddhas aus der Vergangenheit, der Gegenwart und der Zukunft verkörpern.«

Im Wurzel-Tantra von Manjushri steht geschrieben: »Es wird ein Wesen erscheinen, das mit KA beginnt und mit MA endet und die Lehren erhellt.« Später im Text heißt es: »Er wird einen feinen, schwarzen Hut tragen, der sich aus schwarzblauen Haaren zusammensetzt, der mit strahlenden Juwelen geschmückt ist und die Ornamente einer Buddha-Emanation hat.« Der Text bezieht sich auf die Prophezeiung, dass der Karmapa einen dunkelblauen Hut tragen wird, der aus dem Haar von einhunderttausend Dakinis[44] gewoben ist. Das beschreibt auch der visionäre Sangye Lingpa: »Die Aktivität von Avalokiteshvara aufrechterhaltend, wird der ›Kenner der drei Zeiten‹[45] erscheinen an einem Ort mit dem Namen ›Tsurphu‹. Er wird zum Zeichen seiner Autorität einen schwarzen Hut tragen. Er wird in jedem Moment zahllose Wesen befreien.«

Im »Terma«, enthüllt von Ngadak Nyang, heißt es: »Avalokiteshvara, der große Mitfühlende, wird mit dem Namen ›Karmapa‹ bezeichnet werden, um die Wesen in Indien, Tibet und Hor zu zähmen. An einem Ort mit dem Namen ›Tsurphu‹ wird er zum Kenner der Drei Zeiten.« Der Karmapa wird 21 aufeinanderfolgende Inkarnationen haben, sagt der große Meister Padmasambhava. Tibeter nennen ihn Guru Rinpoche. »In der Zukunft wirst Du eine Emanation meiner Rede sein, Du wirst im Palast des Halbmondes 21 Geburten wählen.«[46]

Die Geschichte bestätigte die Weissagungen. Unter dem Namen »Karmapa« hatte sich ein sublimes Wesen manifestiert, auf das alle Prophezeiungen zutrafen. Mit Düsum Khyenpa beginnend reicht das ununterbrochene Wirken der Karmapas bis in die heutige Gegenwart der siebzehnten Inkarnation hinein. Mit dem zweiten Karmapa bekamen Tibet und die Welt dann die erste anerkannte Reinkarnation, den Tulku eines großen Meisters aus der Vergangenheit, so bestätigen es tibetische Historiker. Seitdem werden in der tibetisch-buddhistischen Tradition bereits erleuchtete Lehrer, Tulkus genannt, mit bewusstem Vorsatz wiedergeboren, um die Kontinuität der buddhistischen Lehren zu gewährleisten. Die Karmapas haben in ihren siebzehn Inkarnationen jeweils eine führende Rolle bei der Bewahrung und Verbreitung der buddhistischen Lehren gespielt.

Die Lehre ist die eine Seite der Medaille, das Handeln die andere. Was also zeichnet die Karmapas aus? Der Name »Karmapa« bedeutet: »derjenige, der die Aktivität eines Buddha zeigt« oder »die Verkörperung aller Aktivitäten der Buddhas«. Griffig übersetzt könnte dies heißen: Karmapas sind Weisheit und Mitgefühl aller Buddhas in Aktion. Sie gelten als ein Beispiel der in jedem Menschen ruhenden ursprünglichen Buddha-Natur, eines Potentials, das von jedem Menschen erweckt werden kann und ihn aus den leidvollen Verstrickungen des Daseins befreit. Sie haben immer dafür gearbeitet, Leiden zu lindern und zu beseitigen. Auf der anderen Seite wollen sie Glück und Zufriedenheit für alle lebenden Wesen herbeiführen. Wenn man das Lebensziel eines Karmapa formulieren müsste, dann wäre es, sein bedingungsloses Mitgefühl in direkt zugänglicher Weise durch seine lehrenden, aufbauenden, heilenden, befriedenden, schützenden Aktivitäten zu manifestieren. Der Aktionsradius ist dabei erstaunlich groß. Nicht umsonst werden die Karmapas seit Jahrhunderten als spirituelle Leitfiguren, als Schützer und höchste Ratgeber von tibetischen Laien, Mönchen und Nonnen aus allen Regionen aufgesucht.

Ein beeindruckendes Beispiel dafür erlebte ich hier in Bodhgaya. Ich wusste aus eigener Anschauung, dass die Audienzgesuche in Dharamsala, im Gyuto-Kloster, allmählich ins Unermessliche wuchsen und nur wenige Menschen innerhalb der offiziell festgelegten Zeit zum Karmapa kommen konnten, aber hier warteten Tausende. Am Nachmittag traf ich auf den völlig gestresst aussehenden Audienzsekretär Chemed, der sein provisorisches Büro in einem Glaspavillon zwischen dem Tempel und den Klostergebäuden eingerichtet hatte. Schlangen von Menschen standen dort an. Alle wollten ihr Gesuch und die Kontaktdaten auf einem gelben Anmeldeformular eintragen. Chemed kam gerade aus seiner Mittagspause und wollte sich wieder an die Arbeit machen. Er sagte, er wüsste gar nicht, wie er all die vielen Leute zum Karmapa bringen solle. Der Karmapa gönnte sich nach dem Mittagessen nur eine kurze Verschnaufpause und begann dann sofort mit Audienzen, bevor er zur nächsten Veranstaltung aufbrechen musste. Manche Begegnungen wurden auf den späten Nachmittag verlegt und dauerten bis in den Abend. Chemed mutmaßte, dass man in den nächsten Tagen vielleicht einen zusätzlichen Zeitkorridor am frühen Morgen für Audienzen schaffen müsste. Ich wusste nicht, ob es unverschämt war, in dieser Situation selbst auch noch um einen Termin zu bitten. Schwitzend nahm er mein Gesuch zu Protokoll. Er würde mir Bescheid geben, wenn ich zum Karmapa hinaufgehen dürfte.

Zwischen dem Tempel und den Mönchsbehausungen, in denen auch alle Mitarbeiter untergekommen waren, die sonst im Labrang in Gyuto arbeiten, ging es zu wie auf einem Jahrmarkt. Ein Gewimmel von Mönchen und Nonnen jeden Alters, die sich an den kleinen, provisorischen Ständen mit Druckerzeugnissen und Devotionalien versorgten. Dazwischen gutgekleidete Anhänger aus aller Welt, die an geöffneten Fenstern im Erdgeschoss des Tempelbaus Eintrittskarten für die nachfolgenden Teachings und für die Friedensgebete »Kagyü-Mönlam« entgegennahmen. Ihre durchweg glücklichen Gesichter fielen mir besonders auf. Sie zeigten keine taumelnde Verklärtheit, sondern jene gelassene Freude, die man für gewöhnlich bei Buddhisten in aller Welt sieht. Hier und da bildeten sich spontan Trauben von raunenden Menschen um einen besonderen Mönch, der gerade seines Weges gehen wollte. Die Lama-Dichte war hier enorm hoch. So etwas erlebt man nicht alle Tage.

Wie eine Oase wirkte dagegen das Lädchen und der mit Büschen eingefasste kleine Platz hinter dem Tempel, auf dem sich Grüppchen mit dampfenden Pappbechern oder gekühlten Getränkeflaschen in den Händen einen Platz zum Sitzen suchten, um sich unterhalten zu können. Viele von ihnen treffen sich hier alljährlich, wenn der Karmapa zum Kagyü-Mönlam ruft. Manche sieht man bei so gut wie allen Gelegenheiten, wie ich später feststellte.

Alle waren sie gekommen, um mit dem Karmapa zu feiern, seine Worte zu hören und zu beten. Ich war hier, um es mitzuerleben, vor allem aber, um zu sehen, wie der Karmapa in dieser ganz anderen Umgebung sein würde. Man hatte mir vorher gesagt, dass er sich hier freier und wohler fühle als in Gyuto. Der erste Anschein bestätigte dies. Ich hatte den Karmapa zwar schon in verschiedenen Lebenslagen erlebt, aber hier konnte ich eine neue, mir noch unbekannte Seite an ihm erkennen: den Buddha in Aktion.

Tue alles was gut tut

»Du musst dich selbst verändern, wenn du die Welt verändern willst«, sagte der Karmapa mit ruhiger Stimme und blinzelte in den sonnigen Morgenhimmel. Er hatte nicht den Ton einer Moralpredigt angeschlagen, sondern einen eher lockeren Plauderton. So als wolle er vermitteln: Hier sitzt dein Freund der Karmapa, der dir etwas erzählen will. Vom Dalai Lama kennt man das unwiderstehliche Lachen, das den oft unorthodox handelnden Mönch weltberühmt gemacht hat. Das Markenzeichen des Karmapa sind sein durchdringender Blick und die klare, sonore Stimme.

Es war der erste Tag der Unterweisungen, so etwas wie eine zweistündige Predigt, drei Tage lang, eine morgens und eine am Nachmittag. Das ist für einen Katholiken wie mich eine ziemliche Herausforderung, dabei bin ich von den Pontifikalgottesdiensten her Einiges gewöhnt. Es war kaum zu glauben, aber es waren wieder achttausend gekommen, obwohl es sich bei den Unterweisungen um keine leichte Kost handelte.

Die Morgensonne war jetzt so weit herumgekommen, dass der Karmapa ihr voll ausgesetzt war. Sie brannte. Das halbrunde Dach über ihm würde erst in den Mittagsstunden wieder Schatten spenden. Die Temperaturen schossen binnen Minuten von fünf auf fünfundzwanzig Grad hoch. Mir war es recht, denn ich konnte meine himalayataugliche Jacke ausziehen. Der Karmapa stockte. Er sah nach rechts zu den Attendants und strich sich demonstrativ über den Kopf, als wolle er seinen Leuten klarmachen, dass sie nun etwas unternehmen müssten. Gyatso Thaye hatte neben dem Podium schon die ganze Zeit mit einem roten Schirm herumgespielt, nun kam sein Einsatz. Er und ein weiterer Mönch eilten zur Beschirmung Seiner Heiligkeit. Damit begann das Durcheinander in einer sonst perfekt inszenierten Zeremonie, denn der Schirm brachte nichts. Wie sie ihn auch hielten und wendeten, entweder konnte das Publikum den Karmapa nicht mehr sehen, oder die Sonne brannte noch immer auf den kahlrasierten Kopf. Die zwei Mönche waren ratlos, das Publikum und der Karmapa sahen ihnen amüsiert zu. Von allen Ecken gaben die Leibwächter Anregungen für die richtige Positionierung. Endlich klappte es: Der kräftig gebaute Mönch hatte zwei Schritte entfernt von Seiner Heiligkeit Stellung bezogen und stand nunmehr da wie eine rote Skulptur mit rotem Schirm. Er balancierte den Schirm so, dass der tatsächlich einen schmalen Schatten auf den Kopf des Karmapa warf. Lange würde er das nicht durchhalten, dachte ich. Und außerdem wanderte die Sonne.

Der Karmapa kehrte zu seinem Thema zurück und sprach lebhafter. Was tut ein Mensch, wenn er den Dharma lebt, wenn er Buddhist ist? Darum ging es. Auf den ersten Blick erscheint es einem ganz einfach: »Ein Buddhist zu sein bringt drei Dinge mit sich: aufzuhören anderen zu schaden; den Versuch zu unternehmen ihnen zu nützen und den eigenen Geist zu bezähmen. Das ist die Essenz der Lehren von Buddha.«

Der Karmapa zählte eine Reihe von Verhaltensweisen und Taten auf, die anderen Menschen oder Wesen der Natur schaden oder Leid zufügen. Er sprach auch von Gedanken, die anderen schaden, und Geistesgiften, die negative Handlungen geschehen lassen. »Wenn man auf dem vollkommenen Weg, den eigenen Geist zu zähmen, voranschreitet, immer wachsam auf den eigenen Geist achtet und dies mit richtiger ethischer Disziplin tut, dann hat man wirklich verinnerlicht, was es bedeutet, Buddhist zu sein«, lautet die Erfolgsformel des Karmapa. Lebe als ein guter Mensch! Füge keinem anderen Leid zu, hilf denen, die deine Hilfe benötigen, und übe echte Umkehr. Das ist der kleinste gemeinsame Nenner aller Religionen. Vielen ist dieser Minimalkonsens unter dem Begriff »Goldene Regel« bekannt. Vielleicht kennt man sogar den Inhalt eher als den Begriff selbst: »Behandle andere so, wie du von ihnen behandelt werden möchtest.« Für die Menschen des jüdisch-christlichen Abendlandes geht das Gebot der Nächstenliebe auf das Alte Testament zurück. Dort heißt es: »Liebe deinen Nächsten wie dich selbst …« (Lev 19,18) oder, wie es Martin Luther an anderer Stelle in ein griffiges Sprichwort übersetzt hatte: »Was du nicht willst, das man dir tu, das füg auch keinem andern zu.« (Q: Lutherbibel Tob 4,15) Diejenigen, die sich nicht der religiösen Quellen bedienen wollen, halten es lieber mit dem »kategorischen Imperativ« von Immanuel Kant, einer Art Naturgesetz des Sittlichen: »Handle nur nach derjenigen Maxime, durch die du zugleich wollen kannst, dass sie allgemeines Gesetz werde.«

Manche nennen es auch Weltethos, wenn sie einen Grundbestand an ethischen Normen formulieren, den alle großen Religionen und Kulturen teilen. Ob es den Einzelnen betrifft, ob Gemeinschaft, Gesellschaft oder Staat, das Wohl des anderen sollte danach das vornehmlichste Ziel jedes Menschen sein. Der Karmapa sagte, diese Motivation sei die wichtigste Voraussetzung dafür, Buddhist zu sein. Demnach müsste ein guter Christ auch ein Buddhist sein. Das Gleiche gilt für Gläubige anderer Kulturen oder nichtreligiöse Menschen. Aus der Sicht von Buddhisten besitzt jeder Mensch die innewohnende Buddha-Natur, und somit wäre tatsächlich jeder von Geburt an ein Buddhist. Demnach ist »Buddhist« zu sein kein Begriff für religiöse Zugehörigkeit, sondern eher eine Geisteshaltung. Der Unterschied besteht lediglich darin, ob man sein Handeln danach ausrichtet oder nicht. Die anderen klassischen Religionen sind eher dafür bekannt, sich voneinander abzugrenzen, indem sie darauf pochen, dass nur ihr Weg und die eigenen Gesetze zum rechten Ziel führen. Dabei fällt mir ein, dass der Dalai Lama immer wieder betont, dass man nicht alle sechs Milliarden Menschen mit einer Art von Speise verköstigen könne.

Der Karmapa merkte dazu an: »Jede spirituelle Tradition hat ihre eigenen bestimmten Sichtweisen. Jedoch lediglich eine bestimmte Sicht zu haben und diese Sicht zu studieren, bewirkt nicht, dass die Kraft der Lehren mit dem eigenen Bewusstseinsstrom verschmilzt. Auf dieser Grundlage ist man nicht dazu fähig, anderen zu nützen.« Die Geisteshaltung, die ins Handeln mündet, ist entscheidend, also die Übung darin, das Praktizieren, jedoch nicht das bloße Reden darüber. Dazu braucht es Willen und Anstrengung. An anderer Stelle formulierte es der Karmapa in folgender Weise: »Allgemein gesagt sind Anhänger einer spirituellen Tradition diejenigen, die durch ihr Handeln der Welt Wohlergehen und Glück bringen. Menschen, die einer spirituellen Tradition folgen und somit fähig sind, Wohlergehen und Glück herbeizuführen, besitzen große Stärke; sie haben viel Energie und geistige Kraft, wie andere sie nicht haben. Wenn wir, gegründet auf solch aufrichtige und vom Herzen herkommende geistige Stärke, das Wohlergehen und Glück der fühlenden Wesen bewirken können, werden die Grausamkeiten und schweren Konflikte in der heutigen Welt bestimmt verschwinden.«

Im Grunde sagt der Karmapa damit nichts anderes als der Dalai Lama, Desmond Tutu oder der Papst. Man kann es überall auf der Welt hören: »Verändere dein Denken, Umkehr ist immer möglich, mach Ernst damit.«

Der Karmapa saß auf seinem Thron und erweckte nicht den Eindruck, als wäre er in Illusionen verfangen. Er weiß, wie die Welt und wie der Mensch funktioniert. Er weiß auch, an welchen Stellen es immer wieder hakt. Das hat er nicht nur mit den anderen religiösen Führern gemeinsam, sondern mit allen Menschen, die ein wenig über das eigene Tun und das der anderen nachdenken.

Die Kunst des Karmapa war es, diesen Appell nicht wie eine Ermahnung, sondern wie etwas Aufmunterndes klingen zu lassen – als Ansporn für ein sinnerfülltes Leben. »Du musst dir selber Gutes tun. Sei dein eigener Lehrer für das Gute, sei dein eigener Beschützer!« Dazu bräuchte es Konzentration, Disziplin und einen positiven Geist, sagte er seinen Anhängern und verwies auf die Belohnung: »… das nützt dir nicht nur jetzt, sondern auch in allen zukünftigen Leben.«

Die Arme des tapferen Schirmhalters waren mittlerweile mehrfach eingeschlafen. Ein Arm hielt jeweils den Schirm und der andere stützte ihn. Nach knapp einer Stunde begann der Mönch vor Erschöpfung zu wanken. Der Karmapa unterbrach seine Rede und schaute hinüber, konnte sich aber ein kaum sichtbares Lächeln nicht verkneifen. Man musste sich schleunigst etwas Neues einfallen lassen, denn die Sonne stieg weiter, und der Kopf Seiner Heiligkeit begann bereits rot zu leuchten. Ein neuer Schirmhaltemönch übernahm jetzt. Er hatte noch nicht ganz raus, wie der Schirm am besten zu halten sei, da stürzten drei junge Mönche mit schwerem Gerät auf die Bühne. Sie ernteten Applaus für einen großen, farbenprächtigen Prozessionsschirm. Der tonnenförmige Baldachin in Rot, Gelb und Blau hätte aus einem Renaissancegemälde einer Königskrönung stammen können. Nun ging das Spiel wieder von vorne los. Wie schafft man es, Schatten von vorn oder rechts zu spenden, wenn man mit dem Prozessionsschirm eigentlich hinter Seiner Heiligkeit geht oder steht? Als der Karmapa endlich ins Geschehen eingriff und die Mönche an die richtige Position dirigierte, ernteten alle Beteiligten Applaus. Fortan diente ein fülliger Mönch, der wie ein Fels auf dem Boden saß, als lebendiger Schirmständer. Über ihm schwankte der riesige Baldachin.

Ich fragte mich, ob der Buddhismus eine Religion, eine Philosophie, eine Wissenschaft oder eine Übertragungslinie der Lehren Buddhas ist. Dzogchen Ponlop Rinpoche, einer der höchsten Lamas der Karma-Kagyü-Linie und studierter Religionswissenschaftler, hat es so erklärt: »Die Lehren des Buddha Shakyamuni, der Buddha Dharma, sind ein Pfad, der uns von den aufwühlenden Emotionen und der grundlegenden Unwissenheit befreit. Dieser Dharma befreit uns von dem leidvollen Kreislauf der Existenzen, Samsara genannt, der von tiefer Furcht bestimmt wird. Dharma führt zu Unabhängigkeit, vollkommener Freiheit und dem Zustand der Furchtlosigkeit. Somit bewegen wir uns jenseits von Furcht. Wenn wir den Buddha Dharma oder Buddhismus etwas näher betrachten, entdecken wir die Reinheit dieses Pfads und seiner Lehren. Er ist wie pure Wissenschaft – eine Wissenschaft des Geistes. Man kann mit Gewissheit sagen, dass Buddha Dharma keine Religion ist. Er ist die reine und ursprüngliche Wissenschaft der Menschheit. Diese Lehre arbeitet mit dem negativen und dem positiven Aspekt unseres samsarischen Geistes und ist im Wesentlichen die Wissenschaft von der Erforschung der zugrundeliegenden Natur unseres Geistes. Die buddhistischen Lehren sind wie reines Wasser, das in verschiedene kulturelle Gefäße gegossen werden kann. Das Wasser hat keine eigene Form oder Farbe, es nimmt die Form des jeweiligen Gefäßes an. Auch wenn sich seine Form womöglich verändert, so bleibt die Essenz des Wassers rein. Durch die Anwendung von möglichst tiefer Präzision, von Achtsamkeit und Mitgefühl, versuchen wir diese reine Essenz der Lehren des Buddha in unserem Leben zu entdecken, frei von den kulturellen Fallen.«[47]

Ich denke, es kommt nicht darauf an, sich in Diskussionen darüber zu ergehen, ob der Buddhismus nun eine Religion, eine Nichtreligion, eine Weltanschauung oder eine Wissenschaft ist. Entscheidend ist der Inhalt – um beim Bild von Dzogchen Ponlop Rinpoche zu bleiben: das Wasser. Für mich als katholischen Christ und studierten Theologen gab und gibt es keinen Grund, mich angesichts dieser Aussagen unwohl oder wie im falschen Film zu fühlen. Im Gegenteil! Ich denke, wer es wirklich ernst meint mit seiner religiösen, spirituellen oder ethischen Haltung, für den sollten nicht die Grenzen zu Kulturen oder die Unterschiede in den Lehren im Vordergrund stehen, sondern das Verbindende, die grundlegenden Gemeinsamkeiten, die auch in der Goldenen Regel aufgezeigt werden. Woher auch immer die Motivation dazu kommt, ob vom ehrfürchtigen Gottesglauben wie bei den monotheistischen Religionen oder aus der vernünftigen Einsicht, dass alle Lebewesen den gleichen Lebensraum teilen und unauflöslich miteinander verbunden sind. Deshalb kann der Einzelne nur glücklich werden und Frieden finden, wenn er dafür sorgt, dass seine Umgebung auch Glück und Zufriedenheit findet.

Der Dalai Lama nennt das »positiven Egoismus«, was soviel heißen soll wie: »Wenn du glücklich sein willst, dann mach deine Umgebung glücklich. Der Mensch lebt letztlich in der Resonanz der eigenen Ausstrahlung.«

Manchmal muss eine Religion oder eine spirituelle Bewegung auch ein Gegenentwurf sein können. Nämlich dann, wenn die vorherrschende Religionskultur fundamentalistisch erstarrt oder in Dekadenz verfallen und sinnentleert geworden ist. Zur Zeit des Erscheinens des historischen Buddha Shakyamuni hatte der vorherrschende Hinduismus genau diese extremen Entwicklungen genommen. Einerseits hatte das strenge Kastensystem das soziale Leben erstarren lassen, andererseits hatten sich korrupte Priester alle seelsorgerischen Dienste von den Gläubigen teuer bezahlen lassen. Buddha lehrte dagegen, dass alle Lebewesen gleichermaßen die innewohnende Buddha-Natur besitzen und das gleiche Potential haben. Er ordinierte Bettler wie Prinzen zu seinen Mönchen und pries eine einfache, genügsame Lebensführung. Was damals im Hinduismus geschah, passierte ähnlich auch in anderen Religionen. Und so wie Buddha zu seiner Zeit ein Revolutionär war und einen Gegenentwurf zu den Auswüchsen des Hinduismus schuf, räumte Jesus Christus mit dem Pharisäertum und dem Relativismus im Alltag des jüdischen Glaubenslebens auf.

Nur eine gesunde Selbstreflexion hilft, Gefahren wie Verfälschung, Erstarrung oder Verkrustung abzuwehren. Der Karmapa spielte wohl genau darauf an, als er den eigenen Leuten ins Gewissen redete: »Innerhalb der tibetisch-buddhistischen Gemeinschaft darf es kein Gegeneinander der Linien geben, keine Spaltung, keine Arroganz. Auch wenn wir wissen, dass es in Tibet viele Lamas und viele Klöster gibt, so sind wir doch alle auf einer Linie, auf der Linie Buddhas.«

Die innerbuddhistische Einigkeit und die Grundeigenschaft der Friedfertigkeit muss er voraussetzen, wenn er im nächsten Schritt auf andere Religionen zugehen will. Der Karmapa gab seinen Anhängern ein Beispiel mit auf den Weg, als er über einen islamisch-buddhistischen Konflikt in Afghanistan sprach. Er erzählte, dass sich Buddhisten weltweit wegen der mutwilligen Zerstörung der Buddha-Statuen im Bamiyan-Tal in Afghanistan durch muslimische Taliban empört hatten. Er aber versuchte bei einer internationalen Konferenz darzulegen, dass seiner Ansicht nach bei allem Schmerz auch ein guter Aspekt betrachtet werden könne; nämlich dass die figurative Darstellung des Heiligen, die im Islam verboten ist, nun nicht mehr zwischen Buddhisten und Muslimen stehe und damit auch keinen Anlass für gewalttätige Auseinandersetzungen mehr gebe.

Die Sache mit dem Schirm hatte sich erledigt. Der Karmapa erhielt nun Schatten vom Dach, dafür brannte uns in den ersten Publikumsreihen die Sonne ins Gesicht. Es war gar nicht so einfach, für alle Eventualitäten des Wetters in Bodhgaya gerüstet zu sein. Im Winter schwanken die Temperaturen in dieser Gegend Indiens extrem. Jeder war damit beschäftigt, sich nach dem Zwiebelprinzip zur Mitte des Tages hin zu entblättern, um am Nachmittag dann wieder Kleidungsstück für Kleidungsstück anzuziehen. Nach ein paar Tagen waren alle Teilnehmer an den Feierlichkeiten mindestens einmal krank gewesen. Das lag zum einen an den Temperaturen, zum anderen an der Luft. Allgemein wurde empfohlen, sich nur mit Atemschutz durch die heilige Stadt zu bewegen, denn die Luft war quasi eine giftige Wolke. Weil der Klosterbereich aber am Stadtrand liegt, war es hier nicht so schlimm wie ein paar hundert Meter weiter stadteinwärts. Die Schwester des Karmapa hatte für die akuten Fälle, aber auch für Untersuchungen grundsätzlicher Art, eigens eine zweiteilige Ambulanz eingerichtet. Zweiteilig deshalb, weil in einem Saal nach tibetisch-chinesischer, im anderen nach westlichen Methoden behandelt wurde. Entsprechend unterschiedlich war auch die Medikamentenausgabe. Die Ambulanz, die in einem anderen Kloster in der Stadt untergebracht war, erlebte täglich einen wahren Ansturm. Gefährliche Atemwegserkrankungen waren noch häufiger als der allseits übliche Brechdurchfall. Palzom, die Schwester des Karmapa, sah in dieser Aufgabe ihre Erfüllung. Im Labrang in Gyuto hatte sie keine offizielle Funktion. Dort war sie einfach die Schwester Seiner Heiligkeit. Hier wurde sie gebraucht. Sie war mit Feuereifer bei der Sache und hetzte atemlos hin und her. Zwischendurch erzählte sie mir, wie glücklich sie sei, dass unter anderem aus dem Westen so viele Spenden für diese kleine Klinik eingegangen waren, dass es auch noch ausreichte, hier lebende Inder behandeln zu können. In Bodhgaya wusste man nun schon seit Jahren, wenn Seine Heiligkeit der Karmapa kommt, dann kommt auch die Klinik mit echten Ärzten und guten Medikamenten.

Am Abend des folgenden Tages kam es zu einer Begegnung der besonderen Art mit einem hohen Lama. Das Treffen hatte Maia organisiert. Maia ist eine Dänin in meinem Alter, eine schöne, begabte und aufgeweckte junge Frau, die in ihrer Heimat als Dokumentarfilmerin arbeitet. Sie bezeichnet sich nicht als Buddhistin, lebt aber nach den buddhistischen Lehren. Bis auf das allabendliche gemeinsame Bier, das wir uns seit einigen Tagen angewöhnt hatten, zwecks Entspannung und auch, um die Rückkehr in die schmuddeligen Hotelzimmer noch ein wenig hinauszuzögern. Maia war bereits dem 16. Karmapa begegnet. Damals war sie noch ein kleines Mädchen gewesen. Jetzt begann sie mit den Dreharbeiten für eine Langzeitdokumentation über den 17. Karmapa.

Es war schon weit nach neun Uhr am Abend, in den Klöstern werden zu dieser Zeit normalerweise langsam die Lichter gelöscht. Der Lama empfing uns aber noch hellwach in seinem gelbgetünchten Gästezimmer im Tergar-Kloster. Er saß auf seinem Bett, wir durften in schweren Sesseln Platz nehmen. Zwischen uns ein Tisch, auf dem eine verlockende Schale voll Obst stand. Ich wusste nicht, warum ich den großen, stämmigen Lama treffen sollte. Maia hatte mir nur gesagt, ich solle mit ihr kommen, weil es wichtig sei.

Er wolle mich kennenlernen und herausfinden, ob er mir vertrauen könne, stellte er ohne Umschweife in den Raum. Dann fragte er mich, wie ich zum Karmapa gekommen sei, ich sei ja schließlich nicht einmal Buddhist. Vielleicht war er jedem Fremden gegenüber erst einmal vorsichtig bis misstrauisch, aber irgendetwas an meinen Erzählungen schien ihn letztlich zu beruhigen. Die beeindruckenden Falten in Form eines flachen W auf seiner Stirn begannen sich zu glätten, und er fing sogar an zu lächeln.

Dann bot er uns Obst an. Er erzählte, dass er sich furchtbar darüber aufrege, was man dem Karmapa angetan habe, als im Frühjahr 2010 die geplante Reise in neun europäische Länder abgesagt worden war. Diese unbegründete Absage erschütterte damals die buddhistische Gemeinschaft in Europa. Ich wollte in Indien so gut es ging Ursachenforschung betreiben, denn ich hielt es nicht nur für das Buch für wichtig, sondern ich hatte auch persönliches Interesse daran, diese undurchsichtige Angelegenheit zu verstehen und die Einschränkung der Reisefreiheit des Karmapa zu beleuchten. Der Lama sprach von einigen Ungereimtheiten in Bezug auf den Absender der Absage. Die Beteiligten waren das Innen- und das Außenministerium in Delhi, die tibetische Administration im Exil und das Büro des Dalai Lama.

Der Lama war in Rage, als er verkündete, er habe den schriftlichen Beweis, dass die Absage der Europareise nicht, wie behauptet, von der indischen Regierung kam, sondern dass man offenbar bei der Exilregierung in Dharamsala kein Interesse daran habe, den Karmapa weltweit reisen zu lassen.

Ich war über die Aussage des Lama überrascht, aber bei meinen eigenen Recherchen über die Ablehnung des Reiseantrags waren mir selbst schon einige Ungereimtheiten aufgefallen. Ich war zufällig gerade in Dharamsala, als die Absage bekannt wurde. Am Tag danach suchte ich den Privatsekretär des Dalai Lama auf, um mit ihm über die Gründe zu reden. Im Rahmen einer Audienz einer deutschen Gruppe mit dem Dalai Lama traf ich Tenzin Takhla auf dem Gelände der Residenz. Der Privatsekretär behauptete zunächst, dass er überhaupt keine Ahnung von dem Vorgang habe, dass es einzig die Angelegenheit des Kagyü-Office des Karmapa und der indischen Regierung sei und dass ich besser dort nachfragen sollte. Dann erklärte ich ihm, dass er sehr wohl davon wissen müsse, weil die Informationen über das Büro des Dalai Lama und die Vertretung in Delhi liefen. Ich nannte noch eine Reihe von Gründen, die den Sekretär schließlich einlenken ließen. Delhi wolle den Karmapa nicht fahren lassen, behauptete er. Man müsse jetzt die schriftliche Begründung abwarten. Die Exilregierung könne daran auch nichts ändern. Dann wartete er plötzlich mit Gründen für die Absage auf. Die Reise sei viel zu groß gewesen, fünfeinhalb Wochen, neun Länder, zählte er auf. Das sei einfach zu groß und zu viel, resümierte er. Wie kam er darauf, wenn er doch eigentlich von nichts gewusst haben wollte? Zum Schluss gab er mir noch einen Tipp. Ich sollte doch mal im Religionsministerium der Exiladministration nachfragen, vielleicht könnte man mir dort weiterhelfen.

Am nächsten Tag kreuzte ich dort auf. Die Mitarbeiter kannte ich schon von vorigen Besuchen. Einen Termin mit dem Minister konnten sie jedoch nicht vor Ablauf einer Woche versprechen. Ich fasste den Entschluss, den Minister kurzerhand zu überspringen und um ein Gespräch mit dem Premierminister zu bitten. Gesagt, getan. Ein befreundeter Mönch, der sich in den Amtsstuben der Exilregierung gut auskennt, brachte mich bis zum Sekretär des Premiers. Dem legte ich die Sachlage dar. Der freundliche junge Mann im feinen schwarzen Anzug hörte mir aufmerksam zu und seufzte dann. Seine Eminenz Samdong Rinpoche, der Premierminister, sei noch in einer Kabinettssitzung und habe gleich anschließend einen Termin. Danach wäre auch keine Zeit, weil er am nächsten Tag nach Zürich fliegen würde, erklärte er mir. Aber er wolle sehen, was sich machen ließe. Sprachs und verschwand.

Nach dem ersten Entsetzen über die Absage stellten sich bei mir Misstrauen und investigativer Ehrgeiz ein. Irgendetwas an dieser ganzen Angelegenheit stimmte nicht.

Samdong Rinpoche hatte sich tatsächlich fünfzehn Minuten freigeschaufelt und empfing mich in seinem Arbeitszimmer. Es schien ihm offenbar wichtig zu sein. Oder lag es daran, dass ich ein deutscher Fernsehjournalist bin und man in der Exilregierung sehr wohl um die langjährige Unterstützung aus Deutschland wusste?

Der hagere Lama mit borstigem weißen Haar sah mich aus trüben Augen an, als ich ihn gezielt danach fragte, was zur Absage der Reise geführt habe. Er behauptete nicht, von nichts zu wissen, sondern stellte Vermutungen über die Gründe an. Der Karmapa habe taiwanesische Sponsoren, die auch eine Verbindungsstraße zu seinem Kloster in Tsurphu in Tibet finanziert hätten, bot er mir an. Ich konnte nicht recht verstehen, was er mir damit sagen wollte. Auch nicht, als er den gerade erst beigelegten Gebietsstreit zwischen Delhi und Peking um den Bundesstaat Arunachal Pradesh erwähnte. Die Chinesen hatten ihren Anspruch auf das Gebiet aufgegeben. Er leitete daraus ab, dass Delhi nun im Gegenzug mehr Druck auf die Tibeter ausübe und der Karmapa anscheinend das erste Opfer dieser neuen Gangart sei. Übrigens vertrat der Premierminister ebenfalls die Meinung, die Reise sei »zu groß und zu viel« gewesen, als dass Delhi sie genehmigen würde. Darüber hinaus wies er jegliche Verantwortung der Exilregierung, der er als Kabinettschef administrativ vorstand, zurück. Man müsse jetzt den Brief von der indischen Regierung abwarten, schloss auch er.

Dieser Brief interessierte mich immer mehr. In der Folge sollte sich jedoch herausstellen, dass im Büro des Karmapa nie eine solche schriftliche Erklärung der indischen Behörden einging.

Maia und der Lama sahen mich erstaunt an, als ich dies erzählte. Der Lama wollte gar nicht glauben, dass es mir tatsächlich gelungen war, bis zum Premier vorzudringen, und es begeisterte ihn sichtlich. Maia berichtete, dass mehrere indische Botschafter auf Anfrage die Auskunft gegeben hätten, dass die Absage keinesfalls von der Regierung in Delhi gekommen sei. Die Angelegenheit sei eine Sache, die man im Bereich der tibetischen Exilregierung und im Büro des Dalai Lama in Delhi behandelt habe. Das deckte sich auch mit meinen Informationen aus sicheren Quellen und ebenso mit denen des Lamas, die er direkt von der indischen Regierung erhalten hatte.

Konnte es tatsächlich sein, dass man in der tibetischen Exiladministration kein Interesse daran hatte, dass der Karmapa ins Ausland reiste und seine Aktivitäten weiter ausdehnte und entfaltete? Allem Anschein nach wollte man ihn in Gyuto festsetzen. Die

Tibeter in der Administration in Dharamsala gaben dabei kein gutes Bild ab. Bei mehreren Treffen mit anderen Personen, die mit der Exilregierung und den Sekretariaten des Dalai Lamas vertraut waren oder dort arbeiteten, gaben mir meine Gesprächspartner zu verstehen, dass sie genau dieses Motiv für möglich hielten. Es lag nicht am Dalai Lama persönlich, versicherten sie mir alle gleichlautend, sondern in den Amtsstuben gäbe es ein paar böse Buben, die offenbar verhindern wollen, dass der Karmapa zu schnell zu groß und zu populär würde.

Etwas Erstaunliches passierte im April 2010, etwa zwei Wochen nach der Absage der Reise. Bei einer international besetzten Pressekonferenz wurde der Dalai Lama nach seiner Ankunft in Zürich nach den Gründen gefragt. Sichtlich aufgeregt, sagte er zunächst nur »nein«, nestelte an seinem Gewand und sah zu seinem Sondergesandten für Europa herüber, als könne der helfen. »Ich habe davon erst heute Morgen gehört. Erst heute Morgen, bevor wir Delhi verlassen haben«, versicherte der Dalai Lama in einem entrüsteten Ton. Dem Sondergesandten Seiner Heiligkeit, Kelsang Gyaltsen, schien die Situation unangenehm zu sein. Wie erschlagen ließ er sich nach hinten in die Sessellehne fallen, während der Dalai Lama minutenlang weiter ruderte. Musste der Chef nun gute Miene zu einem bösen Spiel machen, dessen er sich jetzt erst bewusst wurde? Erst zwei Wochen nach dem Ereignis will er davon erfahren haben, dass einem der wichtigsten Lamas Tibets – nicht irgendjemandem – eine Tour durch Europa verwehrt wurde? Hatte ihm, dem Oberhaupt, zwei Wochen lang keiner aus seinem Stab davon erzählt? Nicht einmal sein Privatsekretär, mit dem ich noch zwei Wochen zuvor darüber gesprochen hatte? Konnte es sein, dass hinter seinem Rücken Dinge passieren, die der Dalai Lama nur mit viel Glück oder gar zufällig mitbekommt? War das ein Hinweis darauf, dass doch noch mehr dahintersteckte?

Ich war nicht bei der Pressekonferenz dabei gewesen, aber ich hatte eine Videoaufnahme davon zugespielt bekommen. Die betreffenden acht Minuten habe ich genauestens studiert. Sie beunruhigten mich mehr als dass sie mich beruhigen konnten. Vor allem erinnere ich mich sehr genau an den Besuch beim Karmapa, als die Nachricht von der Absage noch ganz frisch war. Ich konnte in kurzen Momenten seine tiefe Enttäuschung sehen, aber er blieb dennoch gelassen und optimistisch. Sein Gleichmut und seine Souveränität beeindruckten mich.

Der Abend beim Lama brachte keine neue Erkenntnis, lediglich einen Abgleich von Informationen. Dass sie sich deckten, war eher beunruhigend, und es blieb ein ungutes Gefühl zurück. Es war nach Mitternacht, als wir das Kloster verließen. Wir hatten Vollmond. Kein Mensch zeigte sich auf der Straße, und es war auch keine Rikscha in Sicht. Also gingen wir zu Fuß zum Hotel in der Hoffnung, unbehelligt zu bleiben. Nachts sei es auf den Straßen Bodhgayas gefährlich, so hatte man uns beide gewarnt.

Zuflucht beim Karmapa

Wie ein König stand der Karmapa am nächsten Morgen vor seinem Thron. Auf dem Kopf trug er die Schwarze Krone der Aktivität, die ihm zusätzlich Würde und Majestät verlieh. Über ihm schwebte der prächtige Baldachin des Prozessionsschirms. Bisher kannte ich Bilder dieser Art nur von Papst Johannes Paul II. Aus irgendeinem Grund erinnerte mich der 17. Karmapa ziemlich oft an ihn.

Der Karmapa wartete auf die Ankunft der »sprechenden Statue«.[48] Zwei Mönche sangen Mantren zum sparsamen Rhythmus einer Pauke. Das tiefe Röhren von Langhörnern, die Alphörnern ähneln, schien die Prozession mit der Statue herbeizurufen. Ich muss gestehen, die Liturgie beeindruckte mich. Nichts war zu viel, nichts zu wenig, alles schien ausgefeilt bis ins Detail. Der liturgische Regisseur stand selbst auf der Bühne. Monatelang hatte er alles genau geplant und offensichtlich bis ins kleinste Detail bedacht. Nichts war dem Zufall überlassen. Deshalb hatte er in den zwei Wochen vor Beginn der Feierlichkeiten nicht nur den Bau des Podiums samt Dach überwacht, sondern auch persönlich die Proben für die Zeremonien geleitet. Maia hatte mir ihre Aufnahmen davon gezeigt. Wie ein Hollywood-Regisseur saß er in einem stilechten Regie-Klappstuhl auf der Bühne, einen knautschigen Safarihut auf dem Kopf und voll konzentriert auf das Geschehen. Der Karmapa liebt Präzision. Alles, was ich bisher gesehen hatte, wirkte harmonischer und würdiger als beispielsweise die Zeremonien im Namgyal-Kloster, dem Kloster des Dalai Lama in McLeodganj. Ich hatte den Eindruck, dass für die Liturgie der Kagyü-Tradition die Rituale einen anderen Stellenwert haben als für die Gelugpa-Tradition des Dalai Lama. Letztere legen sehr viel mehr Wert auf das scholastische Studium. Die Einstellung zu den Ritualen bei den Kagyüpa und den Gelugpa ist fast so unterschiedlich wie zwischen der katholischen und der protestantischen Kirche.

Ich wusste, dass der Karmapa bereits um fünf Uhr früh vor der großen Buddha-Statue meditiert hatte. Das flößte mir Respekt ein, denn es zeigte, dass er die folgenden Zeremonien nicht als bloßen technischen Ablauf ansah, sondern dass sie ihm ein inneres Anliegen waren. Rituale sind keine bloßen Inszenierungen, sie prägen sich in das Gedächtnis der Betrachter ein und erzeugen heilsame Bilder der inneren Ordnung und Sinnhaftigkeit in einer viel zu rasch sich wandelnden, schwer greifbaren äußeren Welt. Viereinhalb Stunden hatte er bei Dunkelheit und Kälte ganz allein dort oben gesessen. Vor ihm nur der übermannsgroße Buddha, den er selbst entworfen und nach dem Guss eigenhändig bemalt hatte.

Die Prozession war am Podium angekommen. Eine schlichte tragbare Pagode aus Holz beherbergte die kleine, sehr alte sprechende Statue des ersten Karmapa, Düsum Khyenpa. Der Karmapa nahm die Statue freudig entgegen. Sie sollte in den folgenden Zeremonien neben ihm stehen. Direkt hinter ihm thronte heute die lebensechte Figur des ersten Karmapa, die den 17. Karmapa wie ein Hochaltar überragte.

Bis sich Seine Heiligkeit gesetzt hatte, verging einige Zeit, und es bedurfte dazu geübter Handgriffe seiner Attendants. Bei so viel Stoff war es kein Wunder, dass der Karmapa Hilfe brauchte, um sein Gewand richtig zu arrangieren. Als er saß, blickte er kurz zu mir hinüber, als hätte auch er sich gerade an ein Gespräch erinnert, in dem wir uns darüber einig gewesen waren, dass eine gewisse Beachtung der Form wichtig ist. Mir war aufgefallen, dass seine Mönche durchweg ordentlicher gekleidet waren als die der anderen Orden, und das sagte ich ihm auch. Man hatte mir erzählt, dass er schon in jungen Jahren seine Leute dazu ermahnt hatte. Ihm gefiel offenbar, dass ich es bemerkt und wertgeschätzt hatte.

Heute gab es Buttertee für alle. Selbst die Segnung des Tees war ein beeindruckender Akt. Ich beobachtete den Karmapa, bis alle Tonbecher aus großen Aluminiumkannen befüllt waren. Er wiegte sich ganz leicht mit den Wellen des Gesangs und schien mit den Gedanken weit weg zu sein, die Augen ins Unbestimmte gerichtet. Meditierte er? Mehr noch als in den Tagen zuvor konnte man heute den Eindruck gewinnen, einen Buddha vor sich zu haben, einen lebenden Heiligen. Zwischendurch musste ich mir immer mal wieder vergegenwärtigen, dass der Karmapa erst 25 Jahre alt war.

Seine Heiligkeit hatte sich für heute viel vorgenommen. Zunächst wollte er ein Teaching halten, dann eine Ermächtigung geben, gefolgt von einer Zufluchtnahme. Für das Ende der Zeremonien war geplant, dass jeder Anwesende den persönlichen Segen von ihm empfängt. Für das Teaching hatte er den roten Panditenhut eines Gelehrten aufgesetzt. Bisher kannte ich dies nur vom Dalai Lama. Wie alle hohen Lamas trägt er ihn traditionell bei spirituellen Belehrungen. Nachdem er über eine Stunde gesprochen hatte, schaute der Karmapa auf seine Uhr am Handgelenk und schlug mit den Fingern darauf, als wäre die Uhr für die fortgeschrittene Zeit verantwortlich. Lächelnd bemerkte er, dass er eigentlich geplant hatte, schon seit zehn Minuten fertig zu sein und bereits mit der Ermächtigung begonnen zu haben. Stattdessen hatte er eben noch von seinen Eltern erzählt.

Als er eine neue Kopfbedeckung aufsetzte, war auch für mich als Laien in Sachen buddhistischer Riten klar, dass nun die Ermächtigung begann. Der Gampopa-Hut, eine breite runde Mitra aus Goldbrokat ist der traditionelle Kopfschmuck dafür. Die heilige Handlung kann man mit einem Sakrament vergleichen, einer spirituellen Gabe, die den Gläubigen mehr und mehr erfüllt. Die Ermächtigung befähigt praktizierende Buddhisten zur individuellen Ausübung der vermittelten Rituale.

Seine Heiligkeit erinnerte daran, dass viele Tausend Anhänger, die nicht in Bodhgaya sein konnten, das Geschehen per Live-Podcast zeitgleich im Internet verfolgen konnten. Er war sich noch nicht ganz darüber im Klaren, ob die Ermächtigung auch über das Internet gültig empfangen werden könne, aber er schloss die Möglichkeit nicht aus. Ich dachte kurz darüber nach, dass sich im Vatikan ganze Kommissionen mit einem so gearteten Fall beschäftigen würden. Ich denke, wenn der päpstliche Segen »Urbi et Orbi« auch per Fernsehübertragung gültig und wirksam ist, sofern man ihn mit entsprechender Offenheit empfängt, dann müsste es auch mit der Ermächtigung per Live-Podcast klappen können.

Der Karmapa hatte in den vergangenen Tagen bereits einige Ermächtigungen erteilt. Und nicht nur das, er bot hier auch die Möglichkeit der Zufluchtnahme. Man kann sie mit dem Initiationsritus der Taufe als Aufnahme in die christliche Gemeischaft vergleichen.

Mit der Zuflucht zu Buddha, zum Dharma und zur Gemeinschaft, Sangha genannt, erklärt man sich zum Buddhisten – innerlich und auch öffentlich. Im tibetischen Buddhismus gibt es in diesem Zusammenhang aber noch eine Besonderheit. Man nimmt diese Zuflucht nach den drei Grundpfeilern der persönlichen Glaubenspraxis auch zu einem bestimmten Lama, der als Lehrer, als Guru, als Vorbild dasteht. In der Regel ist das dann auch der Lama, dem man über eine große Strecke seines Lebens folgt.

In diesem Fall war der Lama der Karmapa.

Alles dauerte länger, als es sich der Regisseur gedacht hatte. Dennoch blieb er bei dem Vorhaben, alle achttausend Anwesenden zu segnen – einzeln, versteht sich. Ich konnte es nicht glauben. Der Karmapa setzte sich auf den vorderen hüfthohen Podiumsabsatz. Vor ihn stellten die Mönche einen schmalen Tisch, auf dem sich seine Heiligkeit abstützen konnte. Ein paar Brokattücher noch zur Dekoration, und der Segensmarathon begann. Die Organisation war perfekt. Die Mönche, Attendants und Leibwächter funktionierten wie ein Uhrwerk. Lange Schlangen bildeten sich von den hintersten Sitzblöcken aus, denn die Letzten sollten nun die Ersten sein. Vier Mönche waren nur damit beschäftigt, den Leuten die Segensschals abzunehmen, um sie alle paar Atemzüge bündelweise backstage zu befördern. Die Schlange kam fast im Laufschritt voran. Der Karmapa war von sechs Leibwächtern und zwei Mönchen eingerahmt. Zwei von ihnen drückten die Heranlaufenden sanft in die Verneigung, zwei andere schoben sie sacht, aber bestimmt weiter, auf dass keiner stehenblieb und alles zum Stocken brachte. Dann kam der große Moment. In seiner rechten Hand hielt der Karmapa eine Reliquie, mit der er den Kopf der Gläubigen berührte. Einer der Mönche hatte mir verraten, dass sich in dem länglichen Brokatetui Teile des Gewandes von Gampopa, dem eigentlichen Gründer der Kagyü-Linie, befanden. Streckenweise schaffte es der Karmapa, pro Sekunde einen Segen zu erteilen. Dennoch sah er jeden ganz bewusst an, auch wenn es nur ein Augenblick war. Zwei Leibwächter nahmen die Gesegneten dann in Empfang und leiteten sie weiter in Richtung Bühnenrand.

Merkwürdigerweise wirkte die Abfertigung überhaupt nicht gehetzt, mir kam es im Gegenteil so vor, als laufe alles sehr gemessen und würdig ab. Womöglich trug zu diesem Eindruck auch die sphärische Musik bei, die das Ganze untermalte. Aber nicht nur der Akt der Segnung war erstaunlich, auch das Resultat: Ich sah junge Nonnen, die beseelt zum Himmel schauten und die Treppen nicht mehr fanden. Westliche Buddhisten, die vom Moment des Segens gefangen schienen, wunderten sich anscheinend selbst über das breite, glückliche Lachen in ihren Gesichtern. Da kamen alte Tibeter in ihren typischen dicken, erdfarbenen Mänteln und mit Kopfputz aus Bernstein und Türkisen. Sie konnten kaum laufen, taumelten und drehten sich fassungslos um, als könnten sie es nicht glauben, tatsächlich einmal in ihrem Leben vom Karmapa gesegnet worden zu sein. Die Gesegneten strahlten, nicht nur mit den Augen, sondern mit dem ganzen Körper, als sei die Begegnung mit dem Karmapa der Höhepunkt ihres Lebens gewesen. So etwas habe ich noch nie gesehen, und es machte mich geradezu fassungslos.

Auch nach knapp drei Stunden ließ der Karmapa keine Erschöpfung erkennen. Wirkte da die Kraft, die er in der frühmorgendlichen Meditation gesammelt hatte? Jetzt erst waren die ersten Reihen dran. Palzom, die Schwester Seiner Heiligkeit, schob mich vorwärts. Ich sagte ihr, dass ich kein Buddhist sei und damit vielleicht gar kein Anrecht auf den Segen hätte. Sie lachte nur und meinte, Holiness würde sich sicher freuen mich zu segnen. Sie hatte recht. Segen kennt keine Religionszugehörigkeit, es ist das Empfangen von Gnade.

Beten für den Frieden

Am Abend, bevor das große Friedensgebet »Kagyü Mönlam« begann, war ich mit einigen Mönchen, die im direkten Umfeld Seiner Heiligkeit arbeiten, zum Abendessen in einem kleinen italienischen Restaurant namens »Be Happy« zum Pizzaessen verabredet. Dort war der Service indisch, aber zumindest der Betreiber und der Koch europäisch, wenn auch nicht italienisch. Nyima, einer der Mönche, der mir im Laufe der vielen Aufenthalte in Dharamsala zum Freund geworden war, rief mich an und teilte mit, dass sie zu viert kämen und riesigen Hunger hätten.

Nach einer Viertelstunde waren sie da. Nyima, Choephel, Sonam und Palden schleppten sich still wie müde Krieger in die kleine Gaststube. Sie beklagten sich nicht, aber sie gaben zu, dass sie völlig geschafft seien. Audienzen fingen jetzt tatsächlich schon um halb sieben Uhr morgens an, erzählten sie. Es seien diesmal einfach zu viele Leute nach Bodhgaya gekommen. Und der Karmapa wolle alle empfangen, die um eine Audienz ersucht hatten. Da blieben für die allermeisten nur ein paar Sekunden, für wenige immerhin ein paar Minuten. Nach den Frühaudienzen folgten die Zeremonien. Danach eine kurze Mittagspause, dann die nächsten Audienzen und anschließend das normale Nachmittagsprogramm. Am frühen Abend waren wieder Audienzen angesetzt. Für das Abendessen blieb den Mönchen meistens keine Zeit, weil sie die dann folgende Puja mit seiner Heiligkeit vorbereiten mussten. Dem rituellen Gebet wohnten sie natürlich auch bei, weil der Zeremoniendienst zu ihrem Aufgabenbereich gehört. Im Gyuto-Kloster sind es doppelt so viele junge Mönche, die beim Karmapa Dienst tun. Sie sind zuständig für die Zeremonien, für den Gästeempfang, assistieren bei den Audienzen, arbeiten in der Bibliothek, im Büro für Spenden und verrichten noch viele andere Aufgaben. Sie lieben ihren Job und sind sehr stolz darauf, Seiner Heiligkeit persönlich zu dienen. Unter den Mönchen gilt das als ein Privileg.

Jetzt war es schon halb neun. Die vier froren und waren halb krank. Die Pizza bräuchte ihre Zeit, sagte die blonde Chefin des Restaurants. Deshalb orderten wir Ingwer-Zitronen-Honig-Tee und Tomatenbrote, diese sollten binnen Sekunden fertig sein.

Ich fragte die Mönche, ob der Karmapa jetzt schon schlafen gegangen sei, denn am nächsten Morgen sollte es ja schon um sechs Uhr mit den Friedensgebeten losgehen. Sie schüttelten die Köpfe.

Holiness würde jetzt noch die letzten Vorbereitungen für den nächsten Tag treffen. Sie konnten mir auch keine Erklärung dafür geben, wie er das alles meisterte und durchhielt, ohne zwischendurch auch nur einmal Schwäche zu zeigen. Sie sprachen von seiner schier unerschöpflichen Kraft wie von einem Wunder, zu dem auch sie gern fähig wären, und es wurde deutlich, dass sie einen großen Unterschied zwischen sich und Seiner Heiligkeit empfanden. Dabei sind sie alle ungefähr in seinem Alter. Sie sprachen nicht nur ehrfürchtig über ihn, sondern betonten, um wie viel höher der Karmapa über dem Grad ihres eigenen Daseins rangiere. Über einen Chef spricht man anders, dachte ich. Da war mehr als nur die Ehrfurcht vor seiner formellen Führungsrolle in der weltweiten Karma-Kagyü-Gemeinschaft. Da schwang die Anerkennung seiner offensichtlichen spirituellen Autorität mit. Der Karmapa ist ihr höchster Meister, ein Heiliger, ein Buddha.

Die Pizzen kamen und waren für exterritoriale Verhältnisse gar nicht so schlecht. Die Mönche wollten Pizza essen, weil ich ihnen gesagt hatte, dass das eine echt europäische Speise ist. Ob nun echt italienisch oder nicht, Europa allein zählte, und der Geschmack schien den Mönchen zu gefallen. Anscheinend konnten sie gar nicht genug davon bekommen, aber vielleicht waren sie auch einfach froh über die Abwechslung, denn für gewöhnlich aßen sie Reis mit allerlei gegartem Gemüse und Soße.

Auf dem Rückweg fuhren wir, chauffiert von einem leicht angetrunkenen Fahrer, in einer Motor-Rikscha am großen Buddha-Heiligtum vorbei. Der riesige Stupa in Form eines breiten, mit Reliefs reich geschmückten Obelisken lag in gleißendem Flutlicht. Am Nachmittag war ich schon mit Nyima dort gewesen. Er hatte sich etwas Zeit freigeschaufelt, um mir den Ort zu zeigen, an dem am nächsten Morgen das Kagyü-Mönlam beginnen sollte, die traditionellen Friedensgebete der Linie. Ich sollte Obst kaufen, meinte er, um sie dem goldenen Buddha als Opfergabe darzubringen. »Tu es für deine Eltern«, hatte er gesagt. Mit Plastiktüten voller reifer Früchte bahnten wir uns den Weg durch Heerscharen von Bettlern und schrecklich entstellten Krüppeln, die über den Boden krochen und eine Spendenschale vor sich herschoben. Im Innern der quadratischen Anlage mit der Größe von zwei Fußballfeldern mussten wir die Schuhe ausziehen und sie in einem kostenlos erhältlichen Rucksack verstauen. Weiter ging es auf Strümpfen oder barfuß. Das war innerhalb des Heiligtums kein Problem, denn im absoluten Gegensatz zur heiligen Stadt war es hier sauber. Über einen mit Marmorplatten belegten Weg erreichten wir den hochaufragenden Stupa. Ich konnte nur kurz die filigranen, umlaufenden Reliefbänder bewundern, dann wurden wir von der Masse zum Eingang weitergedrängt. Weihrauchduft kroch mir entgegen. In einem tunnelartigen, verrauchten Flur stapelten wir das Obst in eine metallene Schale, und schon ging es weiter. Still war es hier, so unglaublich still, dass der Lärm der Stadt noch wie Ohrensausen nachhallte. In der kleinen Kapelle erblickte ich eine reich geschmückte Buddha-Statue.

»Seine Heiligkeit wird dem Buddha morgen auch Opfergaben darbringen«, sagte Nyima, schob mich sacht weiter und hob meine Arme an, so dass ich die Schale nun vor meinen Augen hielt. »Setz sie hier ab!«, flüsterte er. Wie mir geheißen, stellte ich die Schale am Fuß des Buddhas ab und verneigte mich.

Dieser Moment war mir nicht einerlei, denn ich war mir der Tatsache wohl bewusst, dass ich mich hier im Allerheiligsten der Buddhisten befand. Segen kann nie schaden, dachte ich, ganz gleich woher er kommt.

»Das hast du gut gemacht!«, lobte er mich wie einen halbwüchsigen Sohn, der zum ersten Mal etwas tat, was sonst Erwachsenen vorbehalten war. Er war sichtlich glücklich darüber, dass ich, offenbar ohne Fehler zu machen, an die heiligste Statue seines spirituellen Mittelpunktes, Buddha Shakyamuni, getreten war und eine Opfergabe dargebracht hatte. Ich war ihm dankbar, dass er mich dabei begleitete.

Draußen drehten wir gemeinsam mit allen anderen Pilgern

die üblichen drei Runden um den Stupa. Nyima zeigte mir den Bodhi-Baum, jenen weit ausladenden Baum, unter dem der historische Buddha zur Erleuchtung gelangt war. Ganz dicht am Stupa stand ein ungewöhnlich gewachsener, großblättriger Ficus, der seine Äste wie ein gefächertes Dach ausstreckte.

»Da unten wird Seine Heiligkeit sitzen«, sagte er und zeigte auf einen Thron ganz dicht am Baum. Dahinter erstreckte sich ein breiter Platz, der mit Holzpodesten zugebaut war. Dann brachte mich Nyima an eine steinerne Balustrade ganz in der Nähe des Throns.

»Hier wirst du sitzen«, verriet er mir. »Und hier überall, dort und dort und dort, überall werden Mönche sein.« Wie ein Tanz wirkte es, als er in alle Richtungen auf die Podeste und sämtliche Erhebungen innerhalb der Mauern zeigte.

In der Innenstadt tobte das indische Nachtleben. Die Mönche quittierten es nur mit einem Kopfschütteln und einem Lächeln. Ich brachte sie bis zum Kloster, weil ich die Fahrt bezahlen wollte. Manchmal war es nicht leicht, sie dazu zu überreden etwas anzunehmen. Immer wollten sie selber zahlen, obwohl sie fast kein Geld hatten und selbst niemals mit der Motor-Rikscha gefahren, sondern zu Fuß gegangen wären.

Im Appartement des Karmapa oben auf dem Haupttempel waren die Fenster dunkel. Ich fand den Gedanken tröstlich, dass er nun schlief, denn die nächsten acht Tage würden nicht minder anstrengend sein.

»Die Welt, die Regierungen versuchen Frieden zu schaffen, aber sie führen dafür Kriege. Das ist paradox«, hatte Seine Heiligkeit ein paar Tage zuvor beim Teaching gesagt. »Wir Buddhisten müssen Frieden schaffen, ohne zu verletzen«, ist seine Forderung. Aber auch zwischen den Religionen selbst gab und gibt es Krieg und Unfrieden, auch innerhalb des Buddhismus. Der 7. Karmapa, Choedrak Gyatso, lebte von 1454 bis 1506, also zu Zeiten, als die

Auseinandersetzung zwischen der Kagyü-Tradition und der aufstrebenden Bewegung des reformierten Gelugpa-Ordens in Zentraltibet immer heftiger zu werden drohte. Der Karmapa diente in dem Streit als Vermittler. Zur langfristigen Befriedung des Konfliktes rief er jedes Jahr die Kagyü-Mönche aus den verschiedenen Klöstern zum gemeinsamen Friedensgebet, dem Kagyü-Mönlam, zusammen. Die nachfolgenden Karmapas haben die Tradition der gemeinsamen Gebete für den Frieden weitergeführt. Im indischen Exil, nach 1959, wurde das Kagyü-Mönlam erst wieder 1983 in Bodhgaya eingeführt, damals unter der Leitung eines hohen Lamas, Kalu Rinpoche. Heute, im 21. Jahrhundert, knüpft der 17. Karmapa an diese alte Tradition an. Gleich nachdem er im indischen Exil angekommen war und endlich innerhalb des Landes reisen durfte, nahm er sich persönlich der Friedensgebete an. So finden sie seit 2001 jedes Jahr in der Winterzeit unter seiner Leitung statt und werden jedes Mal von mehr Gläubigen besucht. Der Karmapa hat die Tage in Bodhgaya zu einem internationalen Forum der gemeinsamen Aktivitäten der ganzen Karma-Kagyü-Linie gemacht. Vor den Gebeten treffen sich die Studenten aller Mönchsuniversitäten der Kagyüs, Schedra genannt, zu ausgedehnten Unterweisungen und Wettbewerben in Debatte und Rhethorik. Anschließend finden die Unterweisungen des Karmapa für Schüler und Anhänger aus Asien und aus dem Westen statt, eben jene, die ich in den letzten Tagen miterlebt hatte. Danach folgen dann die traditionellen Friedensgebete, die im Wesentlichen noch dem gleichen Gebetskompendium entsprechen, das der 7. Karmapa seinerzeit zusammengestellt hatte. Eigentlich ist es eine rein mönchische Veranstaltung. Doch kommen aus aller Welt buddhistische Laien nach Bodhgaya, um mit dem Karmapa, mit seinen Lamas, Mönchen und Nonnen gemeinsam zu beten. Buddhistische Ordinierte aus anderen Traditionen nehmen auch gern daran teil. So konnte ich verschiedenste asiatische Gesichter und unterschiedliche Gewänder in den Menschenmengen ausmachen.

Ich muss gestehen, dass ich leichtere Arten der Wallfahrt und des Gebets kenne, als das, was ich hier erlebte. Um 5.30 Uhr saß ich bei drei Grad zitternd vor Kälte an der Balustrade beim Stupa. Zwei Paar Strümpfe, diverse Lagen von Hemden und eine Daunenjacke reichten einfach nicht aus. Frühstück war im Hotel um diese Zeit noch nicht vorgesehen, statt Kaffee gab es nur einen Schokoriegel. So ergreifend die Atmosphäre auch war, es war nicht einfach, sie zu genießen.

Ich hatte die Gebete der tibetischen Mönche nun bestimmt schon hundertfach und in schier endloser Länge erlebt. Manche Pujas dauern über acht Stunden. Aber das Kagyü-Monlam dauert traditionell acht Tage. Jeden Tag gibt es vier Gebetseinheiten, die zwischen einer und zweieinhalb Stunden lang sind. Es geht um die Abwehr verschiedener Hindernisse. Und für jede Art von Problem gibt es eigene Gebete. Da sind auf der einen Seite Naturkatastrophen, Epidemien und Hungersnöte, auf der anderen Seite von Menschen gemachter Unfriede und Katastrophen wie Kriege und Umweltschäden. Das Leben ist voller Hindernisse, deshalb dauert das Kagyü-Mönlam auch so lange. Die Anfangsgebete in Sanskrit gehen zurück auf die Vorfahren der Übertragungslinie – bis zum historischen Buddha Shakyamuni. Danach folgen dann die tibetischen Gebetstexte, zur Beseitigung von Problemen aller Art.

Am vorletzten Tag des Kagyü-Mönlam, der zugleich auch mein vorletzter in Bodhgaya war, sollte ich Seine Heiligkeit endlich treffen dürfen. Ein paar Tage zuvor hatte der Audienzsekretär vergeblich versucht, mich auf dem Mobiltelefon zu erreichen, um mir zu sagen, dass ich so rasch wie möglich zum Karmapa kommen sollte. Heute erfuhr ich überhaupt nur durch Zufall, dass es einen Termin für mich gab. Anscheinend waren alle etwas überarbeitet. Ein aufmerksamer Leibwächter, der die Audienzliste in den Händen hielt, winkte mich zu sich, als ich gerade seitlich am Tempel vorbeiging. Er sagte ganz aufgeregt, ich stünde auf seiner Liste, und zeigte mir tatsächlich meinen Namen auf Position 1. Die Audienzen liefen schon seit mehr als einer Stunde. Das wäre noch nicht so tragisch gewesen, aber vor mir befand sich eine riesige Menschenmenge, die sich in drei Reihen am Eingang zum Treppenhaus aufgestellt hatte. Angesichts der vielen Wartenden begrub ich die Hoffnung auf ein vernünftiges Gespräch mit dem Karmapa. Aber der nette Leibwächter rief per Walkie-Talkie oben an, und anscheinend bekam er die Anweisung, mich sofort hinaufzuschicken.

Etwas zögerlich stieg ich die Treppen hinauf, oben warteten doch sicher noch einmal genauso viele Menschen wie unten. Wie sollte das gehen? Als mich die Mönche des Karmapa sahen, winkten sie mich auf das etwas höher gelegene Plateau, wo der Eingang zu dessen Residenz lag. Plötzlich fiel mir auf, dass ich dieses Mal keinen Anzug trug, wie ich es sonst immer bei den Begegnungen mit dem Karmapa tat. Um nicht allzu leger zu wirken, zog ich meine Trekking-Jacke aus und gab sie einem der Mönche. Der schwarze Pullover über dem weißen Hemd musste heute genügen. Dann ging alles ganz schnell. Ehe ich mich versah, wurde der große rotbraune Vorhang beiseitegezogen und gab den Blick auf einen schönen, angenehm beleuchteten Innenraum frei. Sonam und Choephel, zwei der Mönche, mit denen ich zusammen Pizza gegessen hatte, lächelten zur Begrüßung. Dann erst bemerkte ich den Karmapa, der hinter der linken Vorhanghälfte gestanden hatte. Er hatte sich nach vorn gebeugt und hielt seine Arme nach unten ausgestreckt. Ich war irritiert, aber dann verstand ich, dass er wie tausendfach gewohnt die Khatag, den Segensschal, entgegennehmen wollte. Meine Khatag steckte aber noch zusammengefaltet in meiner Jackentasche. Als der Karmapa merkte, dass keine Khatag kam, schaute er auf. Sein Blick verriet mir, dass er erschrocken war.

»O nein, du?«, rief er völlig entgeistert. Ich war perplex. War das jetzt nur einer seiner üblichen Späße? Doch dann wurde mir schlagartig klar, dass er überhaupt nicht mit mir gerechnet hatte. »Du?«, fragte er ungläubig weiter, »Du hier ... jetzt ... o nein ... warum jetzt?« Das konnte nur eins bedeuten: Der Audienzsekretär hatte ihn offenbar nicht in Kenntnis gesetzt, dass ich komme. Genau darum hatte ich ihn aber gebeten. Nur wenn der Karmapa tatsächlich Zeit erübrigen könnte, so hatte ich es dem Sekretär aufgetragen, sollte er mich einplanen – sonst lieber nicht. Nun hatten mir meine guten Beziehungen zu den Mönchen und Mitarbeitern des Karmapa zu dieser unverhofften Begegnung verholfen, aber ich wollte mir nicht einfach nur einen Segen abholen, sondern ein Gespräch führen. Dafür war aber in Bodhgaya offensichtlich keine Zeit.

Ich stammelte etwas in den Raum, sah die erschrockenen Gesichter der Mönche und den Audienzsekretär, der betreten nach unten blickte. Der Karmapa holte mich aus meinem hilfesuchenden Rundblick zurück, als er sagte: »Stephan, es tut mir so leid. Wir schaffen das nicht. Hier sind zu viele Leute.« Ich besann mich so schnell es ging und sagte, dass mir nicht daran gelegen war, ihm noch mehr Zeit zu stehlen. Mir sei bewusst, dass er seinen Pflichten als Oberhaupt nachkommen müsse.

»Kommst du nach Sarnath«, fragte er dann, »da werden wir mehr Zeit haben als hier. Ich gebe dir Bescheid, wann ich dort sein werde.« Er vergewisserte sich, ob ich ihn verstanden hatte und auch tatsächlich dorthin kommen wollte. Ich sagte zu und verabschiedete mich sofort von ihm. Doch er hielt meine Hand fest und sah mich fragend an.

»Gefällt dir das Altarpodium, wie es nun geworden ist?«, wollte er wissen. Ich hob den Daumen, zwinkerte ihm zu und sagte: »Großartig.« Da lächelte er zufrieden.

VI

Der Karmapa in Bedrängnis

Razzia in Gyuto

In den frühen Morgenstunden des 27. Januar 2011 stürmten gut ein Dutzend Beamte der Polizei des Bundesstaates Himachal Pradesh die Residenz des Karmapa und die Büros der Administration im Gyuto-Kloster. Bei der anschließenden Razzia beschlagnahmten sie Geld und schleppten Kisten mit Akten, Büchern und Computern heraus. Schon am Abend zuvor war Shakti Lama, der in der Administration des Karmapa für die Buchführung verantwortlich ist, festgenommen worden, lauteten die ersten Informationen aus Dharamsala.

Die Sensationsmeldung der Razzia im Karmapa-Kloster ging durch alle großen indischen Tageszeitungen und Fernsehnachrichten. Nach den Worten des Generaldirektors der Landespolizei des Bundesstaates Himachal Pradesh, D. S. Minhas, war am Abend des 26. Januar 2011 eine Person aus der näheren Umgebung des 17. Karmapa Ogyen Trinley Dorje zusammen mit zwei weiteren Personen bei einer Fahrzeugkontrolle in der Stadt Una, im Distrikt Kangra, nahe der Grenze zu Punjab, verhaftet worden. Sie sollen etwa 12,5 Millionen indische Rupien, etwa 25 000 US-Dollar, bei sich gehabt haben. Das beschlagnahmte Geld sei einige Tage zuvor in einer Bank in Delhi abgehoben worden und soll nach Aussage der Festgenommenen als Anzahlung für ein Grundstück in der Nähe von Dharamsala vorgesehen gewesen sein.

Dass eine solche Meldung für Furore sorgte, war kein Wunder, denn sie kam zu einem Zeitpunkt, als die medialen Wellen wegen eines aufsehenerregenden Korruptionsskandals bei der Telecom India ohnehin schon hochschlugen. Es ging um die erstaunliche Summe von fast 40 Milliarden Dollar. Letztlich führten die Ermittlungen zum Rücktritt des Kommunikationsministers Andimuthu Raja der indischen Zentralregierung in Delhi. Betrug in dieser Größenordnung war selbst für indische Verhältnisse unerhört und empörte die Öffentlichkeit, obwohl man Korruption und Selbstbereicherung in allen Bereichen des Alltags und besonders in der Wirtschaft und in der Politik im unübersichtlichen Subkontinent quasi für ein Naturgesetz hält.

Aus welchem Grund aber hatte man Shakti Lama verhaftet, der Bauland kaufen wollte? Und weshalb veranstaltete die Polizei eine Razzia in der Karmapa-Administration? Es war seit langem bekannt und auch in der lokalen Presse veröffentlicht, dass der Karmapa plante, eine eigene Residenz zu bauen, um endlich einen ständigen Wohnsitz in Indien beziehen zu können. Wer kaufen will, muss auch bezahlen können. Es schien, dass es sich bei dem in der Presse heraufbeschworenen angeblichen Skandal um diese Kaufaktion handeln musste.

Am nächsten Tag kamen noch mehr Polizeibeamte. Sie suchten in den Räumen der Mitarbeiter und der Mönche des Karmapa nach Geld, Unterlagen, Computern und allem, was für ein noch unbekanntes größeres Ermittlungsziel vielleicht einmal nützlich sein konnte. Im ersten und zweiten Stock entdeckten die Polizisten Geld in verschiedenen Währungen. Das zu finden war keine große Ermittlungskunst, denn die Spendengelder von mehreren Jahren lagerten frei zugänglich in Kisten und Reisetaschen in den Wohn-

und Arbeitszimmern der Mönche. Keiner der Mitarbeiter wusste, was als Nächstes passieren würde, ob die Polizisten bald abziehen oder womöglich noch jemanden verhaften würden. Ihre größte Sorge galt jedoch dem Karmapa, der sich während der immer noch andauernden Razzia ausschließlich in seinem Zimmer aufhielt und von Ermittlungsbeamten verhört wurde.

Auch die internationale Presse schrieb nun über die Razzia im Gyuto-Kloster. Die französische Nachrichtenagentur AFP wusste bereits von Geld in verschiedenen Währungen, das in den Räumen des »Top-Mönchs« gefunden worden sei. Die Untersuchung im Kloster sei in vollem Gange, habe der District Police Superintendent Santosh Patiyal gegenüber AFP geäußert. Man wolle herausfinden, woher das Geld, das man in den Büros der Administration des Karmapa beschlagnahmt hatte, stammt. Der Polizeisuperintendent lieferte für die gefundenen Devisen offenbar auch gleich den Herkunftsnachweis mit. Laut AFP sagte er, dass der Karmapa rechtmäßigerweise Besucher empfangen und von ihnen Spenden erhalten hätte. Damit war die Angelegenheit an sich erklärt, aber diese Erklärung schien die Journalisten nicht zu befriedigen. *The Indian Express* sprach bereits von 35 Millionen Rupies. Die indische Nachrichtenagentur PTI schrieb, der Karmapa, seine Schwester und seine engsten Mitarbeiter seien stundenlang verhört worden – »gegrillt« ist der Ausdruck, den man in Indien dafür verwendet. Andere Medien erhöhten den beschlagnahmten Betrag auf bis zu 75 Millionen Rupien oder behaupteten, angeblich offizielle Stellen zitierend, dass bei dem Großeinsatz der Landespolizei von Himachal Pradesh insgesamt circa 1,5 Millionen US-Dollar, davon etwa 150 000 Dollar in chinesischen Yuan und der Rest in mehr als zwanzig verschiedenen Landeswährungen, gefunden worden seien.

Man witterte Steuerhinterziehung, einen handfesten Finanzskandal, der diesmal nicht Leute aus Politik, Wirtschaft oder Showgeschäft betraf, sondern einen Mönch, einen Top-Lama, Seine Heiligkeit den Karmapa – einen, der Mitgefühl und Wahrhaftigkeit verkörpert, nicht Korruption und Betrug.

Räuberpistolen und Agententhriller

Nun kam Prem Kumar Dhumal, kein Geringerer als der Ministerpräsident des Bundeslandes Himachal Pradesh, auf den Plan. Dhumal bemühte sich, den Polizeichef mit eilig verbreiteten Berichten über mysteriöse Funde, mit Verdächtigungen und nicht bestätigten Informationen zu überbieten. Zu diesem Zeitpunkt waren die Untersuchungen weder abgeschlossen noch ausgewertet. Beide Lokalpolitiker, Polizeichef Minhas und Ministerpräsident Dhumal, sind Mitglieder der BJP, einer fundamentalistischen Hindu-Partei, die seit einer Legislaturperiode die Himalaya-Region regiert, aber in Delhi in der Opposition ist. Es ist allgemein bekannt, dass diese Partei den Tibetern nicht sonderlich wohlgesonnen ist, obwohl sie mit ihren Unternehmen und dem Dalai-Lama-Tourismus eine Menge Geld in die Region bringen.

In der westlichen Welt wäre es ein schwerer politischer Fehler, wenn ein Spitzenpolitiker über die Presse Anschuldigungen und Drohungen verbreitet, während die Ermittlungsorgane noch arbeiten und sich schon juristisch gesehen eine Vorverurteilung von selbst verbietet. Dessen ungeachtet erklärte der »Landesvater« von Himachal Pradesh, Ministerpräsident Dhumal, vor den immer zahlreicher lauernden Medienvertretern: »[…] dies ist eine ernste Sache, und es stellt sogar eine Bedrohung für die innere Sicherheit des Bundesstaates dar […] Ich kann verstehen, wenn ein kleiner Betrag an fremder Währung aus einem Land kommt, aber der Betrag ist riesig. Warum haben wir einen solch riesigen Betrag an indischer Währung? Und warum solch einen riesigen Betrag an chinesischer Währung? Wenn diese Leute aus China rausgeworfen worden sind, wie können sie einen solch riesigen Betrag an chinesischer Währung besitzen?«, fragte Dhumal in die Mikrophone der Presse.[49]

Was niemand, auch nicht die indische Presse, erwähnte, ist, dass Besucher aus Tibet nur ihre mitgebrachten chinesischen Yuan spenden können. Stattdessen lautete der neue Vorwurf: Wer chinesisches Geld hat, muss auch mit China Geschäfte machen.

Polizeichef Minhas erklärte auf einer der vielen Pressekonferenzen, im Kloster seien mehrere chinesische SIM-Karten gefunden worden. Er sprach von abgehörten Gesprächen mit chinesischen Offiziellen und von beschlagnahmten Computern mit vertraulichen E-Mails an chinesische Behörden. Seine Behauptungen sollten den Eindruck erhärten, dass der Karmapa regelmäßigen Kontakt mit chinesischen Behörden pflege.[50]

Dhumal unterstellte, Peking benutze den Lama dazu, die Himalayaregionen entlang der indisch-chinesischen Grenze über die buddhistischen Klöster von Ladakh bis Tawang zu kontrollieren.[51] Über Nacht war aus der Angelegenheit des Landkaufs und der Spendengelder eine politische Affäre geworden, die als Stoff für einen billigen Agentenroman taugen könnte. Der Karmapa, ein chinesischer Spion, von Peking ins indische Exil gesandt, um die Region zugunsten des großen Nachbarn zu destabilisieren? Was für eine Story! Dabei wäre es für Politiker und Journalisten ein Leichtes gewesen herauszufinden, dass sich kein nennenswertes Karma-Kagyü-Kloster in der Tawang-Region befindet. Offenbar hat man außer Acht gelassen, dass es im tibetischen Buddhismus verschiedene Traditionen gibt, und dass kein Kloster des Dalai Lama automatisch auch dem Karmapa untersteht.

Die Wucht und die Geschwindigkeit der immer neuen Meldungen und Anschuldigungen waren für den Karmapa und seine Mitarbeiter nicht zu bewältigen. Professionelle Hilfe kam von Karma Thobten, einem ehemaligen indischen Botschafter. Der weißhaarige, hochgewachsene Spitzendiplomat, der in der indischen Bevölkerung hohes Ansehen genießt, bot seine Unterstützung an und fungierte fortan als offizieller Sprecher des Karmapa. Am 29. Januar 2011 hielt er im Gyuto-Kloster eine Pressekonferenz ab und veröffentlichte eine Presseerklärung, in der er alle Spekulationen und grundlosen, unwahren Behauptungen über den Karmapa selbst und über das Ergebnis der laufenden Untersuchungen zurückwies.

Darin hieß es: »Wir möchten entschieden feststellen, dass die Anschuldigungen, die gegen den Karmapa und seine Administration gerichtet werden, höchst spekulativ und ohne jede Wahrheitsgrundlage sind. Ein jeder, der die Geschichte unserer Linie, unsere Bemühungen und das Leben Seiner Heiligkeit kennt, ist erstaunt über diese Anschuldigungen.«

Karma Thobten wies jegliche angeblich nachgewiesene Verbindung zu irgendwelchen chinesischen Behörden entschieden als falsch und angedichtet zurück, genau wie die völlig aus der Luft gegriffenen Geschichten über die angeblich gefundenen chinesischen SIM-Karten und chinesischen E-Mails.

Bezüglich der beschlagnahmten Spendengelder stellte er klar, dass der Karmapa als Oberhaupt der Karma-Kagyü-Linie zahlreiche Anhänger und Schüler in vielen Ländern auf allen Kontinenten hat. Mit ihren großzügigen Spenden unterstützten sie nicht nur die unter seiner Leitung stehenden Klöster und Ordinierten, sondern auch zahlreiche gemeinnützige und wohltätige Aktivitäten, die vom Karmapa angeregt und gefördert werden – auch Projekte in Indien. Er erklärte weiter: »Die Anhänger des Karmapa geben Spenden in unterschiedlicher Form – daran ist nichts Überraschendes, Neues oder Irreguläres. Ein Vertreter des Büros Seiner Heiligkeit des Dalai Lama hat dies gestern unterstrichen. [...] Jedwede Andeutung, dass diese Spenden für illegale Zwecke hätten benutzt werden sollen, ist verleumderisch. Zu diesem Zeitpunkt können wir zu dem Spendengeld in chinesischer Währung sagen, dass Seine Heiligkeit eine große Anhängerschaft von Tibetern aus Tibet hat, welche Spenden in chinesischer Währung geben.«

Der neue Sprecher des Karmapa erklärte auch, warum sich solch große Summen von Bargeld im Kloster befanden. »Die über mehrere Jahre angesammelten Spendengelder wurden im Kloster verwahrt, da in Indien nicht-indische Bewohner des Landes, wozu auch die tibetischen Flüchtlinge zählen, ohne besondere behördliche Genehmigung keine ausländischen Währungskonten eröffnen dürfen. Die erforderliche Genehmigung wurde von der Administration des Karmapa vor Jahren beantragt, aber die indischen Behörden haben die Bearbeitung des Antrags immer noch nicht abgeschlossen.«

Folglich blieb der Verwaltung elf Jahre lang nichts anderes übrig, als die Spendengelder, wie im alten Tibet, in Truhen und Reisetaschen aufzubewahren. Genau das schien für die Polizei des Bundesstaates ein Problem zu sein.

Karma Thobten betonte gegenüber den Journalisten, dass der beabsichtigte Landkauf weder – wie behauptet – über einen Strohmann noch heimlich oder illegal erfolgen sollte. »Weil Seine Heiligkeit in Dharamsala in einem provisorischen Quartier residiert, strebt sein Administrationsbüro an, eine Residenz als dauerhaften Wohnsitz für Seine Heiligkeit zu bauen. Dieses Projekt unterliegt verständlicherweise einer Bewilligung durch die indische Regierung.«[52]

Offenbar war den Journalisten vor Ort nicht bekannt, dass der 17. Karmapa seit seiner Ankunft in Dharamsala Anfang 2000, also seit mittlerweile über elf Jahren, mit seiner ganzen Entourage in einer provisorischen Unterkunft im Gyuto-Kloster residiert. Das Kloster gehört nicht etwa dem Karmapa, wie immer wieder in der Presse dargestellt, sondern dem Gelugpa-Orden des Dalai Lama. Der Karmapa und seine knapp zwanzig Leute wohnen dort gezwungenermaßen zur Miete. Nach vielen Jahren des beengten Provisoriums wollte man nun eine angemessene Bleibe für das Oberhaupt der Karma-Kagyü-Linie, für seine Mönche und seine Administration errichten. Drei Versuche waren bereits gescheitert, weil sie von Dritten vereitelt wurden. Im Frühjahr 2011 unternahm man einen neuen Anlauf, Bauland zu erwerben. Dieses Vorhaben hatte die Karmapa-Administration bereits im Sommer 2010 den Behörden mitgeteilt und die dazu notwendigen Genehmigungsverfahren eingeleitet. Danach wurde nach einem geeigneten Grundstück gesucht. Auch hierüber wurden die zuständigen indischen Behörden regelmäßig informiert. Im Oktober 2010 wurde die örtliche Presse über den geplanten Grundstückskauf und das Bauprojekt in Kenntnis gesetzt. Der potentielle Bauplatz unweit des Gyuto-Klosters war von den entsprechenden Regierungsämtern evaluiert und sogar schon freigegeben worden.

Am 29. Januar 2011 meldete sich auch der Sprecher des tibetischen Parlaments im Exil zu Wort, um den Karmapa zu unterstützen. Penpa Tsering wies indische Medienberichte zurück, die suggerierten, der Karmapa sei von China finanziert und plane, eine Reihe von pro-chinesischen Klöstern zu gründen. »Diese ganze Spekulation, dass er ein chinesischer Spion ist, entbehrt jeder Grundlage. Er genießt das Vertrauen des Dalai Lama und der tibetischen Bevölkerung, seiner Anhänger in aller Welt und der Regierung Indiens«, teilte Tsering der Nachrichtenagentur AFP mit. »Das tibetische Parlament steht hinter dem Karmapa«, betonte er.

Pressesturm und Blitzlichtgewitter

Mit den Erklärungen und schlüssigen Begründungen vonseiten des Büros des Karmapa gab sich weder die mediale noch die politische Klasse Indiens zufrieden. Wie heilige Kühe käuten die Journalisten Spekulationen und Beschuldigungen Tag für Tag wider. Kaum eine Spur von sachlicher Aufarbeitung des Falles oder auch nur kritischer Distanz zur Regierung. Als wären die Journalisten willfährige Handlanger, folgten die meisten dem Polizeichef, dem Ministerpräsidenten und deren Informationen.

Aber nach und nach setzte bei einigen wenigen Journalisten das längst überfällige Nachdenken und -forschen ein: Sie fanden zum Beispiel heraus, dass Ministerpräsident Dhumal, jener also, der den Karmapa voreilig verurteilt und die Presse mit Fehlinformationen gefüttert hatte, offenbar selbst Interesse an dem Grundstück hatte, das die Administration des Karmapa für die Residenz erwerben wollte.

Inzwischen war der Generaldirektor der Himachal-Pradesh-Polizei, D. S. Minhas, wieder vor die Presse getreten, um mitzuteilen, dass nun geprüft werden müsse, ob es gegen die gesetzlichen Vorschriften verstößt, wenn große Mengen an Bargeld in einem Kloster aufbewahrt werden. Eine derartige Untersuchung war in der aktuellen Situation an sich eine gute Nachricht, denn dabei wäre zumindest für eine gewisse Rechtssicherheit gesorgt. Der Vizegeneralsekretär der Administration des Karmapa, Karma Chungyalpa, schrieb dazu, dass er froh wäre, wenn das unschöne Spiel endlich nach echten juristischen Regeln geführt werde. Dann bräuchte man sich keine Sorgen mehr zu machen.

Die Solidarität der Tibeter

Die tibetische Gemeinschaft in Dharamsala und Umgebung zeigte sich angesichts der dramatischen Geschehnisse bestürzt. Zeitweise war in der Presse sogar über die Verhaftung des Karmapa spekuliert worden. Zudem waren sie von der Feindseligkeit und Respektlosigkeit in den indischen Medien erschüttert, die sich nicht nur gegen das verehrte religiöse Oberhaupt, sondern zunehmend auch gegen sie alle richtete. Die Landesbehörden des Bundesstaates drohten jetzt auch damit, alle Landkäufe in der Region nachträglich zu überprüfen. Und Ministerpräsident Dhumal dachte laut darüber nach, ein Büro des Geheimdienstes in dem überwiegend von tibetischen Flüchtlingen besiedelten Ort Dharamsala einzurichten, um diese besser kontrollieren zu können. Der Ministerpräsident hatte schon seit längerer Zeit keinen Hehl daraus gemacht, dass ihn die Besitzungen der exiltibetischen Klöster in seinem Beritt störten. Das sei alles Land, das man den Indern genommen habe, äußerte er unverhohlen in der Presse. Er stellte Vermutungen über den illegalen Erwerb von Grundstücken und Immobilien an und stellte in Aussicht, solche Deals rückgängig zu machen. Den Exiltibetern wurde schmerzhaft vor Augen geführt, wie wenig sie nach sechzig Jahren im indischen Exil von ihrem Gastland angenommen, respektiert oder gar integriert sind. Sie dürfen kein Land erwerben, sie dürfen kein eigenes Konto eröffnen und sie können, auch wenn sie in Indien geboren sind, nicht automatisch indische Staatsbürger werden. Nun sollten sie selbst, ihr Hab und Gut, ihre Geschäfte und Manufakturen Gegenstand genauester Untersuchungen werden, damit man ihnen den Besitz möglicherweise streitig machen konnte. Der Fall des Karmapa war nur der Anfang, befürchteten die Tibeter in Dharamsala und in den verschiedenen tibetischen Siedlungen im In- und Ausland, und ihre Sorgen verbreiteten sich wie ein Lauffeuer. Plötzlich war ihnen klar, dass man ihnen nicht nur den Karmapa, ihre Zukunftshoffnung, kaputtmachen wollte, sondern auch ihre eigene Lebensgrundlage in der geliehenen Heimat im Exil.

Der Ministerpräsident hatte seine Äußerungen wohl nicht genügend bedacht, denn nun stellten sich die Tibeter erst recht hinter den Karmapa. Zum einen, weil sie auf seinen spirituellen Schutz vertrauten, zum anderen, weil sie ihn schützen wollten.

Zu Tausenden fanden sie sich zu Solidaritätskundgebungen in Dharamsala und Gyuto zusammen. In kilometerlangen Reihen zogen sie von McLeodganj hinunter zum Gyuto-Kloster. In ihren Händen hielten sie Fotos von Seiner Heiligkeit und brennende Kerzen. Tagelang demonstrierten sie mit Mahnwachen um die Residenz. In den buddhistisch geprägten Himalaya-Regionen fanden zahlreiche Solidaritätskundgebungen für den öffentlich angegriffenen Karmapa statt, um gegen die diffamierende Medienkampagne und die unfaire Behandlung des Karmapa in der indischen Öffentlichkeit zu protestieren.

Der Karmapa selbst war die ganze Zeit über ruhig und gefasst geblieben, so berichteten mir seine Mitarbeiter. Bei den Solidaritätskundgebungen versicherte er den besorgten Gläubigen in kurzen Ansprachen, dass alles ein Missverständnis sei und dass Indien im Gegensatz zu China ein demokratisches Land ist. Er sagte ihnen, er sei fest davon überzeugt, dass sich alles aufklären würde. Aber als die Kampagne kein Ende nahm, sah er sich bemüßigt, ganz öffentlich und für alle nachlesbar seine Gründe für die Flucht aus Tibet erneut darzulegen.

Am 31. Januar 2011 präsentierte der Karmapa eine öffentliche Erklärung mit fünf Punkten zu den Gründen seiner Flucht.[53] Auch Seine Heiligkeit der Dalai Lama äußerte sich zu dem Fall und betonte, »dass diese Anschuldigungen absolut falsch sind«, so eine Pressemeldung des Kagyü-Office. »Er wisse, dass Seine Heiligkeit der Karmapa ein außerordentlich aufrichtiger und spiritueller Mensch sei [...] Seine Heiligkeit der Karmapa ist sehr dankbar für das Asyl, das ihm vom indischen Volk und der indischen Regierung gewährt wurde, und ihm liegt das Wohl dieses Landes am Herzen, dieses Landes, welches das Zuhause seines Glaubens ist, und das ihm erlaubt, seinen Glauben seit vielen Jahren frei zu praktizieren.«[54]

Der Wendepunkt

Auf dem Höhepunkt der Affäre schalteten sich zunehmend kritische Journalisten und politische Analysten in die Debatte ein. Der Inder Dibyesh Anand, Schriftsteller und Professor an der Universität von Westminster, schrieb in einem Artikel vom 2. Februar 2011 eine schonungslose Analyse über die Absurdität der Spionagevorwürfe gegen den Karmapa. In seinem Artikel mit dem provozierenden Titel: »Das Spionagemärchen über den Karmapa ist schlechtes

Karma für die indische Presse« rechnet er schonungslos mit der diffamierenden und unprofessionellen Berichterstattung ab.

Es mehrten sich Gerüchte, dass hinter dieser Kampagne wieder einmal der Shamarpa stecken könnte. Zwei Informationen, die zu dieser Zeit in der Presse auftauchten, führten geradewegs auf seine Spur. Interessanterweise hatte der Shamarpa selbst einen offenen Brief auf seine Internetseite gestellt, in dem er eine Beteiligung an den Beschuldigungen gegen den 17. Karmapa entschieden zurückwies. In dem Schreiben drohte er jedem mit sofortigen juristischen Schritten, der ihn der Beteiligung bezichtigte. Er erwähnte den Dalai Lama und den Karmapa namentlich und drohte beiden Oberhäuptern mit einer Klage, wenn sie in diesem Zusammenhang gegen ihn, den Shamarpa, vorgingen. Wenige Tage nach Erscheinen des Briefes wurde er jedoch wieder von der Internetseite entfernt. Vielleicht hatte jemand dem Shamarpa dazu geraten, denn Inhalt und Ton des Briefes lenkten den Verdacht erst recht auf den Verfasser.

Anfang Februar wandten sich Tibet-Aktivisten an das UN-Hochkommissariat für Flüchtlingsfragen, westliche Botschafter und Mitarbeiter der Außenministerien richteten besorgte Anfragen an die indische Zentralregierung. Sogar auf internationalen Treffen wie dem Weltwirtschaftsforum in Davos und beim G20-Gipfel, auf denen sich Indien gern als aufstrebende Nation und moderner Wirtschaftsstandort empfohlen hatte, wurde Ministerpräsident Manmohan Singh immer wieder auf die Hetzkampagne gegen den tibetischen Religionsführer in seinem Land angesprochen.

Kurz darauf wendete sich das Blatt, und die Zentralregierung in Delhi übernahm endlich die Führung in der Untersuchung der Vorgänge in der sogenannten Karmapa-Affäre. Als erstes sichtbares Zeichen der Gerechtigkeit wurden die Polizisten abgezogen, die das Kloster bis dahin belagert hielten, und ein Regierungsgesandter zum Karmapa geschickt.

Am 16. Februar 2011 empfing Gopal K. Pillai, der Innenminister der Zentralregierung in Delhi, eine Delegation von Karmapa-Mitarbeitern, um sich persönlich über den Fall informieren zu lassen. In diesem Gespräch wurde geklärt, dass die Spenden von der weltweiten Anhängerschaft der Karma-Kagyü-Linie stammten. In der Sache erteilte die Zentralregierung dem Karmapa einen Unbedenklichkeitsnachweis und setzte eine Neuberechnung der Steuern an. Die Verwaltung des Karmapa wurde angewiesen, einen professionellen Buchhalter einzustellen und zukünftig ordnungsgemäß Buch über die Spenden zu führen, unter Berücksichtigung der indischen Gesetze für die Verwaltung von Fremdwährungsbeträgen. Der Karmapa-Delegation wurde außerdem eine Genehmigung zum Grundstückskauf für die geplante Residenz erteilt. Allerdings sollten auch dabei alle gesetzliche Regelungen bezüglich des Fremdwährungsverkehrs berücksichtigt werden.

Die Zentralregierung in Delhi hatte sich zum Ziel gesetzt, sich im Ausland nicht weiter der Lächerlichkeit preiszugeben und dem eigenmächtigen und populistisch wirkenden Treiben der Himachal-Pradesh-Landesregierung ein Ende zu setzen. Delhi verkündete, es lägen keine Hinweise für eine Spionagetätigkeit des Karmapa vor, es seien weder chinesische SIM-Karten noch Aufzeichnungen von Telefonaten mit chinesischen Behörden gefunden worden. Damit schob man den bisherigen Mutmaßungen und aktuellen Anschuldigungen ein für alle Mal einen Riegel vor. Der *Indian Express* vom 4. März 2011 kommentierte: »Man muss Premierminister Manmohan Singh zugutehalten, dass er das Spiel durchschaut hat.«[55]

Als Beweis des Vertrauens und der Hochachtung stellte die indische Regierung fest, dass sie Seine Heiligkeit den 17. Karmapa Ogyen Trinley Dorje als den einzigen Karmapa ansieht. Innenminister Gopal K. Pillai war der erste Vertreter der Zentralregierung, der Ogyen Trinley Dorje offiziell *den* Karmapa genannt und ihn als zweithöchsten tibetischen Lama nach dem Dalai Lama bezeichnet hat.[56] Als besondere Geste kann man werten, dass dem Karmapa nun auch Reisefreiheit zugesichert wurde.

Wer auch immer dem Karmapa schaden wollte, hat damit letztlich nichts erreicht – eher das Gegenteil. Die Tibeter, die tibetische Exilregierung, der Dalai Lama und die buddhistische Bevölkerung der gesamten Himalaya-Region haben sich mit dem Karmapa solidarisiert. Auch die internationalen Anfragen haben die indische Regierung dazu bewegt, den 17. Karmapa zu rehabilitieren, ihn als den rechtmäßigen Amtsinhaber anzuerkennen und ihm Reisefreiheit zu gewähren. Nicht zuletzt hat die Affäre um Geld und Spionage die prekäre Situation des Karmapa und damit die Lage aller tibetischen Flüchtlinge in Indien an die Öffentlichkeit gebracht.

VII

Durchatmen in Sarnath

Balsam für die Seele

Ein heißer Wind wehte durch Varanasi, die heiligste Stadt der Hindus, als ich dort Mitte März 2011 ankam. Wer noch nie hier war, kennt vielleicht die Bilder der kilometerlangen Treppenanlagen am heiligen Fluss Ganges, jedoch nicht das Gedränge der Pilger, die zum Fluss strömen, um in ihm zu baden oder sich zumindest mit dem Wasser zu benetzen. Manche lassen ein paar Opferkerzen und Blüten schwimmen. Andere verbrennen ihre Toten direkt am Ufer oder lassen sie nach einer kurzen Zeremonie auf dünnen Filzflößen den Strom hinabtreiben. Mehrmals im Jahr ziehen Hunderttausende gläubige Hindus an das Ufer, um ihre farbenfrohen religiösen Feste zu feiern.

Mein Ziel war aber nicht der Ganges, sondern der Ortsteil Sarnath, der wiederum zu den heiligen Stätten der Buddhisten zählt. Hier lehrte der historische Buddha zum ersten Mal. Der Ort von der Größe eines mittleren Dorfes erhebt sich nur wenig über der großen, heiß flimmernden Ebene. Niedrige weiße Häuser im Kolonialstil stehen in großen, prächtigen Gärten. Nur die archaisch wirkenden Stupas streben himmelwärts, die hoch aufgetürmten, mächtigen Kegel aus gebrannten Ziegelsteinen, wie steingewordene Gebete. Buddhistische Tempel verschiedener asiatischer Kulturen und auch Bauten im typisch tibetischen Schmuckstil stachen mit ihrer Farbigkeit aus dem vorherrschenden Weiß heraus. Lange Reihen von Gebetsfahnen flatterten im heißen Wind. Ich war unterwegs zum Vajra-Vidya-Institut, einem Kloster, in dem sich der Karmapa seit ein paar Tagen aufhielt.

Ein malerischer, vielgliedriger Tempelbau mit wuchtig goldenem Dach und herrlichem Maßwerk erwartete mich. Aus dem Inneren drang volltönender Gesang durch die schmalen Türen. Ich brauchte nicht lange in dem kleinen Park mit blumengefasstem Springbrunnen herumzuirren, da kam schon einer der Leibwächter Seiner Heiligkeit auf mich zugelaufen. Er begrüßte mich überschwänglich wie einen alten Freund, nahm mich an der Hand und zog mich an zwei weißen Löwen vorbei die Tempeltreppen hinauf durch ein Meer von Schuhen und Sandalen, am Anmeldetisch der Security vorüber, direkt hinein in den Tempel. Ganz ohne Kontrolle. Wir liefen durch die linke Tür und bahnten uns unseren Weg durch einen Pulk von Nonnen, Mönchen und westlichen Buddhisten in bunten Kleidern. Hinter einer dicken roten Säule hielt er an, drehte sich zu mir um und sagte, Seine Heiligkeit sei dort vorn. Ich solle nun allein weitergehen und mich in den Mittelgang setzen, damit er sehen könne, dass ich da sei.

Ich hatte es nicht geschafft, früher hierher zu kommen. Somit hatte ich das Teaching, das an diesem Tag zu Ende ging, verpasst. Nach dem Stress in Bodhgaya hatte man mir von mehreren Seiten versichert, dass ich hier einen entspannteren Karmapa erleben würde. Seine Heiligkeit selbst, hatte man mir nach Deutschland übermittelt, hatte nachgefragt, wann ich denn käme.

Ich sah mich im Tempel um. Niemand saß im Mittelgang. Warum also sollte ich mich allein dorthin setzen? Hinter einer Barriere aus Holz stand eine Kamera. Daneben entdeckte ich Jo, die britische Englischlehrerin des Karmapa. Sie winkte und deutete auf den noch freien Stuhl neben ihr.

Als ich mich auf den Weg dorthin machen wollte und vorsichtig an der Säule vorbeilugte, sah er mich direkt an – der Karmapa. Ich war erschrocken, weil ich mich erwischt fühlte und mit dieser Begegnung nicht gerechnet hatte. Ein kurzes, kaum sichtbares Lächeln huschte über sein Gesicht. Dann richtete er sich auf und ließ sich mit geschlossenen Augen gegen die hohe Lehne des Thrones fallen.

Seitdem der Karmapa im Exil lebt, kommt er jedes Jahr zum Losarfest, dem feierlichen Beginn des tibetischen Jahres, nach Sarnath, um das neue Jahr zu begrüßen und für einen segensreichen Verlauf zu beten. Traditionell hält er auch Belehrungen und hängt gern noch ein paar Tage zur Erholung dran. Der Abt des Klosters und Direktor des Vajra-Vidya-Instituts, Thrangu Rinpoche, ist einer der wichtigsten Lehrer des Karmapa. Für diese Aufgabe hat ihn der Dalai Lama ausgewählt. Thrangu Rinpoche ist ein älterer, äußerst freundlicher Lama. Sein Lachen scheint ihm ins Gesicht geschnitzt zu sein. Er baute den prächtigen Tempel und das Kloster samt Institut und Gästehaus. Wie traditionell üblich errichtete er auf der Dachterrasse des Haupttempels auch eine Wohnung für Seine Heiligkeit, den Karmapa.

Während in Dharamsala noch tiefster Winter herrschte, bescherte der beginnende Frühling der heiligen Stadt Sarnath bereits sommerliche Temperaturen. Überall blühten Bäume und Sträucher in intensiven Farben. Frisches Grün spross zwischen dem staubigen Grau alter Blätter. Sogar die Gerüche waren hier anders, angenehm und würzig, nicht so aufdringlich und stickig wie sonst oft in Indien. Der Frühling tat gut.

Für den Karmapa bedeuteten die Wochen in Sarnath, im prächtigen Kloster seines Mentors, ein Stückchen Freiheit und Erholung von der eintönigen Beschränktheit seines provisorischen Daseins im Gyuto-Kloster, wo er immer Gast bleiben wird. Sarnath ist für ihn wie ein Paradies. Deshalb beten jedes Jahr alle dafür, dass er die Genehmigung erhält, nach Sarnath zu reisen. Dieses Mal war es besonders fraglich gewesen. Während der nervenaufreibenden Wochen im Januar und Februar hatte keiner daran geglaubt, dass Seine Heiligkeit Gyuto wie geplant in Richtung Sarnath verlassen durfte.

Mit dem Karmapa war ein Großteil seiner Mitarbeiter aus Dharamsala angereist. Auch seine Schwester Palzom war dabei. Hier würden wir endlich etwas mehr Zeit haben und zudem weniger Einschränkung durch die Polizeidienste als im Gyuto-Kloster, um ausführlich und in Ruhe sprechen zu können.

Maia, die dänische Dokumentarfilmerin, erwartete mich schon. Wir hatten verabredet, die nächsten Interviews gemeinsam zu führen. Sie für die Langzeitdokumentation, die sie für ihre Filmfirma und für den Karmapa drehte, und ich natürlich für dieses Buch. Der Vorteil für den Karmapa war, dass er jeweils nur einen Termin hatte statt zwei. Wir erhofften uns dafür insgesamt längere und ergiebige Begegnungen. Die Interviews würden mit der Kamera aufgezeichnet werden, was es für mich einfacher machte, die Worte des Karmapa im Nachhinein zu übersetzen, wenn er Tibetisch sprach. Seine Heiligkeit selbst befand unseren Plan für gut und praktisch.

Um möglichst bald einen Besuchstermin bei ihm zu bekommen, meldeten wir uns sogleich bei Chemed, dem Audienzsekretär. Er gab uns umgehend einen Termin für den Vormittag des übernächsten Tages, wies uns aber darauf hin, dass man auch hier einen Reisepass mit Visum bräuchte, um zum Karmapa vorgelassen zu werden.

Zwei Tage später warteten wir am Anmeldetisch der Security und verstanden nicht recht, was los war. Alle waren freundlich, aber wir standen offenbar nicht auf der Besucherliste. Nach einigen Telefonaten und anderthalb Stunden vergeblichen Wartens in der Mittagshitze erhielten wir die Auskunft, dass an diesem Tag kein Treffen möglich sei. Der Grund dafür sei, dass wir keine Kopien unserer Reisepässe beim Audienzsekretär abgegeben hätten. Davon war nie die Rede gewesen. Ich war sauer, versuchte aber diplomatisch zu bleiben, während ich die Angelegenheit mit dem Sekretär besprach. Den Karmapa hatte ich zuvor über mehrere Personen darüber unterrichten lassen. Das zeigte wohl Wirkung, denn Chemed war nun bereit, uns gleich für den folgenden Tag einen neuen Termin zu geben.

Bevor wir mit den Interviews beginnen würden, wollte uns der Karmapa einmal ohne Kamera treffen, um das Prozedere zu besprechen. So entschieden wir uns für ein getrenntes erstes Treffen, denn jeder von uns hatte mit Seiner Heiligkeit auch noch andere Themen zu besprechen. Am frühen Nachmittag des folgenden Tages stiegen wir die Treppe zur Etage über dem Tempel hinauf. Die Attendants ließen uns in ihrem Schlafgemach warten und auf ihren Betten sitzen. Die jüngeren Mönche boten uns Süßigkeiten an und vertrieben sich und uns die Wartezeit mit allerlei Schabernack.

Auf einmal wurden sie hektisch. »Kommt, schnell, kommt, es geht los.« Ich ließ Maia den Vortritt. Nach ein paar Minuten kam sie wieder und erzählte mir kurz, dass sie vom Karmapa bereits grünes Licht für alle unsere Vorhaben erhalten habe. Dann ging ich hinein. Der Karmapa kam mir entgegen und begrüßte mich mit einem sportlichen Handschlag.

»Als Maia allein hereinkam, dachte ich schon, du kommst nicht!«, raunte er mir zu und machte eine enttäuschte Miene. Dann begann er zu flüstern. Ich sollte mich ganz dicht zu ihm setzen, bedeutete er mir. Der weiße Plastikstuhl stand schon für mich bereit. Der Karmapa saß auf einem reich verzierten, thronartigen Sofa zwischen zwei großen Fenstern. Der ganze großzügige Raum war aufwändig mit tibetischen Schmuckelementen, dunklen Holzschnitzereien und Wandfriesen ausgestaltet. Was für ein Unterschied zu dem extrem nüchtern, ja fast nackt wirkenden Audienzzimmer im Gyuto-Kloster. Dieser Raum hier schien mir einer Heiligkeit viel angemessener.

Er flüsterte immer noch und sagte mir, dass die Interviews so in Ordnung gingen. Am nächsten Tag um zwei Uhr mittags sollte es losgehen. Es schien dem Karmapa Spaß zu machen, dass keiner der weiter hinten im Raum stehenden Personen auch nur einen Bruchteil unseres Gesprächs verfolgen konnte. Ab und zu lugte er kurz über mich hinweg. Der bei offiziellen Terminen allgegenwärtige »Aufpasser« von der tibetischen Regierung, der Audienzsekretär und einer der Attendants ahnten sicher nicht, dass wir fast nur über wenig geheime Themen geredet hatten.

Wunder sind nichts Besonderes

Der Tag des Interviews war gekommen. Eine Viertelstunde vorher saßen wir wieder im Zimmer der Attendants. Wieder waren alle der sonnigsten Stimmung. Selbst der sonst so streng dreinblickende Gyatso Thaye war bestens aufgelegt und übte vor der bereits aufgebauten Kamera, wie man als Moderator die Nachrichten präsentiert. Bereitwillig diente ich ihm als Coach für die wichtigsten Kniffe. Dann ging es los. Maia brachte die Kamera in Position, legte das Ansteckmikrophon aus und zog wegen der gleißenden Sonne einen langen Vorhang vor eines der Fenster.

Ngündrup Burkhar trat ein und kam zu uns. Der hochgewachsene Tibeter mit markantem Gesicht und langem, graumeliertem Haar sollte den Karmapa übersetzen, damit ich ungefähr wusste, was er antwortete, wenn er Tibetisch sprach. So hatte ich zumindest die Möglichkeit, mit einer Nachfrage zu reagieren. Doch zuerst musste umgeräumt werden, denn der breite Tisch vor dem Sofa verdeckte zu viel von Seiner Heiligkeit. Während die Mönche den schweren Tisch versetzten, blätterte ich noch einmal durch meine Notizen. Dabei war mir entgangen, dass der Karmapa hereingekommen war und schon neben mir stand. »Wer sitzt wo?«, fragte der Karmapa in die Runde. Alle waren sich darüber einig, dass er natürlich auf dem Thron sitzen sollte. Die Kamera hatte ihren Platz gefunden, die Kamerafrau musste nun noch entscheiden, wie der Übersetzer und ich uns positionieren sollten. Stattdessen griff der Karmapa ins Geschehen ein. Er packte mich am Arm, schob mich in die richtige Position und ließ den weißen Plastikstuhl hinter mir aufstellen. Nachdem noch Bild und Ton eingestellt waren, konnte es endlich losgehen.

Diesmal fühlte sich die Begegnung anders an. Lag es an der Kamera, die ich in meinem Nacken spürte? Oder daran, dass ich nicht allein war? Die erste Frage sollte uns alle ein wenig lockerer machen. Deshalb hatte ich kein staatstragendes Thema gewählt, sondern ein eher unterhaltsames Detail. Ich hatte schon mehrfach gehört, es sei verboten, den Karmapa zu berühren, also wollte ich ihn danach fragen. Natürlich war mir klar, dass es bei Seiner Heiligkeit wie bei jedem religiösen Würdenträger geboten ist, respektvollen Abstand zu halten. Diese Art von Etikette gilt zum Beispiel für die Queen, ob bei protokollarischen Begegnungen oder ohne höfisches Zeremoniell. »Don't touch the Queen! – Berühre niemals die Königin!« Es sei denn, man reicht ihr die Hand. Daher kam es fast schon zu diplomatischen Verwicklungen, als die First Lady der Vereinigten Staaten, Michelle Obama, der Königin von England nur kurz die Hand auf den Rücken legte.

»Ist es verboten, Sie zu berühren?«, fragte ich geradeheraus. Der Karmapa sagte gedehnt: »Nooo, nooo«, lehnte sich dann seitlich in eine Kissenrolle und verstummte wieder. War das jetzt eine allgemeingültige Antwort? Der Karmapa setzte sich wieder aufrecht und hob die Hand. Dann sah er mich etwas streng an, fuhr aber fort, dass es nicht ganz so sei.

Das tradierte Berührungsverbot ist nicht ohne Grund entstanden. Man muss bedenken, dass die Menschen in Tibet, die aus ihren Nomadensiedlungen zu den Audienzen hoher Lamas kamen, meist nicht besonders sauber oder gar gepflegt waren. Im Allgemeinen wuschen sie sich einmal im Jahr vor dem Neujahrsfest

Losar – und das war es dann. Schon allein deswegen war respektvoller Abstand geboten. Oft erteilten hohe Würdenträger aus rein hygienischen Gründen den individuellen Segen für Gläubige nicht mit direkter Berührung, sondern mit einem besonderen »Segensstab«. In Tibet hat man die Menschen generell nie besonders nah an die Geistlichkeiten herangelassen. Daher stammen also solche Regeln wie das Berührungsverbot und das Verdecken des Mundes bei direkter Ansprache, die auch heute noch eingehalten werden, obwohl die Lamas selbst das oft eher unkompliziert sehen.

Nun wollte ich ein Thema anschneiden, über das er vielleicht nicht so gerne sprechen würde: Hand- und Fußabdrücke in Steinen und Felsen. Ich hatte davon gehört und in verschiedenen Büchern gelesen, dass er solche Spuren mehrfach hinterlassen haben soll.

»Ist das wahr?«, fragte ich. »Ist das wirklich wahr?« Der Karmapa wiederholte meine Worte: »… wirklich wahr …«, und sagte dann »Okay«.

War das schon die Antwort? Ich sagte ihm, dass es mich sehr interessiere, denn ich hielt es zumindest für ungewöhnlich.

»Ja, ja …«, sagte er lächelnd, »ungewöhnlich …« Er holte tief Luft und atmete langsam aus. »Es kann schon sein, dass es an unterschiedlichen Orten unterschiedliche außergewöhnliche Dinge gibt. Vielleicht ist ein westlicher Computer für Tibeter auch schon außergewöhnlich«, stellte er in den Raum. Ich konterte: »Und was ist mit den Computern made in Asia?« Der Karmapa lachte und schob nach: »Nein, ich meine für alte Tibeter.«

Gewiss ist der Computer nicht nur für alte Tibeter ein undurchschaubares Wunderding. Aber es muss ja nicht gleich die hohe Technik sein. Tibeter betrachten zum Beispiel den deutschen Ordnungssinn als etwas Außergewöhnliches. Asiaten schauen im Allgemeinen mehr auf die innere Ordnung der Dinge wie zum Beispiel die richtige Himmelsrichtung für den Hauseingang oder auf die Aufteilung der energetischen Schwerpunkte in einem Raum. Das ist für sie sehr viel wichtiger als dass die Bücher im Regal in Reih und Glied stehen. Es geht ihnen mehr um das energetische Gleichgewicht und nicht so sehr um Äußerlichkeiten. Wenn man bereit ist, sich etwas genauer mit diesem Prinzip zu beschäftigen, kann man besser verstehen, wie sie leben, und nachvollziehen, warum dieser innere Ordnungssinn, der im Tibetischen »Tendrel« heißt und das harmonische Zusammenspiel der Elemente und Energien umschreibt, den westlichen Fragenden so besonders erscheint.

Offenbar wollte der Karmapa meine Frage nicht beantworten. Dabei hatte ich im Buch der amerikanischen Autorin Michele Martin über diverse Handabdrücke gelesen, die der 17. Karmapa schon in seiner Kindheit im Umfeld des Tsurphu-Klosters hinterlassen haben soll. Diese Relikte werden hoch verehrt. Viele Pilger legen ihre Hand in einen der Abdrücke in den Felsen und erhoffen sich davon den Segen des Karmapa. Manchmal sollen sie ganz zufällig entstanden sein, wenn er sich auf einem Felsblock abgestützt habe, manchmal habe er sie auch sehr bewusst erzeugt, heißt es in dem Buch. Tibeter bestätigen die Existenz solcher Abdrücke mit großer Selbstverständlichkeit. Um Tsurphu herum findet man an den Pilgerpfaden allenthalben Fuß- und Handabdrücke großer Meister der Vergangenheit.

Ich wollte nicht von ihm wissen, ob er tatsächlich dazu in der Lage war. Mich interessierte, wie er es mir erklären würde. Es war klar, dass ich wie ein westlicher Journalist fragte. Aber auch der Theologe in mir hatte sich gemeldet. Theologen sind in Sachen Wunder oft die schärfsten Kritiker. Nicht ohne Grund lehnt der Vatikan gemeldete Wunder grundsätzlich erst einmal ab, bevor sie vielleicht irgendwann geprüft werden. Ich persönlich betrachte Berichte von Blut weinenden Madonnen aus Gips genauso kritisch wie die von Handabdrücken tibetischer Lamas in Stein. Bei aller gesunden Skepsis halte ich allerdings vieles zwischen Himmel und Erde für möglich.

Für manche vermeintlichen Wunder gibt es eine natürliche Erklärung. So etwa für die Berichte, dass einige tibetische Lamas »fliegen« könnten. Dabei handelt es sich um eine besonders schnelle Art, sich über die Erde zu bewegen – fast ohne die Erde zu berühren. Und das wiederum ist außergewöhnlich, weil es eine yogische Disziplin ist, eine besondere Fähigkeit, die eigenen physischen Energien zu beherrschen. Ähnlich verhält es sich mit der Technik der inneren Hitze, tibetisch »Thumo«. Bei sehr niedrigen Außentemperaturen können Yogis hohe Körpertemperaturen erzeugen. Sie tragen dann nur ein Baumwolltuch, obwohl sie bei Minus 30 Grad im Schnee sitzen. Abdrücke in soliden Gegenständen zu hinterlassen oder sie gar zu durchdringen, gehört auch dazu. Die Verwirklichung großer Yogis und Meditationsmeister soll sich unter anderem darin äußern, dass sie die Meisterschaft über die fünf Elemente erlangt haben – Wasser, Erde, Feuer, Luft und Raum. Das ist dann jedoch keine metaphysische Angelegenheit und auch kein Wunder. Es ist eher die Meisterschaft eines geübten Geistes, ein Nebenprodukt des mentalen Trainings.

Nun hatte ich die Möglichkeit, mit jenem Menschen darüber zu sprechen, der so etwas selbst und spontan vollbracht haben soll. Aber der Karmapa saß vor mir und schien unschlüssig. Er schaute mich eine Weile prüfend an. Ganz unvermittelt sagte er dann: »Ich werde dir dazu eine Geschichte erzählen.« Ich war gespannt, was jetzt kommen würde.

»Es ist über den ersten Fußabdruck …«

»Fuß oder Hand?«, fragte ich nach.

»Fußabdruck«, sagte er noch einmal. »Eigentlich ist es gar kein Fußabdruck, sondern ein Schuhabdruck.« Um es mir unmissverständlich klarzumachen, hob er mit dem Fuß eine Sandale hoch. »Ich war damals sechs Jahre alt, im Herbst 1991 nach westlicher Zeitrechnung. Zu dieser Zeit war ich noch nicht als der Karmapa erkannt. Sie wussten nur, dass ich ein Tulku bin, aber sie wussten nicht, wessen Reinkarnation ich bin. Ich habe dir schon davon berichtet.«

Er erzählte weiter von der Begebenheit, als Abt Amdo Palden vom Karlek-Kloster, sein Vater und ein paar Mönche mit ihm nach Palpung gereist waren, um dort Situ Rinpoche zu treffen. Von dem prominenten Lama hofften sie Auskunft darüber zu erhalten, wessen Reinkarnation der kleine Apo Gaga war. Als sie nach tagelanger Reise das Kloster erreichten, hörten sie, dass Situ Rinpoche noch nicht angekommen war. Palpung ist das ursprüngliche Hauptkloster von Situ Rinpoche und eines der größten Klöster in Osttibet. Viele kleine Klöster gehören dazu.

Der Karmapa erzählte, dass die kleine Gruppe die Wartezeit für Ausflüge in die Umgebung von Palpung nutzte. In der Nähe befanden sich viele berühmte Retreat- und Klausurplätze.

»Wir übernachteten im Tsadra. Das ist das große Berg-Retreat-Zentrum des 1. Jamgön Kongtrul Rinpoche. Vom Tsadra aus sind wir dann hinauf in die Berge gewandert.«

»Wer ist mit hochgewandert?«, fragte ich nach.

»Die Mönche meines Klosters – also des Karlek-Klosters.« Sie seien sehr hoch geklettert, erinnerte er sich, und es hätte ein paar Stunden gedauert, bis sie oben angekommen waren. Er meinte, diese Pilgerwanderung damals öfter gemacht zu haben; vielleicht zwei-, dreimal. Dort oben sei ihm eine Idee gekommen: »Ich hatte zuvor gehört, dass Tulkus in der Lage sind, Fußabdrücke zu hinterlassen. Also beschloss ich: Ich sollte einen Fußabdruck hinterlassen. So habe ich zu den Mönchen gesagt, ich werde jetzt einen Fußabdruck machen, und dann haben alle gelacht.«

Ich weiß nicht, ob ich in dieser Situation gelacht hätte, vor allem, wenn ich das Hintergrundwissen der tibetischen Mönche gehabt hätte. Ponlop Rinpoche, der heute in den USA lebt und dem Karmapa sehr nahesteht, erzählte, dass auch die Mönche in Tsurphu Hinweise des Karmapa oft nicht deuten oder verstehen konnten. Deshalb lachten sie und nahmen die entsprechende Situation nicht ernst. Ponlop Rinpoche regt sich noch heute darüber auf, dass die Attendants damals nicht immer genau hinhörten und manche Hinweise somit einfach verlorengegangen sind. Das soll beim 16. Karmapa ähnlich gewesen sein. Die Attendants begriffen manchmal nicht, was er wie beiläufig äußerte. Manche dachten vielleicht, er würde gerade mal wieder etwas dichten oder vor sich hin summen. Es wurde nicht als wichtig erkannt, deswegen auch nicht notiert und war damit verloren. Oft waren es aber wertvolle Hinweise auf bevorstehende Ereignisse. Aufmerksamen Schülern fielen solche Äußerungen sofort auf.

Der Karmapa sah mich an, als erforschte er meine Gedanken. Dann fuhr er fort und wirkte dabei ganz aufgeregt: »Ich hätte meine Schuhe ausziehen müssen, aber das konnte ich nicht, weil ich so lange Stiefel anhatte.« Er zeigte mit beiden Händen, bis wohin die Oberkante der Stiefel gereicht hatte. »Ich war ja noch ein Kind und schaffte es nicht allein. Also bat ich die anderen, mir zu helfen. Aber sie wollten nicht. Stattdessen sagten sie: ›Wenn wir vorweggehen und du nicht mitkommst, dann kommt vielleicht ein Bär.‹ Sie gingen tatsächlich vor, und ich hatte ein wenig Angst. Aber dann habe ich mich beeilt, weil ich ganz allein auf dem Berggipfel stand und die anderen schon weg waren.«

Der Platz, an dem er sich befand, war nach Osten ausgerichtet. In der Ferne waren Berge und freier Himmel zu sehen.

»Ein flacher Fels lag dort, und ich stampfte mit dem Fuß darauf – mit dem rechten. Dann rannte ich hinunter, den anderen hinterher. Ich habe mir den Fußabdruck nicht angesehen, sondern bin einfach losgelaufen.«

»Haben Sie sich den Fußabdruck im Felsen wirklich nicht angesehen?«

»Nein nein … die anderen hätten mir eh nicht geglaubt, weil ich ja so klein war und noch ein so junger Tulku.«

Ich hielt die Geschichte für beendet und wollte nun nach den Handabdrücken fragen. Da unterbrach er mich mit einem dreifachen, energischen »Nein!« und signalisierte mir, abzuwarten. »Da kommt noch mehr. Warte mal. Ich sag's dir, es geht noch weiter.«

Der Übersetzer hatte große Mühe damit, nachzukommen. Der Karmapa war genauso ungeduldig wie ich. Immer wieder schob er Worte auf Englisch ein, damit es schneller weiterging.

»Es war danach, ein paar Monate später, im Frühjahr 1992, als bekannt wurde, dass ich der Karmapa bin. Da waren alle sehr aufgeregt. Zwei Mönche aus Palpung hatten von der Geschichte in den Bergen gehört und wollten wissen, was wirklich geschehen war. Sie gingen zu der Stelle, um nachzusehen. Als sie ankamen, war der Abdruck vom Stiefel da. Ich habe kein Bild davon gesehen. Die Mönche haben den Fußabdruck mit Farbe eingerieben und ein Stück Stoff daraufgedrückt. Sie sagten, man hätte sogar das Profil der Gummisohle der Stiefel auf dem Stoff erkennen können. Mein Vater hat es mir dann später gezeigt ... Siehst du, das ist eine Geschichte.«

Ehe ich etwas sagen konnte, legte er nach: »Noch viel früher, als ich noch ganz klein war, spielten mein jüngerer Bruder und ich zusammen. Damals trugen wir keine Schuhe. Wir spielten auf einem großen Felsen, und ich hinterließ einige Fußabdrücke darauf, als wäre der Fels aus Butter, hat man mir gesagt. Ich kann mich aber nicht daran erinnern.«

Der Karmapa schien die Scheu verloren zu haben, mir von solchen Geschehnissen zu berichten. Er war richtig in Fahrt und wollte es bei den beiden Geschichten nicht bewenden lassen.

»Dann ist da noch einer im Tsurphu-Kloster. Ich habe daran aber so meine Zweifel. Ich weiß nicht, ob er echt ist oder nicht.«

»Haben Sie ihn nicht gesehen?«

»Doch, ich hab ihn gesehen ...«, sagte er fast beiläufig.

Den Steinblock mit dem Handabdruck des Karmapa kann man heute noch besichtigen. Er wurde etwas später als Eckstein an einem der neu errichteten Klostergebäude eingebaut.

Tibeter gehen mit solchen Phänomenen sehr entspannt um. Für sie sind die besonderen Fähigkeiten normal in dem Sinne, dass sie in ihnen das Resultat geistigen Trainings sehen, das jeder gut Praktizierende erlangen kann. Aus der Sicht des Westlers hingegen haftet solchen Fähigkeiten immer etwas Mystisches, Esoterisches, Unerklärliches an.

Die tibetische Geschichte und Literatur ist voll von Anekdoten über berühmte wie namenlose Yogis und spirituelle Meister, die durch meditative Praxis außergewöhnliche Fähigkeiten erlangt haben, wie Hellsichtigkeit, Heilen, das Wetter beeinflussen, Quellen entspringen lassen etc. Manche nehmen wochenlang keine Nahrung zu sich und ernähren sich stattdessen subtil energetisch von den natürlichen Elementen. All dies erinnert an die Berichte von großen geistlichen Mystikern der christlichen Geschichte. In Indien, Ägypten, Persien, überhaupt in allen alten Kulturen, gibt es diese Traditionen, hinter denen immer das gleiche Prinzip steht: durch geistiges Training die Elemente des Körpers und der Natur zu beherrschen. Für Yogis sind die Elemente des Körpers und diejenigen der umgebenden Natur nicht getrennt – sie bedingen einander.

Am Vormittag des nächsten Tages erhielten wir die Nachricht, dass der Karmapa ab ein Uhr mittags zu seinem Mentor, Thrangu Rinpoche, gehen würde. Also verschob sich auch unser nächstes Interview. Ich hatte Verständnis dafür, denn der Karmapa musste die Zeit, die ihm hier noch blieb, nutzen, um mit seinem Lehrer zusammen zu sein. Außerdem hatte ich erfahren, dass seine Weiterreise nach Delhi um zwei Tage vorverlegt worden war. Also war der Freitag nun die einzige Gelegenheit für ein weiteres Treffen in Sarnath.

Geburtstagsfeier im Sicherheitstross

Es war zwölf Uhr am Freitag. Wir standen zusammen mit der ganzen Entourage des Karmapa an den Jeeps, die vor dem Haupttempel geparkt waren, und warteten auf Seine Heiligkeit. Der Sicherheitschef checkte die Liste und wies uns den Wagen mit der Nummer 4 zu. Maia und ich waren von Palzom zu ihrer Geburtstagsfeier eingeladen worden. Ihr Bruder, der Karmapa, gab ihr zu Ehren ein Mittagessen in einem der besseren Hotels mitten in Varanasi.

Die Fahrt dorthin war abenteuerlich und erinnerte mich an einen Geheimdienst-Thriller, der in irgendwelchen südamerikanischen Bandenvierteln spielt. Vom Rücksitz des Jeeps aus beobachtete ich unsere Sicherheitskolonne dabei, wie sie sich durch die vollgestopfte, chaotische Großstadt quälte. Von Mensch bis Kuh schienen alle auf den Beinen zu sein oder per Lastwagen, Auto, Motorrad, Rikscha oder Fahrrad nach Schlupflöchern zu suchen, um meterweise voranzukommen. Ganz Varanasi glich einer Großbaustelle, weil man für ein neues Abwassersystem die meisten Straßen gleichzeitig aufgerissen hatte und zusätzlich noch quer durch die Innenstadt eine aufgeständerte Trasse für die Eisenbahn baute.

Die Sirene des voranfahrenden Polizeiautos ging im allgemeinen Hupkonzert unter. Um Blaulichter schert sich hier keiner großartig. Der Lama auf dem Beifahrersitz lachte unentwegt. Uns begann heiß zu werden, denn ausgerechnet in unserem Jeep war die Klimaanlage defekt. Diejenigen aber, die jetzt so richtig schwitzten, waren die Leibwächter, weil sie in der prallen Mittagssonne neben dem Jeep herlaufen mussten, in dem der Karmapa saß. Genauso, wie man es aus Filmen kennt. Es ist der Albtraum eines jeden Bodyguards, wenn der Tross ins Stocken kommt. Ging es mal wieder ein paar hundert Meter etwas schneller vorwärts, mussten sie rennen, um dranzubleiben. Auch die Fahrer hatten ihre Not, denn immer wieder drängelten sich vorwitzige Rikscha-Fahrer zwischen die Stoßstangen – oder eine Kuh. Die heiligen Tiere Indiens können einem manchmal richtig auf die Nerven gehen.

Für die dreizehn Kilometer vom Kloster bis zum Hotel brauchte unsere Kolonne schließlich weit mehr als eine Stunde. Was für ein Geburtstag, dachte ich, und was für ein Aufwand. Im eiskalt klimatisierten Restaurant wartete bereits das Büfett, das mitten im Raum aufgebaut war. Es roch alles sehr lecker. Palzom bat mich, mit ihrer Kamera ein paar Erinnerungsfotos zu schießen. Sie saß bei ihrem Bruder in einem kleinen, grün beleuchteten Séparée. An ihrem Tisch waren außer Seiner Heiligkeit lediglich ältere Herren platziert, also die ranghöchsten Würdenträger. So ist es bei Tibetern üblich. Ob sich Palzom angesichts ihres Geburtstages in dieser Gesellschaft wohl fühlte? Sicher war sie es bereits von vielen Veranstaltungen dieser Art gewöhnt, aber ich hätte ihr ein paar gleichaltrige Tischnachbarn gewünscht.

Ein Blick auf die Uhr verriet mir, dass es mit dem Interview nicht gut aussah, denn es war schon kurz nach zwei Uhr und wir hatten noch nicht einmal das Dessert samt Kaffee, Tee und Sahnetorte auf dem Tisch. Ein wenig später steckte der Karmapa seine Hand durch das Holzgitter, das unsere Separées trennte, und zupfte am Ärmel meines Jacketts. Er musste nicht weit greifen, weil ich quasi direkt an der Trennwand saß. Dann schob er seine linke Hand durch das Gitter und klopfte mit dem rechten Zeigefinger auf das Uhrglas. Ich wusste, worauf er hinauswollte, denn die Zeiger zeigten fast halb drei. Schuldbewusst und fragend sah er mich an, als sollte ich nun aussprechen, dass die Zeit für das Interview im Grunde schon vorbei sei. Selbst wenn wir sofort aufbrechen würden, bedeutete die zeitraubende Rückfahrt das endgültige Aus für den geplanten Zeitkorridor. Der Karmapa legte seine Stirn an eine Querlatte und sprach langsam und bedächtig wie bei einem Diktat in der Schule.

»Delhi ... Wir machen in Delhi weiter. Delhi ... da ist Zeit. Am

240

ersten Tag finden medizinische Untersuchungen statt, dann ist Zeit. Viermal. Also vier Interviews.« Er sah zu mir auf und fragte etwas besorgt, ob ich überhaupt nach Delhi kommen würde. Ich beruhigte ihn, dass ich es ohnehin geplant hatte und nur einen Tag nach ihm die indische Hauptstadt erreichen würde. »Ist das in Ordnung? Reichen vier?«, fragte er. Es war ein großzügiges Angebot, das ich nicht ausschlagen konnte, noch durfte ich über die aktuelle Planänderung enttäuscht sein.

»Ich werde da sein!«, antwortete ich.

VIII

Zwischen Vision und Wirklichkeit

Von Beziehungen und Übertragungen

Delhi zeigte sich im Frühling von einer besonders angenehmen Seite. Es war nicht zu heiß und nicht so stickig wie sonst. In der Luft wirbelte erstaunlich wenig Staub herum. Seit den Commonwealth-Games im vergangen Oktober wirkte die Stadt sehr viel sauberer und aufgeräumter, als ich sie je erlebt hatte. Rechts und links der großen Einfallstraßen gab es sorgfältig bepflanzte Beete, die meisten Wege waren gepflastert, und es lag so gut wie kein Müll herum. Ich war beeindruckt. An einer Kreuzung in der Nähe des indischen Parlaments fiel mein Blick auf ein Riesenposter, auf dem stand: »Bitte zahl deine Steuern und unterstütze damit dein Heimatland!« Der Taxifahrer brach in krächzendes Gelächter aus, als ich ihn darauf aufmerksam machte. So machte Delhi Spaß.

Seine Heiligkeit wohnte im Delhi-Grand-Hotel. Ein stattliches Haus mit einer klassizistisch anmutenden Fassade, umgeben von einem gepflegten Rasen. Der Hotelbesitzer, ein wohlhabender Inder, der den Karmapa sehr verehrt, hatte ihm sein Hotel als zeitweilige Residenz in Delhi angeboten und stellte einen ganzen Flur mit Zimmern für ihn, seine Entourage und die Sicherheitsleute kostenlos zur Verfügung. Am Ende des Flurs lag die Suite Seiner Heiligkeit. Sie war mein Ziel.

Der Karmapa trat gerade durch die Flügeltür aus dem Nebenzimmer und steuerte auf das Sofa zu. Augenblicklich ließ er sich in die tiefen Polster fallen, nur um sofort wieder aufzuspringen, weil er erst jetzt bemerkt haben wollte, dass er Besuch hatte. Schelmisch lächelnd kam er auf uns zu und fragte: »Du hier in Delhi? Und Maia auch noch!« Alle lachten.

»Ja wo denn sonst! Und wie war der Check-up in der Klinik?«, fragte ich zurück. Er seufzte und hielt sich Kopf und Bauch zugleich. Sie hätten festgestellt, er lebe tatsächlich noch, bemerkte er erstaunt. Wieder lachten alle. »Jaaa!«, schob er energisch nach, und das Lachen verstummte auf der Stelle.

»Okay, start!«, rief er im Befehlston und sah mich erwartungsvoll an. Maia hatte die Kamera noch nicht bereit, da wollte er schon mit dem Interview beginnen. Mit einer schwungvollen Handbewegung verscheuchte er alle, die nicht unbedingt im Zimmer bleiben mussten. Der Karmapa meinte es ernst, er wollte loslegen.

»Wie lautet die erste Frage?« Während ich noch dabei war, mich zu setzen und die richtige Seite in meinem Notizbuch zu suchen, sagte ich spontan: »Die erste ist über Ihre Schwester.« Dabei stand diese Frage gar nicht auf meinem Zettel.

»Schwester?«, hakte er mit erstauntem Blick nach. Ich bestätigte und stellte fest: »Ja, Sie haben eine Schwester …«

Er lachte schelmisch und gab zurück, er habe viele Schwestern. Sechs, um genau zu sein. Mir ging es aber um Palzom, die mit ihm im indischen Exil lebt. Ich wollte von ihm wissen, wie seine Beziehung zu ihr ist.

Er spitzte den Mund und schaute nachdenklich. Dann begann er langsam zu sprechen: »Das ist ziemlich schwierig, weil … also diese Frage … Wegen der tibetischen Gepflogenheiten ist es schwierig, über die Beziehung zwischen meiner Schwester und mir zu sprechen. Die Leute im Westen, die reden eher darüber. Also, was soll ich sagen? Es ist eigentlich alles ganz normal.«

Konnte es etwa sein, dass ich wieder einmal eine Frage gestellt hatte, die man einem tibetischen Lama im Allgemeinen und Seiner Heiligkeit dem Karmapa im Speziellen nicht stellen sollte? Er fuhr jedoch fort und meinte, die Leute im Westen würden viel über ihre Familien reden, aber bei den Tibetern sei das so nicht üblich. Der Übersetzer schaltete sich ein und erklärte, dass es da einen grundlegenden Unterschied zwischen der westlichen und der tibetischen Kultur gibt.

Jetzt verstand ich auch, warum der Karmapa mir auf frühere Fragen über die Beziehung zu seinen Eltern nie richtig Antwort gegeben hatte. Ich hatte damals gedacht, dass er so zurückhaltend war, weil es sich für eine Person seiner Position nicht geziemt, über private Angelegenheiten zu sprechen, oder dass er nur noch schwache Erinnerungen an die frühen Kindheitstage hatte. Aber offenbar lag es eben auch an der tibetischen Kultur.

Seine Schwester Palzom war eher bereit, über das Verhältnis zu ihrem Bruder zu sprechen. Sie ist acht Jahre älter und hat eine enge Beziehung zu ihm. Seit seiner Geburt war es ihre Aufgabe, sich um den kleinen, kostbaren Bruder zu kümmern, ihn zu versorgen, umherzutragen und mit ihm zu spielen. Auch wenn beide nun erwachsen sind, macht sich Palzom eigentlich immer Sorgen um ihren Bruder und hat ein wachsames Auge auf ihn.

»Manchmal habe ich den Eindruck, ich bin die Einzige hier, die ihn wirklich beschützt«, hatte sie mir ein paar Tage zuvor in Sarnath bei einem nachmittäglichen Kaffee auf der Wiese vor dem Tempel gesagt. Ich hatte es schon ein paarmal erlebt, dass sich in ihrem sonst so glatten Gesicht tiefe Sorgenfalten zeigten. Ich fragte sie deshalb, ob es nur Sorge sei, die sie für ihn empfinde. Da lachte sie nur und erzählte, dass er sich immer freut, wenn sie bei ihm ist.

»Manchmal kneift er mich oder boxt mir gegen den Arm – so wie wir es als Kinder in Tibet auch gemacht haben. Ich glaube, er ist froh, wenn ich lache. Und ich bin froh, wenn Holiness lacht.«

Ich sah den Karmapa an und dachte laut, dass sie zusammen im Exil sind und Palzom die Einzige aus ihrer Familie ist, die er bei sich hat. Er richtete sich auf, strich sich über das Gesicht und seufzte laut, als wäre es ihm nicht ganz recht, weiterzusprechen.

»Ich denke, es ist eine besondere Art von Beziehung«, sagte er nachdenklich. »Ich meine, das kann ich dir ruhig erzählen … Also: Vor meiner Schwester …« Er unterbrach sich kurz, beugte sich nach vorn und sprach mit ausladender Geste weiter. »Vor meiner Schwester fühle ich mich immer wie der kleine Junge von damals!« Es sah so aus, als versetzte er sich augenblicklich in die Zeit zurück, als sie ihn noch Apo Gaga nannten.

»Wirklich?«, fragte ich zurück.

»Wie ein Kind«, wiederholte er prompt.

Etwas in meinem Blick bewegte ihn dazu, das Gesagte noch einmal mit Nachdruck zu bestätigen.

»Natürlich!«, versicherte er in einem Tonfall, als hätte er gerade ein großes Geheimnis preisgegeben. Der Karmapa musste lachen, offenbar über uns beide, denn mein Gesicht hatte wohl Erstaunen, aber auch Verständnis und vor allem Einverständnis ausgedrückt. Ich erzählte ihm, dass viele Menschen, vor allem bedeutende Persönlichkeiten, das Gefühl vermissen, zwischendurch noch einmal Kind sein zu dürfen.

»Ja, genau. Und siehst du, so ist die Beziehung zwischen meiner Schwester und mir. Das ist die wichtige Verbindung, von der ich dir erzählt habe. Es war ganz normal, als ich noch ein Kind war und bei meiner Familie gelebt hatte. Da war ich noch ein gewöhnlicher Mensch.«

Der Karmapa schien den Moment der Erinnerung zu genießen, an die Tage seiner Kindheit, an seine Eltern und Geschwister. Geblieben ist ihm die große Schwester Palzom. Sie ist die Verbindung zu seiner Familie, zu seiner Heimat in Osttibet. Mit ihr teilt er die Erinnerungen an das große Nomadenzelt, an die selbst gemachten Momos der Mutter, an die wild weidenden Yaks und seine Ziege Kayu mit den drei Ohren.

Als ich ihn danach fragte, ob ihm bewusst sei, dass sich Palzom ständig Sorgen um ihn und um seine Gesundheit macht, atmete er tief durch.

»Ja, ich denke, sie macht sich sehr oft Sorgen. Dabei ist sie selbst oft krank. In Tibet war sie immer gesund. Vielleicht macht sie sich einfach zu viele Sorgen um mich.« Er lächelte nachdenklich.

Nach einer solchen Unterhaltung das Thema zu wechseln, ist nicht einfach. Aber es standen noch eine Reihe weiterer Fragen auf meiner Liste. Ich legte demonstrativ die Hand auf mein Notizbuch und sagte, dass wir nun über die Linienhalter und die Linienübertragung sprechen sollten. Seine Heiligkeit hatte nichts dagegen und kommentierte den radikalen Themenwechsel mit einem zustimmenden »Ja«.

Weil ich kein Buddhist bin und in Sachen Linienhalter nur über angelesenes oder gehörtes Wissen verfüge, wollte ich mehr darüber erfahren und es vor allem besser verstehen, denn es handelte sich dabei schließlich um ein Grundprinzip oder gar die Lebensader der Karma-Kagyü-Linie. Also fragte ich Seine Heiligkeit, ob er persönlich glaube, dass er am Anfang seines Lebens so etwas war wie ein leeres Gefäß und die Aufgabe der Linienhalter darin bestünde, dieses Gefäß zu füllen. Oder war es eher so, dass er von Anfang an kein leeres Gefäß war, sondern gefüllt mit etwas, das erst erweckt oder angeregt werden muss?

Der Karmapa reihte die Worte zuerst bedächtig aneinander, als ob er jedes einzeln abwägte, dann wurde er schneller:

»Im Allgemeinen, wenn wir es aus buddhistischer Sicht erklären, wird eine Übertragung erteilt, um dein Wesen zu nähren und heranreifen zu lassen. Wie bei einer Pflanze, da ist die Essenz oder der Samen, aber der Samen allein ist nicht fähig, sich zu entfalten. Da ist zwar das innewohnende Potential zum Heranreifen. Alle fühlenden Wesen haben das, den Samen der Buddha-Natur, das Potential zur Buddhaschaft. Aber wenn der Samen gesät ist, musst du ihn auch pflegen. Nur den Samen zu haben, ist nicht genug. Wenn du ihn nicht pflegst, wird die Frucht nicht heranreifen. Wir müssen sie sich entwickeln lassen wie ein in die Erde gelegter Samen, der durch Wärme und Feuchtigkeit unterstützt wird. Das gilt für jedermann.«

Der Karmapa strahlte geradezu, während er sprach. Zwischendurch überlegte er immer wieder, um möglichst präzise zu formulieren. Vielleicht auch, um es für mich verständlicher zu machen.

»Ich brauche nicht über die vorigen Karmapas zu sprechen. Für mich ist es so, wie wir es immer beschreiben. Wenn wir über eine Übertragung sprechen, ist es so, wie wenn man ein Gefäß füllt, bis es überfließt. Wenn wir darüber nur aus der Sicht dieses einen Lebens nachdenken, scheint es so, als ob am Anfang nichts da wäre. Aber in Wirklichkeit ist es so, wie ich es vorhin beschrieben habe, es ist ein Heranreifen und ein Nähren von etwas, von einem Potential, das alle fühlenden Wesen besitzen. In meinem Fall war es dasselbe, es schien, als wäre da kein Samen und alles musste von Anfang an getan werden.«

Ich erinnerte mich an die vielen besonderen Zeichen in seiner Kindheit, aber ich wusste, dass er sie immer heruntergespielt hatte und dass er das Einfache und Natürliche bevorzugte.

»Wenn zuerst gar kein Gefäß da ist, kannst du ja auch nichts hineintun. Wir alle haben dieses grundlegende Potential. Wir müssen uns nur darauf besinnen und es voll zur Entfaltung bringen.«

Ich hörte dem Karmapa aufmerksam zu, denn er erteilte mir gerade Religionsunterricht im Fach Buddhismus und versuchte mir die Kernaussage des tibetischen Buddhismus zu vermitteln. Als Katholik konnte ich sie gut verstehen, denn auch die christliche Lehre sieht den Menschen als ein Wesen, in dem das Göttliche schon angelegt ist. Auch im Christentum gilt es, sich auf dieses Göttliche zu besinnen und es zu pflegen.

Im vergangenen Herbst hatte ich Gyaltsab Rinpoche im Gyuto-Kloster erlebt. Er war für einige Wochen nach Dharamsala gekommen, um dem Karmapa eine Reihe von wichtigen Übertragungen zu geben. Bei dieser Gelegenheit erfuhr ich auch, dass die Übertragungen der Karma-Kagyü-Linie mündlich erfolgen müssen. Zur vollständigen Übertragung gehören drei Arten: die mündliche Übermittlung der Texte, die rituellen Einweihungen und die persönlichen Anweisungen des Lehrers zur individuellen Praxis.

Der Name der Linie »Kagyü« bedeutet: die mündliche Übertragungslinie. Man nennt sie auch »die geflüsterte Linie«. Die Übertragung muss vom Mund zum Ohr gehen, das heißt die Inhalte müssen persönlich und energetisch vom Lehrer auf den Schüler übertragen werden, um die im Geisteskontinuum des Schülers bereits vorhandene Information zu reaktivieren. Deswegen ist die alte karmische Verbindung zwischen Lehrer und Schüler auch so wichtig. Schließlich haben sie ja mehrere gemeinsame Lebenszeiten abwechselnd als Lehrer und Schüler verbracht. Der Lehrer war Schüler, und der Schüler wird zum Lehrer in einem der nächsten Leben des ehemaligen Lehrers.

Wenn man sich das Bewusstsein wie die Software eines Computers vorstellt, in dem vorzeiten Daten abgespeichert wurden, die nur wieder aufgerufen werden müssen, so ist die Übertragung wie das Öffnen einer Datei, zu der man einen ganz besonderen Zugang benötigt, einen Schlüssel. Diesen energetischen Schlüssel findet man in der Lehrer-Schüler-Beziehung.

Der Karmapa hatte berichtet, er spüre bei besonderen Einweihungen so etwas wie Wärme, wie eine Zufuhr von Energie. Vielleicht ist das die Resonanz des Wiedererkennens, des Zugangs zu einer abgespeicherten Datei. Plötzlich geht sie auf, und der Inhalt erschließt sich. Wenn man die Inhalte nur in einem Buch läse, würde es wohl nicht funktionieren, sagten mir die Lamas. Es bedarf der energetischen Übertragung und Neubelebung der Information durch den Lehrer.

»Wirkt das Prinzip seit 900 Jahren? Seit dem ersten Karmapa?«, fragte ich Seine Heiligkeit, der sich nun im Sofa aufgesetzt hatte wie ein Buddha.

»Ja«, sagte er mit geheimnisvoll klingender Stimme. »Als ich die

Übertragungen empfing, hatte ich manchmal ein Gefühl von besonderer Stärke, von einer speziellen Kraft. Aber das geschah nur während der Übertragungen. Und danach musst du es praktizieren, umsetzen. Andernfalls bleibt es nur dieses schöne Gefühl.«

Praktizieren heißt für Buddhisten, das Gehörte, das Gelernte, das Empfangene mit Ausdauer und Regelmäßigkeit zu üben und täglich aufzufrischen. Dadurch werden alte geistige Gewohnheitsmuster aufgebrochen und durch heilsame neue ersetzt. Der Sinn der täglichen Praxis ist, die eingeleiteten positiven Wandlungsprozesse im Geist fortzuführen. Die Übertragung ist die Initialzündung dafür.

Ohne die Übertragungen wäre er zwar dem Namen nach der Karmapa, aber er könnte nicht vollendet wirken. Es wäre so, wie wenn ein zum Bischof Ernannter die Bischofsweihe nicht empfangen kann oder ein neu ernannter Botschafter von dem Land, in das er entsandt wird, keine Akkreditierung erhält. Beide könnten ihre Aufgabe nicht erfüllen.

Jeder große buddhistische Lehrer braucht diese Übertragungen, auch wenn er als erleuchteter Meister wiedergeboren ist. Die Tatsache, dass er in menschlicher Gestalt reinkarniert ist, weist auf seine altruistische Bodhisattva-Motivation hin. Er wird so lange wiederkommen, bis alle Wesen Erleuchtung erlangt haben. Und so gilt auch für den Karmapa, dass er in jeder seiner Inkarnationen immer wieder neu in die Praxis der Linie eingeführt wird. Die Übertragung der Linientradition ist wie ein roter Faden, der die lange Reihe der Inkarnationen verbindet.

»Um diese Einweihungen und Übertragungen zu erhalten, mussten Sie flüchten«, stellte ich in den Raum.

»Du meinst, flüchten aus Tibet?«, fragte er zurück, als könnte ich noch etwas anderes meinen. Er schaute auf den Teppich unter seinen Füßen und atmete tief durch. »Ja, das war einer der Gründe, aus Tibet zu fliehen.«

Von Lehrern und spirituellen Freunden

Der Karmapa wollte partout auf Englisch weitersprechen. Um mir das besonders deutlich zu machen, sah er mich streng an, klopfte mir mit dem Stift, den ich ihm gerade geschenkt hatte, gegen den Oberarm und sprach im Rhythmus des Klopfens silbenweise: »Nein – nein – nein – nein – ich – muss – mein – Eng – lisch – ü – ben ...!«

Wenn er Englisch sprach, wurde er vom Lehrer zum Schüler und schaute zwischendurch immer wieder zum Übersetzer Ngündrup, um seine Zustimmung oder Korrektur abzufragen. Da fiel mir ein, dass ich mit ihm schon lange über die Rolle des Lehrers sprechen wollte. In vielen tibetisch-buddhistischen Lehrtexten wird vom Lehrer als spirituellem Freund gesprochen. Das gilt zumindest für die Anfänge des eigenen spirituellen Weges. Wenn man in der Praxis etwas weiter fortgeschritten ist, betrachtet man den Lehrer als Guru, als die Verkörperung der Buddha-Natur und als Vorbild für die eigene Entwicklung. Deshalb fragte ich den Karmapa: »Was ist die Rolle von Lehrern, von Lamas? Buddha sagt, man sollte ihm nicht glauben, sondern es selbst herausfinden. Daraus ergibt sich für mich die Frage, wozu man dann den Lama, den Lehrer braucht.«

Er antwortete nachdenklich: »Ein Lehrer ist wie ein Reiseführer, der dir den Weg zeigt. Wenn du als Tourist in einer fremden Großstadt unterwegs bist, ist selbst ein richtig guter Stadtplan manchmal nicht genug. Dann braucht es einen erfahrenen Menschen, einen Guide, um dir die Wege zu zeigen, die du gehen sollst. Sonst verpasst du vielleicht das Wichtigste. Genau genommen liegt es am Ende an dir, wie du dich entscheidest, was du tun oder lassen magst. Das kann dir keiner abnehmen. Der Lehrer gibt dir nur eine Empfehlung, weil er seiner Erfahrung nach sagen kann, dass er dieses und jenes für gut hält. Aber: Du besitzt selbst auch Weisheit und Intelligenz. Du musst diese Intelligenz aber erkennen und zu nutzen wissen. Dann kann die Rolle des Lehrers darin bestehen, dir einen Weg zu zeigen, die Richtung, in die du gehen sollst.«

Das klang weniger apodiktisch, als ich es von manchen katholischen Geistlichen gehört habe, die bisweilen sehr scharf über die Richtigkeit des Weges und der Entscheidungen urteilen. Nicht umsonst fühlen sich immer mehr Menschen in der Obhut von buddhistischen Geistlichen wohler, weil sie weniger Vorschriften darüber machen, was richtig oder falsch ist. Sie geben vielmehr Entscheidungshilfen. Ich denke, ein Lehrer, der einem dabei hilft, selbst zu erkennen, welches der richtige Weg ist, hat heutzutage größere Chancen, gehört zu werden.

So steht die Botschaft von Buddha auch als buddhistisches Motto: Hilfe zur Selbsthilfe. Das klingt einleuchtend und weniger streng. Jedoch irrt derjenige, der den Buddhismus als Wohlfühlreligion verstehen will, denn es geht nicht um einen Traumtanz entlang des Lebensweges, sondern um tägliche Besinnung und um die möglichst stringente Umsetzung der ethischen Grundsätze, die man selbst als richtig erkannt hat.

Der Specht in der Arche

Die Prophezeiung des 5. Karmapa, Deshin Shegpa, sagt: »Nach dem Sechzehnten im Rosenkranz der Karmapas, vor dem Siebzehnten, wird die Inkarnation eines Dämons, einer, der ein Verwandter genannt wird, erscheinen an diesem Sitz, Sacho. Durch die Kraft des irregeführten Bestrebens dieser Person wird das Karmapa-System an den Rand der Zerstörung gebracht werden.«

Jedem, dem ich diese Prophezeiung vorgelegt habe, fiel sofort eine Person ein, auf die sie zutreffen würde. Es gibt nur einen, der auf vielerlei Art versucht hat, die Macht und die Führerschaft der Karma-Kagyü-Linie an sich zu reißen und den Weg des 17. Karmapa zu behindern. Immer wieder taucht der Name des Shamarpa nicht nur im Zusammenhang mit der Prophezeiung des 5. Karmapa auf, sondern in realen Konflikten, Gerichtsprozessen, Ansprüchen und verdeckten Einmischungen. Seine Geschichte habe ich bereits ausführlich geschildert. Im vorerst letzten Kapitel präsentierte er zwei Jahre nach der Inthronisation des 17. Karmapa seinen eigenen Kandidaten als Titelaspiranten.

Ich habe lange überlegt, ob ich dieses sensible Thema in den Gesprächen mit dem Karmapa ansprechen soll, aber ich bin zu dem Schluss gekommen, dass ich es nicht übergehen kann, weil es zu seiner Geschichte gehört und vor allem, weil die Probleme, mit denen er leben muss, sonst nicht nachvollziehbar wären. Also legte ich dem Karmapa wortlos ein Blatt Papier in die Hände, auf dem die Prophezeiung aufgeschrieben war. Sein Gesicht veränderte sich nicht. Sein Blick verharrte einige Zeit auf den Zeilen. Dann sagte er ruhig und besonnen: »Viele Leute haben dafür verschiedene Erklärungen. Wir sind nicht sicher, was wirklich richtig ist. So sagt man zum Beispiel, dass ich die Manifestation von Guru Rinpoche bin. Gut, das haben sie zwar gesagt, aber ich bin mir da nicht so sicher. Es heißt, ich soll fähig sein, alle Hindernisse zu beseitigen. Aber ich weiß nicht, ob ich das tatsächlich kann.«

Das kam nicht von ungefähr. Guru Rinpoche soll bei der Übertragung der buddhistischen Lehre aus Indien in eine völlig andere Kultur in Tibet besonders erfolgreich gewesen sein. Es gelang ihm, die wesentlichen Elemente der dort vorhandenen Bön-Religion wirkungsvoll in die tantrisch-buddhistische Praxis einzubinden. Dafür wird er in Tibet wie ein zweiter Buddha verehrt.

»Ich denke«, fuhr er fort, »es ist in etwa so: Bis zu dem Zeitpunkt, an dem die Ereignisse eintreten, werden wir es wohl nicht genau wissen. Die schlechten Ereignisse sind eingetreten, aber wir können nicht wissen, wie die guten geschehen werden. Das ist meine Einstellung dazu, bis die Dinge sich wirklich ereignen.

Im Moment werden viele Vermutungen angestellt. Aber ob die sich auch als korrekt erweisen werden ...?«

Ich hatte damit gerechnet, dass der Karmapa den Sachverhalt relativieren würde. Was sollte er auch anderes tun? Allein schon seiner Rolle als spiritueller Führer war eine gewisse Milde geschuldet. Aber es ist auch typisch für ihn, niemanden zu verurteilen und erst einmal gute Absichten vorauszusetzen. Im Zweifel votiert er immer für den Angeklagten, und er scheut auch nicht davor zurück, sein eigenes Dasein zu relativieren, sich selbst niedriger zu stellen. Doch auch der Karmapa kennt die Realität und weiß, wie andere darüber denken. Seine Anhänger leiden, wenn der Shamarpa gegen ihn vorgeht. Viele bringen das in Zusammenhang mit der Prophezeiung. Sie sehen in ihm den Bösen.

»Es gibt eine Menge Leute, die sagen, dass es so sei. Wegen bestimmter einzelner Taten haben manche das starke Gefühl, dass er eine negative Person ist. Aber ich persönlich finde das etwas schwierig und habe ein Problem, dem zuzustimmen oder es zu akzeptieren, weil der 16. Karmapa selbst den Shamarpa anerkannt hatte.«

»Und der Dalai Lama auch, auf Wunsch des Karmapa«, fügte ich hinzu. Er nickte.

»Unter diesen Umständen ist es schwierig zu sagen, dass er ein Übeltäter ist.« Er pausierte. Sein Argument war diplomatisch und richtig. War er aber zu diplomatisch?

»Aber er stellt Sie als 17. Karmapa in Frage! Das kann Ihnen doch nicht egal sein«, warf ich ein. »Im aktuellen Buch zur 900-Jahr-Feier wird er als einer der Herzenssöhne des Karmapa aufgeführt. Warum das nach alledem?«

»Dass er einer der Herzenssöhne des 16. Karmapa ist, das ist eine Tatsache, nicht meine Entscheidung. Ich denke ungefähr so darüber: Viele Dinge, die durch die verschiedenen Sharmapa-Reinkarnationen geschehen sind, lassen sich nur schwer erklären. Manche sagen, das war schlecht und böse. Wir dürfen aber nicht vergessen, dass die Linie des Shamarpa bereits sieben- oder achthundert Jahre existiert. Das ist eine lange Zeit, auf die wir schauen sollten. Auch wenn wir einräumen müssen, dass die vorletzte Inkarnation ihre Fehler gehabt haben mag, müssen wir das auch gegen ihre Qualitäten abwägen, und dann ist da nichts, was wir nicht entschuldigen könnten. So denke ich darüber.«

»Wie denken Sie dann über Thaye Dorje, den Titelaspiranten, den der Shamarpa ins Spiel gebracht hat? Er ist so etwas wie ein ›Gegen-Karmapa‹, auch wenn es nur einen geben kann«, fragte ich.

»Es sind neunhundert Jahre vergangen, seit der Karmapa das erste Mal in Erscheinung trat. Und in diesen neunhundert Jahren hat es öfter Kontroversen über die Anerkennungen der Reinkarnationen des Karmapa gegeben. Das ist zum Beispiel auch beim 8. Karmapa passiert. Aber ich denke, wir erleben es jetzt zum ersten Mal, dass nachdem hohe Lamas einen als den Karmapa bestätigt und eingesetzt haben, auch noch ein zweiter als Karmapa genannt wird. Man müsste demzufolge zwischen zwei Seiten entscheiden, denn wenn die eine Seite echt ist, dann müsste die andere naturgemäß falsch sein. Wir können nicht sagen, dass beide echt sein sollen, weil es das vorher niemals so gegeben hat. Das ist es, was so große Probleme schafft für den Buddhismus und für die Linie.«

Dazu fällt mir der Spruch von Khenpo Tsultrim Gyamtso Rinpoche ein. Als er einmal über die zwei Karmapas gefragt wurde, sagte der hohe Lama: »Wenn du dich vor der Gottheit im Osten verbeugst, zeigst du der Gottheit im Westen automatisch deinen Hintern. Das heißt, du kannst nur einen auf einmal verehren.«

Der Karmapa versuchte die Tatsache, dass es immer nur einen Karmapa auf einmal geben kann, etwas deutlicher zu erklären, indem er die verschiedenen Ebenen und Erscheinungsformen von Wiedergeburten beleuchtete: »Generell wird in der buddhistischen

Philosophie zwischen den Begriffen der Reinkarnation und der Emanation unterschieden. Inkarnation ist die Basis, und diese Basis kann mehrere verschiedene Emanationen haben. Zum Beispiel war da Jamyang Khyentse Wangpo, ein großer Lama in Tibet, der die verschiedenen Linien auf traditionsübergreifende Weise praktizierte. Nachdem er gestorben war, gab es viele Emanationen seines Körpers, der Sprache, des Geistes und so weiter. So etwas kann geschehen, es gibt viele verschiedene Möglichkeiten.

Aber auch wenn mehrere Emanationen möglich sind, kann es nur eine Inkarnation als Basis geben. Zwei sind unmöglich. Der Grund ist, dass ein individuelles Bewusstseinskontinuum nur singulär ist. Denn wenn es sich spalten würde, wäre das seltsam. Zum Beispiel, wenn ein Bewusstsein in zwei verschiedene aufgeteilt würde und eines davon Befreiung erlangt, während das andere zur Hölle geht, wäre das absurd.«

Der Karmapa sprach sachlich und sehr ruhig. Mit ernster Miene erklärte er mir seine Sicht der Dinge. Manchmal zog er die Stirn in Falten. Er saß gelassen zurückgelehnt und sprach in Richtung eines unbestimmten Punktes im Raum, der über unseren Köpfen lag, von den Problemen, die sich aus dem Karmapa-Streit ergeben hatten: »Das hat bei vielen Anhängern des tibetischen Buddhismus Zweifel hervorgerufen, unabhängig davon, ob sie Anhänger unserer Karma-Kagyü-Linie sind oder anderen Traditionen folgen. Ich denke, dass es generell ein schlechtes Licht auf den Buddhismus geworfen hat, nicht nur auf die Karma-Kagyü-Linie. Jedenfalls war ich zu dem Zeitpunkt, als der Shamarpa sagte, dass Thaye Dorje der Karmapa sei, bereits inthronisiert. Ich schätze, er muss seine Gründe gehabt haben, so zu handeln.«

Ich fragte den Karmapa, ob er eine Lösung für das Problem sehe, oder ob er glaube, sich zeitlebens damit herumschlagen zu müssen. Da schaute er etwas gequält und sagte: »Ich für meinen Teil habe den Shamarpa getroffen, um Ruhe in diesen Konflikt zu bringen.

Ich habe ihm einige meiner Ideen erläutert und gesagt, dass wir in dieser Sache über die spirituellen Fragen sprechen sollten, über den Dharma. Auf jeden Fall habe ich alles getan, was ich konnte, um die Angelegenheit zu lösen und sie zu beruhigen. Aber es ist schwierig, weil dabei eine Menge Politik im Spiel ist. Wenn es eine rein spirituelle Frage wäre, würden wir sie lösen können. Aber jetzt, wo Politik im Spiel ist, wird es nicht mehr so einfach zu lösen sein.«

»Welche Politik?«, fragte ich nach. Er setzte sich zurecht, legte den Arm über die Rückenlehne des Sofas und lächelte.

»Ich versuche mit reinem Herzen zu sprechen, doch auch die besten Intentionen werden diesen Konflikt nicht beseitigen können.« Mehr sagte er dazu nicht. Jedoch war da ein Hauch von Verzweiflung in seiner Stimme. Es scheint, als könnte er von seiner Seite aus nichts beiseiteräumen und nichts bewegen, denn aus einer rein spirituellen Angelegenheit ist ein politisches Gerangel um Macht und Besitz geworden.

Weil der Shamarpa auf der spirituellen Ebene nichts erreichen konnte, weder in der Auseinadersetzung mit den anderen Linienhaltern noch mit dem Dalai Lama, versucht er den Konflikt immer wieder auf die weltliche Ebene zu zerren, denn mit Wirtschaft, Politik und Justiz ist er gut vernetzt.

»Würde es etwas bringen, sich mit Thaye Dorje zu treffen? Er scheint – was man hört – intelligent und nicht aggressiv zu sein«, fragte ich, denn ich wollte mich mit der Endgültigkeit der Situation einfach nicht abfinden. Seine Heiligkeit wartete nicht mal das Ende meiner Frage ab, da platzte es schon aus ihm heraus: »Die Leute fragen mich das oft. Sie denken, dass es schwierig für mich ist, Thaye Dorje zu treffen, und dass es deswegen eine ganz besondere Frage sei, die sie mir da stellen.« Er tat so, als hielte er ein Mikrophon in der Hand, um ein offizielles Statement abzugeben. »Aber daran ist nichts Besonderes. Es wäre überhaupt kein Problem, ihn zu treffen. Die Schwierigkeit besteht eher darin, dass alles übertrieben wird, auch dann, wenn es gar nichts aufzubauschen gibt. Wenn ich ihn treffen würde, würden die Leute sagen, ›es ist etwas geschehen‹ und würden noch etwas hinzudichten. Sie könnten es ausschlachten. Und deshalb – auch wenn ich ihn treffen wollte – wäre es schwierig für unsere Leute, wenn wir uns tatsächlich träfen. Der Labrang und die Anhänger wissen nicht, wie sie damit umgehen sollen. Ich habe die Erfahrung gemacht, dass dir jede kleine Bewegung als ein Schritt in die falsche Richtung ausgelegt werden kann. Genauso schwierig wäre es für seine Leute, wenn wir uns träfen. Auf jeden Fall ist es nicht die Frage, ob wir imstande sind, uns zu treffen. Das Problem ist vielmehr, einen Weg zu finden, die Situation einfacher und leichter zu gestalten.«

»Also muss man doch mit dem Shamarpa reden, weil offenbar auch das Schicksal von Thaye Dorje von ihm abhängt«, lautete mein Einwurf. Der Karmapa legte die Stirn in leichte Falten und antwortete: »Ich habe den Shamarpa getroffen, und die Situation hat sich nicht wirklich geändert. Es wurde eher schlimmer. Ich glaube nicht, dass es sich irgendwie gebessert hat.«

»Nehmen wir mal an, Sie träfen Thaye Dorje, was würden Sie ihm sagen? Was wäre für Sie ein positives Ergebnis eines solchen Treffens?«

»Das Treffen wäre nicht das Problem, aber alle haben Angst davor, dass dabei nichts herauskommt. Wenn wir von einem Treffen sprechen, dann heißt das nicht einfach nur, dass sich zwei Menschen zusammensetzen. Dann musst du auch die gesamte Situation mit betrachten und alles was drum herum und im Hintergrund geschieht. Da sind eine Menge Dinge zu beachten. Das ist es, was daran so heikel ist. Von der rein persönlichen Seite sähe ich kein Problem, ihn zu treffen.«

Der Karmapa sprach noch immer an einen Punkt oberhalb unserer Köpfe gerichtet, als stellte er sich die Situation vor und philosophierte laut darüber: »Worüber würden wir reden …? Ich nehme an, er hätte eine spezielle Frage an mich. Aber womöglich wäre es gar nicht so. Gewöhnlich geschieht das, wenn sich Leute treffen. Ich habe ihm nichts Besonderes zu sagen, und vielleicht hat er das auch nicht. Es gibt einfach nichts Besonderes auszutauschen. Und gerade wegen der speziellen Situation und weil wir uns außerdem nichts zu sagen haben, müssten wir versuchen, so natürlich wie möglich zu erscheinen. So ist es Sitte bei uns, in schwierigen Situationen. Man sollte möglichst natürlich bleiben.«

Das Nachdenken über den hypothetischen Ausgang eines wenig wahrscheinlichen Treffens bringt nicht viel, deshalb war das Treffen mit dem Shamarpa umso interessanter, denn das hatte schließlich schon stattgefunden. Mit Maia hatte ich lange überlegt, ob wir das Thema weiter erörtern sollten. Wir überließen es dem Karmapa, ob er uns mehr darüber erzählen wollte oder nicht. Er wollte.

»Wir hatten lockeren Kontakt über ein paar Personen, die Verbindungen sowohl zu Shamar Rinpoche als auch zu uns unterhielten. Sie meinten, es wäre gut für uns, wenn wir uns einmal treffen würden, und arrangierten es auch. Also haben wir uns getroffen. Ob er einiges für sich behalten und nur manches ausgesprochen hat, weiß ich nicht. So wie er sich mir gegenüber verhalten hat, denke ich, scheine ich ihm suspekt gewesen zu sein. Auch dann, wenn ich meine Meinung zum Ausdruck gebracht habe. Nun, wir alle tragen ja Ballast aus früheren Begebenheiten mit uns herum, also bestand die Befürchtung, etwas Schreckliches könnte passieren. Aber nichts dergleichen geschah. Er schien an sich entspannt zu sein und sagte, was er zu sagen gedachte. Und auch ich sagte alles, was mir einfiel. Vielleicht lag es daran, dass wir uns zum ersten Mal getroffen haben und wir nicht aneinander gewöhnt waren. Es fühlte sich so an, als würde es nicht richtig sein, alles zu sagen, was wir dachten. Auf der anderen Seite war es ausgezeichnet. Es war gut. Er hatte den Wunsch, dass wir uns sehen, und was er sagte, war sehr diplomatisch. Im Vergleich zu ihm war ich vielleicht sogar etwas unverblümter und direkter.«

Der Karmapa hatte sich zurückgelehnt. Da war keine Aggressivität in seiner Mimik, keine Abwehrhaltung, kein Groll in seiner Stimme. Ich konnte mir bildhaft vorstellen, wie sie miteinander umgingen, als wären sie rohe Eier. Keiner wollte etwas falsch machen. Aber aus den Erzählungen konnte ich heraushören, dass der Karmapa nichts zu verlieren hatte.

Nun fragte Maia ihn, ob er sich noch an den Inhalt der Unterhaltung erinnern könne. Da erklärte der Karmapa, dass er sich nicht mehr wirklich entsinnen könne, über was sie gesprochen haben. Er habe kein Tagebuch geführt, und es sei auch nicht mit einem Rekorder aufgezeichnet worden.

»Ich kann mich an ein paar Sachen erinnern«, eröffnete er uns dann aber doch. »Ich habe ihm gesagt, ich hätte Respekt vor ihm – vor seinen Vorgängern. Ich habe ihm auch gesagt, dass die Situation in der Karma-Kagyü-Linie nicht so gut sei, und ich bat ihn, die Dinge zu ändern, die der Linie schadeten, sonst würden die Konflikte noch lange andauern. Das war meine bescheidene Bitte an ihn.

Er hat dann so etwas gesagt wie, dass er mich respektiere, in der gleichen Weise wie Thaye Dorje. Und dann redete er über die Rumtek-Angelegenheit. Er meinte, ich solle einen Repräsentanten dorthin senden, der Tsurphu-Labrang solle einen der hohen Lamas senden, und dann könnte auch Thaye Dorje dorthin kommen, wenn man sich treffen würde. Dann könnte man über die Rumtek-Angelegenheit diskutieren …«

Seine Heiligkeit konnte sich ein gekünsteltes Lächeln nicht verkneifen. Das war Kommentar genug. Es war nicht verwunderlich, dass der Shamarpa wieder nur über die Besitzstände diskutieren wollte. Auch wenn es den Anschein hatte, dass er den Karmapa auf der spirituellen Ebene anerkennt, ging es ihm offenbar eigentlich nur um Rumtek und den Besitz.

»Er hat auch gesagt, er, der Shamarpa, möchte Thaye Dorje und mir, dem 17. Karmapa, dienen – beiden gleichermaßen!«

Ich fragte mich, ob man darin ein Lösungsangebot sehen könnte oder ob es einfach nur eine Provokation war. Dem Karmapa schien es nicht anders zu gehen, denn er hatte extrem erstaunt geklungen. Er machte eine kurze Pause und schmunzelte in sich hinein, als könne er die Aussagen des Shamarpa immer noch nicht ganz fassen. Dann schaute er wieder auf, als hielte er noch einen Leckerbissen parat. »Er hat mir eine Statue vom Padmasambhava, von Guru Rinpoche, geschenkt.« Diese Information quittierte er nur mit einem bedeutungsschwangeren »Hmmm!« und einem passenden Blick. »Und dann sagte er mir, er habe sie mit Reliquien gefüllt. Und wenn ich wollte, könnte ich die Figur öffnen und das nachprüfen.«

An sich war es eine Respektsbekundung gegenüber dem Karmapa, ihm eine solche Figur zu schenken. Guru Rinpoche ist für die Tibeter so etwas wie ein zweiter Buddha, weil er den Buddhismus nach Tibet gebracht hat. Außerdem wird der 17. Karmapa Ogyen Trinley Dorje als eine Manifestation, eine Ausstrahlung von Guru Rinpoches Aktivität angesehen. Man könnte dieses Geschenk auch als Anerkennung der spirituellen Autorität des Karmapa interpretieren, aber es fällt einem angesichts der konfliktreichen Entwicklung in der Vergangenheit recht schwer.

Dann erzählte der Karmapa, dass es in Tibet Geschichten über schwarze Magie, eine Art von Voodoo, gebe, wonach es vorgekommen sei, dass jemand Substanzen mit negativer Energie in eine Statue gesteckt habe, um dem, der sie als Geschenk erhält, zu schaden. Traditionell würden Statuen aus Metall oder Holz nur mit gesegneten Reliquien von Heiligen und Mantra-Rollen gefüllt. Erst dann entfalteten sie ihre segensreiche Wirkung. Ein Missbrauch sei aber immer möglich, sagte er mit hochgezogenen Augenbrauen.

»Der Shamarpa dachte anscheinend, wir würden ihn für fähig und willens halten, so etwas zu tun. So kam es mir vor, als er mir sogleich die Überprüfung des Inhalts anbot.«

»Und war alles gut?«, fragte ich.

»Ja ja, alles war gut!« Und dann schob er nach: »Ich glaube, er ist ziemlich intelligent.«

Wenn man einen Specht als Mitreisenden in der Arche hat, sollte man im Auge behalten, wo er gerade Löcher pickt.

Das Geheimnis der Schwarzen Krone

»In nomine patris, et filiis, et …«, begrüßte mich der Karmapa, und er machte sogar ein Kreuzzeichen auf den Oberkörper, so wie es die Katholiken bei Gebeten und Gottesdiensten tun. Im ersten Moment wusste ich nicht, was ich sagen sollte, so überrascht war ich. Er hatte es sogar genau richtig gemacht. Und sofort verwickelte er mich in ein Gespräch über den Unterschied der Bekreuzigung zwischen katholischen und orthodoxen Christen.

»Die Protestanten machen es nicht?«, fragte er.

»Nein, obwohl sie es theoretisch auch machen könnten, aber denen ist Ritus und Liturgie nicht so wichtig.« Und sofort waren wir bei den Unterschieden zwischen den verschiedenen christlichen Religionen und Kirchen gelandet. Ich war erstaunt, wie gut er sich damit auskannte. Vor mir stand ja kein altgedienter Religionswissenschaftler, aber dafür ein wissbegieriger und intelligenter Lama.

Als wir nach einer Weile Platz genommen hatten, fragte ich ihn, wie es ihm in Delhi gehe. Ob er sich erholen, vielleicht sogar schwimmen gehen könne?

»Schwimmen? Nein! Das geht nicht! Wegen der anderen Leute im Pool geht das nicht.« Richtig, die würden ihn dann ja sehen, bemerkte ich. Mit einem Lächeln sagte er, die Leute würden sich eher von ihm gestört fühlen.

»Wie macht das der Papst?«, wollte er von mir wissen. Also erzählte ich ihm, dass der Papst sicher ein ähnliches Problem hätte, wenn er einen öffentlichen Pool benutzen würde. Deshalb habe Papst Johannes Paul in der Sommerresidenz in Castel Gandolfo einen Pool in den Garten gebaut, um ungestört schwimmen gehen zu können. Das schien den Karmapa sehr zu interessieren, und ich sah ihm an, dass er überlegte, wie es wäre, wenn er in seiner nichtvorhandenen eigenen Residenz einen Pool haben könnte.

Er hob den Zeigefinger und gab bekannt, dass er sich heute nicht so gut fühle, er sei etwas vernebelt im Kopf. Bislang hatte ich davon noch nichts gemerkt, aber er saß tatsächlich etwas niedergedrückt auf seinem Sofa.

Am Tag zuvor hatten wir über den Linienkonflikt gesprochen und über das Streben des Shamarpa nach dem Besitz der Schatzkammer der Karmapas und der Schwarzen Krone. Ich wollte mehr erfahren über jene sagenumwobene Krone, die ihrer Linie auch den Namen »Schwarzhüte« gab.

»Wie kann man den Menschen, die keine Ahnung davon haben, diese Krone erklären?«, fragte ich.

»Das werde ich dir beantworten. Wir sprechen zwar immer von der Schwarzen Krone, aber in Wirklichkeit ist sie gar nicht schwarz. Sie ist dunkelblau wie der Nachthimmel. Der Himmel wiederum steht für die unendliche Weite und die unveränderliche Essenz der Buddha-Natur, der Dharma-Natur. Die Farbe des Himmels wird als Symbol der unwandelbaren Dharma-Natur verwendet, weil der Himmelsraum selbst unwandelbar ist.

Der Karmapa ist bereits zur Buddhaschaft erwacht, nicht wahr? Er ist ein Buddha. Im tantrischen Buddhismus gibt es fünf verschiedene Buddha-Familien: Padma, Karma, Vajra, Ratna und Buddha. Der Karmapa gehört in die Familie des unzerstörbaren Vajra.«

An dieser Stelle ein Wort zum Begriff Vajra. Es ist Sanskrit und bedeutet Donnerkeil, das tibetische Wort dafür ist Dorje. Es ist ein wichtiger Ritualgegenstand und symbolisiert unter anderem die unzerstörbare, unerschütterliche Qualität der Buddha-Natur. Das ist ungefähr das, was Christen den göttlichen Funken nennen, der jedes Lebewesen beseelt.

Der Karmapa erklärte weiter: »Die Familie des unzerstörbaren Vajra symbolisiert in erster Linie die Unveränderlichkeit der Buddha-Natur. Wenn die Menschen also die Schwarze Krone erblicken, sehen sie gleichzeitig, was sie verkörpert: die unveränderliche Buddha-Natur.

In gleicher Weise ist der Karmapa auch die Verkörperung der Aktivität aller Buddhas. Der erste Karmapa Düsum Khyenpa hatte eine reine Vision. Darin wurde er als die Verkörperung der Tatkraft aller Buddhas ermächtigt. Seitdem haben die nachfolgenden Karmapas die Schwarze Krone auf dem Haupt getragen. Das bedeutet: So wie sich der grenzenlose Himmelsraum in der Farbe des Hutes widerspiegelt, werden die Aktivitäten der Karmapas fortgesetzt, solange Samsara, der Kreislauf des Leidens, besteht. Die Schwarze Krone besitzt außerdem zahlreiche andere symbolische Bedeutungen. Es würde jetzt zu weit führen, sie alle aufzuzählen.«

»Es heißt, dass die Schwarze Krone sich immer über Ihrem Kopf befindet. Schwebt sie?«, vermerkte ich fragend.

Er verdrehte etwas die Augen, weil er diese Frage ständig hört. Schließlich ist die Geschichte von der schwebenden Krone die älteste Legende um die Karmapas. Nun klärte er mich auf: »Also, es gibt sogar drei Schwarze Kronen. Eine davon ist eine besondere. Sie ist kein materielles Objekt, sie ist so etwas wie der Ausdruck oder die Manifestation der reinen Weisheit. Wenn der Karmapa seine Weisheit mit anderen teilt, dann ist diese Krone immer bei ihm. Das ist seine eigentliche Schwarze Krone …«

Mit dieser Erklärung hatte ich nicht gerechnet, denn ich war bislang immer von einer physischen Krone ausgegangen, eine, die man ganz normal auf den Kopf setzen kann. Aber offenbar gibt es dahinter noch eine weitere Dimension. Ein Lama hat es mir später als ein besonders kraftvolles Energiefeld um das Haupt des Karmapa erklärt. Man kann es nur als fortgeschrittener tantrischer

Praktizierender wahrnehmen. Das bedeutet, dass nur Menschen mit einer hohen spirituellen Verwirklichung dieses Kraftfeld um den Kopf des Karmapa sehen können, also keine gewöhnlichen Menschen.

Bei den Tibetern kennt man dazu auch eine illustre Anekdote. Es geschah Anfang der dreißiger Jahre des 20. Jahrhunderts, als der 16. Karmapa vom 13. Dalai Lama in Lhasa in einer besonderen Zeremonie offiziell anerkannt wurde. Der junge Karmapa trat vor den Dalai Lama, zum Zeichen des Respekts hatte er den Hut abgenommen und verneigte sich. Daraufhin fragte der 13. Dalai Lama zur Verblüffung der Umstehenden, warum der junge Karmapa seine Schwarze Krone nicht abnehme. Für alle erstaunten Anwesenden war das ein doppelter Beweis. Zum einen für die Authentizität des 16. Karmapa, zum anderen dafür, dass der Dalai Lama durch seine hohe spirituelle Verwirklichung die für gewöhnliche Wesen unsichtbare Schwarze Krone wahrnehmen konnte.

Der Karmapa fuhr fort: »Die zweite ist jene bekannte Schwarze Krone, die aus den Haaren von 100 000 Dakinis gewebt wurde. Sie wird in einer speziellen Schatzkiste in den Gemächern des 16. Karmapa im Kloster Rumtek aufbewahrt.«

Diese Räume wurden von den indischen Behörden verschlossen und versiegelt. Angeblich seien die Besitzverhältnisse noch nicht endgültig geklärt. Die Klagen und Prozesse, die vom Shamarpa angestrengt wurden, haben dazu geführt, dass die indische Regierung die persönlichen Räume des 16. Karmapa und die darin befindlichen Wertgegenstände so lange unter Verschluss hält, bis der rechtmäßige Anspruch geklärt ist. Kein Mensch weiß, wann das sein wird. So lange bleiben die Räume auch dem Karmapa verschlossen.

»Ich war noch nicht dort. Man lässt mich ja nicht in mein Kloster fahren. Deshalb konnte ich noch nie die Schätze der Karmapas sehen.

Dann gibt es noch eine Krone: Sie ist ein Geschenk vom chinesischen Kaiser der Ming-Dynastie an den 5. Karmapa, Deshin Shegpa. Er hatte eine besondere Beziehung zum Kaiserhaus.«

Der Kaiser war ein sehr hingebungsvoller Schüler des 5. Karmapa. Seine spirituelle Verwirklichung gedieh so weit, dass er die unsichtbare Schwarze Krone des Karmapa wahrnehmen konnte. Aus Dankbarkeit und um die Krone auch für gewöhnliche Wesen sichtbar zu machen, ließ er aus kostbaren Materialien eine Replik anfertigen, die seitdem eines der wichtigsten rituellen Attribute des Karmapa geworden ist. Er trägt sie nur in der Zeremonie der Schwarzen Krone. Diese beinhaltet die Anrufung der Meditationsgottheit Chenrezig, der Buddha-Aspekt des reinen Mitgefühls. Und wenn der Karmapa diese Krone in tiefer Meditation aufsetzt, verwandelt er sich selbst in Chenrezig, in reines Mitgefühl. Dies ist ein wesentliches Element der Liturgie, das es ausschließlich in der Karma-Kagyü-Tradition gibt.

Der dankbare Ming-Kaiser hatte dem Karmapa noch ein anderes besonderes Geschenk gemacht: Er hatte die außergewöhnlichen Ereignisse, die »Wunder«, die der 5. Karmapa am kaiserlichen Hof im Laufe der Jahre vollbracht hatte, auf einem riesigen Wandgemälde verewigen lassen. Es heißt, es sei 300 Fuß, also etwa 100 Meter lang gewesen. Eine kleinere Kopie dieses kostbaren Wandgemäldes wurde dem 17. Karmapa von der chinesischen Regierung zu seiner Inthronisation am 27. September 1992 in Tsurphu überreicht. Er konnte sie nach Indien ins Exil retten.

Seine Heiligkeit entschuldigte sich, dass er die geschichtlichen Daten nicht auf Anhieb parat hatte, und bemerkte mit ernster Miene: »Die Geschichte der Karmapas ist etwas umfangreicher als meine persönliche.«

»Und was ist mit dem Mythos, dass die Krone schweben könne?«

»Schweben?«, fragte er mit hoher Stimme zurück und putzte die Gläser seiner rahmenlosen Brille. Er ließ sich Zeit und erzählte erst weiter, als er sich wieder Durchblick verschafft hatte: »Na, ich denke, das ist eher so ein Fall von Wunschdenken …«, sagte er schmunzelnd. »In historischen Texten soll zwar davon berichtet worden sein, aber ich habe diese Quellen noch nicht gesehen.«

Der 16. Karmapa hält auf allen Bildern die Schwarze Krone mit der rechten Hand fest. Wenn man sich Videoaufnahmen der Zeremonie der Schwarzen Krone genauer ansieht, dann kann man erkennen, dass die Krone sehr schwer sein muss. Trotzdem hält der Karmapa in der Meditation die Krone würdevoll und scheinbar ganz ohne Anstrengung mit einer besonders eleganten Handbewegung fest. Vielleicht entstand deshalb die Legende von der schwebenden Krone.

Bereits kurz nach seiner Ankunft in Indien wurde der Karmapa darauf angesprochen, was er tun würde, wenn er die Schwarze Krone von Rumtek nicht in Besitz nehmen könnte. Er antwortete spontan und völlig selbstverständlich: »Ich habe meine Heimat Tibet, mein Kloster in Tsurphu, meine Familie hinter mir gelassen und bin nur mit dem, was ich am Leib trage, in Indien angekommen. Jetzt kommt es darauf an, dass ich meine Aktivität zum Wohle der Wesen entfalten kann, mit oder ohne Krone. Die äußeren Hilfsmittel sind nicht so wichtig.«[57]

Aber jetzt sagte er in einem Anflug von Resignation zu mir: »Also, die Krone ist an einem schönen Ort, und ich bin hier. Nun, ich habe darauf wenig Einfluss und deshalb vielleicht auch weniger Druck.«

Er schaute mich an, als wolle er mich auffordern, etwas zu sagen. Mir war gerade die Idee gekommen, dass wir uns doch einfach in ein Auto setzen könnten, um nach Sikkim ins Kloster Rumtek zu fahren; in sein Hauptkloster im indischen Exil. Dann könnte er mir die Krone vielleicht zeigen. Vor allem aber würde er sie dann zum ersten Mal selbst sehen.

»Gut«, sagte ich, »let's go! Wir fahren nach Rumtek!« Er blickte erstaunt lächelnd zu mir herüber.

»Wirklich?«

»Ja, wir schnappen uns ein Auto und fahren los.«

»O. K., let's go!« Er sang es fast, als er es nochmals wiederholte. »Vielleicht fahren wir irgendwann dorthin«, beschloss er das Gedankenspiel, aber ihm war natürlich so klar wie mir, dass es unmöglich war, eben mal nach Rumtek zu fahren. Wären wir in Deutschland oder irgendwo in Europa oder Amerika, es wäre das Selbstverständlichste der Welt, dass er sein eigenes Kloster besuchen dürfte. Man stelle sich vor, dem Papst würde von Italiens Staatschef verboten werden, den Papstpalast in Castel Gandolfo aufzusuchen. Dies aber war Indien, sein Exil. Vor mir saß der Karmapa, der schon glücklich darüber war, einmal nicht wie ein Gefangener unter Hausarrest in seinem 25-Quadratmeter-Domizil im Gyuto-Kloster festzusitzen.

Gegen Ende des Interviews wendete er sich mir noch einmal zu, stützte seine Unterarme auf die Knie und fragte: »Was meinst du: Hat der Karmapa die Schwarze Krone geschaffen oder hat die Schwarze Krone den Karmapa geschaffen?« Eigentlich hatte ich eine Antwort auf meine Frage erwartet, ob wir uns am folgenden Tag zur gleichen Zeit treffen wollten. Er aber gab mir diese Frage mit auf den Weg, die ich ihm bis morgen beantworten sollte. Bei einer richtigen Antwort würde ich auch noch ein Interview bekommen. Er lächelte verschmitzt.

Wir waren schon längst zum Smalltalk übergegangen, als er mit einer erstaunlichen Idee herüberkam: »Warum sollen wir warten, bis ich nach Rumtek kann, um die Krone zu sehen. Wir können doch eine neue machen. Wir zwei! Vielleicht eine deutsche Version der Krone!« Ich ging sofort auf den Gedanken ein und schlug vor, meine Haare dafür zu opfern. Alle mussten herzhaft lachen, weil die Vorstellung von einer dunkelblond gelockten Krone doch ziemlich merkwürdig war. Der Karmapa schlug deshalb vor, dass wir sie dann aber »gelbe Krone« nennen müssten.

Im Grunde hatte er mir damit bereits die Antwort geliefert. Natürlich hat der Karmapa die Krone geschaffen. Die Schwarze Krone, dieses besondere Energiefeld um sein Haupt, ist ja ein Ausdruck seiner spirituellen Verwirklichung.

Seine Heiligkeit wollte sich noch immer nicht verabschieden. Es kümmerte ihn offenbar wenig, dass der Audienzsekretär demonstrativ durchs Hotelzimmer spazierte. Er hatte noch Fragen und wollte von mir wissen, wie der Papst lebt und arbeitet, wie viele Mitarbeiter er hat, wie viele Attendants, im Sekretariat, im Haushalt, im Audienzbereich; auch die Küche interessierte ihn. Dann fragte er: »Ist der Sekretär ein Mönch?« Ich lachte und erklärte ihm den Unterschied zwischen Patres, Fratres und Priestern. Es schien ihn besonders zu interessieren, was die Aufgaben der zwei Priester sind, die im privaten Sekretariat des Papstes arbeiten. Auch die Durchführung von Audienzen wollte er genauestens erklärt haben, wer da welche Aufgaben bekleidet und wie die Abläufe sind.

Alles, was ich ihm vom Papst, aus dem Papstpalast und dem Staatssekretariat im Vatikan erzählte, verfolgte er sehr aufmerksam, und er schien die Informationen genau abzuspeichern. Ich wusste, dass er in nächster Zukunft seinen Labrang, die Administration im Kagyü-Office, neu ordnen musste.

Von Sehnsucht und Erleuchtung

In der Lobby des Delhi-Grand-Hotel kam Chemed, der Audienzsekretär, auf uns zugelaufen und wirkte etwas verloren. Maia und ich hatten dort auf unseren Termin gewartet und noch einen für indische Verhältnisse sündhaft teuren Espresso getrunken. Chemed schwitzte. Heute würde es kein Interview mehr geben, eröffnete er uns, und spielte leicht nervös mit dem Bändchen an seinem Kalender. Der Zeitplan sei etwas ins Schleppen geraten, und nachher würden noch wichtige Audienzgäste erwartet. Sprach's und steuerte das offene Restaurant im Tiefparterre an.

Wir sahen uns fragend an. Maia fand den Schlüsselsatz zum Umgang mit unserer Lage: »Ich denke, der Karmapa wäre enttäuscht, wenn wir nicht warten und uns mit der Absage durch Chemed zufrieden geben würden.« Sie hatte recht. Dann riefen wir die Schwester des Karmapa an und berichteten ihr darüber. »Wartet!«, war ihre Reaktion. Schon ein paar Minuten später kam einer der Leibwächter in die Lobby und brachte uns nach oben.

Seine Heiligkeit schien heute in besserer Verfassung zu sein. Jedenfalls strahlte er über das ganze Gesicht und sah sogar etwas erholter aus als in den Tagen zuvor. Ich musste kurz an den Audienzsekretär denken und war froh, dass wir gewartet hatten.

Karma Rinpoche, ein Lama, den ich schon seit einiger Zeit kannte, tauchte plötzlich im Zimmer auf. Er ist ein gemütlich wirkender Mensch mit verschmitztem Lächeln. Wir begrüßten uns herzlich, als wären wir seit langem gute Freunde. »Gut, dass ihr euch kennt!«, sagte der Karmapa und lud ihn ein, sich dazuzusetzen, um das Interview zu verfolgen. Er ließ sich nicht zweimal bitten und nahm sofort in gebührendem Abstand auf dem Teppich Platz.

Maia richtete die Kamera ein, und ich erzählte in der Zwischenzeit von einer guten Freundin, die der Karmapa schon seit seiner Kindheit kennt. Gerade in diesem Moment erhielt sie nämlich im fernen Deutschland eine Chemotherapie. Just als sich der Karmapa zurücklehnte, um an sie zu denken und für sie zu beten, krachte es laut. Direkt neben uns hatte es eine kleine Explosion gegeben. Alle waren erschrocken. Der Karmapa hatte sich auf dem Sofa verschanzt und Karma Rinpoche überwachte wie ein Erdmännchen vom Teppich aus den Raum.

Auf den ersten Blick war nichts Schlimmes passiert, keiner war verletzt und nichts war kaputt. Nur aus der Lampe stieg etwas Rauch auf. Ich zog sofort den Stecker, damit es nicht noch einen Zimmerbrand gäbe.

»Es ist richtig gefährlich heute«, sagte ich, als einer der Sicherheitsleute etwas verschreckt um die Ecke schaute. Da er uns aber schon wieder lachen sah, verzog er sich sofort. Als wir uns alle wieder beruhigt hatten, meinte der Karmapa, wir sollten mal mit der Arbeit beginnen.

»Ich habe gehört, der Karmapa ist erleuchtet. Ist das so?«, fragte ich zur Eröffnung.

»Das ist die Frage. Ich werde es übersetzen. Ich habe gehört, der Karmapa hat die Erleuchtung erlangt. Was heißt das?«, sagte er mit ernster Mine auf Tibetisch, um dem Dolmetscher meine Frage zu übersetzen. Es dauerte ein paar Sekunden, bis Ngündrup realisiert hatte, dass ihn Seine Heiligkeit wohl mal wieder auf den Arm nehmen wollte. Und es brauchte wiederum eine Erklärung, bis wir, die des Tibetischen nicht mächtig waren, den Witz verstanden hatten. Der Karmapa schien es zu genießen, einmal locker und unkompliziert sein zu können.

Aber nun forderte er uns alle und auch sich selbst auf, uns auf das Thema zu konzentrieren, und antwortete auf meine Frage: »Es heißt, dass der Karmapa bereits Erleuchtung erlangt hat ...« Dann stoppte er kurz. Ngündrup nutzte die Atempause, um ihn zu fragen, ob er die Frage auch richtig verstanden hätte. Ein kleines Lächeln huschte Seiner Heiligkeit über die Lippen. Mit einem Kopfschütteln führte er sogleich die Antwort fort: »Was ich dazu sagen kann ... Es heißt, dass der Karmapa der vorherige Buddha Shenpen Namrol war, der bereits Buddhaschaft erlangt hatte. Aber es gibt auch eine Prophezeiung, dass er der übernächste, der 6. Buddha, Simhanada, sein wird. Das bedeutet, dass er, obwohl er bereits erleuchtet ist, erneut erscheinen wird, um noch einmal Buddhaschaft zu erlangen. Unter seinen früheren Inkarnationen gab es auch große Mahasidhas, große spirituelle Meister der Vergangenheit, wie zum Beispiel Saraha, der bereits erleuchtet war. Aus diesem Grund sagen wir, dass der Karmapa Buddhaschaft erlangt hat. Aber es wird auch gesagt, dass er in der Wahrnehmung seiner Schüler die Form einer gewöhnlichen Person annimmt, die noch nicht erleuchtet ist.«

Ähnliches wird auch vom historischen Buddha Shakyamuni berichtet. Nach seiner Erleuchtung lehrte er noch über vierzig Jahre als ein ganz gewöhnlicher menschlicher Meister, damit er die Menschen seiner Zeit erreichen konnte. Es heißt, dass die Meister oft die Form annehmen, die den Menschen in einem bestimmten Zeitalter, an einem bestimmten Ort am besten entspricht.

Der Karmapa beschloss seine Antwort mit der Bemerkung: »Ich persönlich fühle mich wie ein ganz gewöhnlicher Mensch.« Er formulierte Wort für Wort ganz bedächtig, als würde er in jeder Pause noch einmal überprüfen, ob es nicht falsch verstanden werden könnte.

Ehrlich gesagt war ich froh, dass er mir keine esoterische Geschichte anbot. Denn letztlich empfand ich es als bedeutender, dass er etwas Besonderes ausstrahlte. Das erinnerte mich an Aussagen von Menschen, die den 16. Karmapa gekannt hatten und heute den 17. erleben. Sie erzählten mir, dass es bei beiden immer mal wieder Momente gab, in denen das Göttliche durchschien, in denen sie die erleuchtete Natur des Karmapa erleben konnten. Doch noch entscheidender als das war sein eigenes Tun. Würde er aus dem Wissen um seine Erleuchtung nicht eine Lebensaufgabe ableiten und diese auch praktisch umsetzen, wäre alles nur Schein und wenig überzeugend.

Ich hatte verstanden, dass man Erleuchtung nicht an Äußerlichkeiten erkennen kann, vielleicht eher in unerwarteten Begegnungen, in Alltagsmomenten, bei großen religiösen Zeremonien oder bei der Meditation im stillen Kämmerlein.

Wie sollte sie sich sonst auch zeigen? Etwa in einer Art Heiligenschein oder bei besonders heiligmäßigem Getue? Sie ist wohl nur zu erspüren durch eine Art Resonanz, durch die Einstimmung auf die tiefe Empathie eines spirituellen Meisters, egal ob er Buddhist, Christ, Sufi, Taoist, Hindu oder Jude ist. Das ist der gemeinsame Nenner aller mystischen Traditionen. Einem Franziskus von Assisi hat man seine Heiligkeit auch nicht von außen angesehen.

Dazu kommt, dass kein authentischer erleuchteter Meister über seine spirituelle Verwirklichung redet oder sie gar als besondere Fähigkeit herausstellt. Diejenigen, die ihre eigene Erleuchtung anpreisen, haben sie sicherlich nicht erlangt, heißt es in Tibet. Nun verstand ich auch, dass der Karmapa in diesem Fall nicht über sich selbst sprach, sondern über die Reihe der vorherigen Inkarnationen.

»Gut, dann lassen Sie uns über Ihr ganz normales Leben sprechen, über den Alltag. Wann fangen Sie morgens an? Um vier Uhr?«

»Mein Tagesablauf ist ganz unterschiedlich. Da ist wenig fest gefügt, und er ist jeden Tag anders. Ich verbringe viel Zeit mit Studieren. Derzeit lerne ich verschiedene Sprachen: Die englische Sprache ist sehr wichtig für mich. Und dann sind da noch ein paar andere.« »Deutsch?«, fragte ich dazwischen. Da schaute er mich mitleidig an und sagte ganz trocken: »Noch nicht. Erst muss ich ein paar asiatische Sprachen lernen, wie Indisch. Es war für mich sehr leicht, Hindi zu lernen.« Ich fragte, ob er das tut, damit ihn auch die Menschen verstehen können, in deren Heimat er lebt. Genau das sei der Grund, entgegnete er.

»Aber mein Hindi-Lehrer ist schon sehr alt. Es ist für ihn nicht leicht, zu mir zu kommen und für längere Zeit zu bleiben, um mich zu unterrichten. Dann lerne ich noch Koreanisch, Japanisch und Vietnamesisch. Und an westliche Sprachen muss ich mich demnächst heranwagen.«

Das war das Stichwort, das mir eine frühere Aussage des Karmapa ins Gedächtnis rief. Einer Gruppe von Schülern aus Deutschland hatte er einmal gesagt, er habe gewisse Erinnerungen daran, schon einmal in Europa oder gar in Deutschland gelebt zu haben. Also sprach ich ihn darauf an. Er wusste sofort, was ich meinte, musste mich aber gleich enttäuschen, dass er das Land nicht genau bestimmen könne, aber es müsse wohl Europa gewesen sein. Er habe so ein Gefühl, dort ein einfacher Bauer gewesen zu sein. Damals hatte er der deutschen Gruppe gesagt, es sei ein eher mittelalterliches Bild gewesen. Eine bergige Landschaft mit sehr armen Menschen. Ich fragte ihn, ob er sich vielleicht an irgendetwas erinnern könne, was Aufschlüsse über den Ort liefern könnte.

»Nein, nein, es ist nur ein Gefühl, es ist keine Prophezeiung oder eine Vision mit klaren Bildern.« Dann schloss er die Augen, hob den Kopf und redete davon, dass er noch immer den Geruch des Bauernhofes in der Nase habe. »Als ich noch ein Kind war«, fuhr er unvermittelt fort, »da hatte ich Visionen. Da konnte ich Orte sehen und Landschaften. Als ich 2008 in Amerika war, kam dieses Erinnerungsgefühl an Europa.« Er sah mich an und schwieg einen Moment lang. Dann sagte er: »Vielleicht kann ich ja bald auf euren Kontinent kommen, um diesen Ort zu suchen … Hoffentlich!«

Es tat mir leid, dass der Karmapa nicht reisen konnte, wie er wollte. Er war zu diesem Zeitpunkt bereits 25 Jahre alt und hatte noch nicht viel von der Welt gesehen. Ich fragte ihn, ob er schon einmal das Wasser eines Ozeans berührt habe, denn das war für mich ein besonderes Erlebnis. Schließlich ist es das Wasser, das man an allen Ufern dieser Welt berühren kann.

»Ja, das habe ich schon getan. Hier in Indien. Vor allem mochte ich das Rauschen des Meerwassers, der Wellen. Das hat bei mir sofort ein Gefühl der Meditation ausgelöst.« Er hielt inne und schloss die Augen. »Ich habe die Idee von Freiheit, von der Freiheit, reisen zu können. Dann würde ich gern einige Zeit am Meer verbringen. Ganz allein, meditierend. Ich glaube, ich würde mich sehr wohl fühlen dabei.«

Ich fragte ihn, wie er mit der Welt Kontakt hält, wie er von den großen und kleinen Schicksalen erfährt.

»Ich nutze manchmal das Fernsehen. Und ich lese sehr viel in Büchern oder auch im Internet«, antwortete er. Ob er täglich Nachrichten sehe, wollte ich daraufhin wissen. Er sagte, er schaue sich manchmal die Nachrichtensendungen im Fernsehen an, aber nicht täglich. Außerdem gebe es ja noch einige News-Seiten im Internet. Beides nutze er, um sich zu informieren.

»Wenn irgendwo ein großes Unglück passiert, würde ich am liebsten dorthin fahren. Aber das geht ja bekanntlich nicht. Ich kann aber zumindest das Leid der Menschen spüren und dann für sie beten.« Diese Aussage erstaunte mich. Er sagt, er könne das Leid der Menschen spüren.

»Ist es so wie ein Salzgeschmack im Mund, wenn sie ein Bild vom Ozean sehen?«, fragte ich deshalb nach.

»Nein, anders. Ganz anders. Es ist in meinem Herzen.«

Der 16. Karmapa hatte noch in einer ganz anderen Welt gelebt als der 17. Damals gab es noch nicht das Internet mit all seinen Möglichkeiten. Darum interessierte mich, ob er in den neuen Medien auch Chancen sieht, die dem vorherigen Karmapa noch nicht zur Verfügung gestanden hatten.

»Aber klar«, sagte er frisch. »In jeder Jahreszeit gebe ich eine Reihe von Vorträgen, die dann per Webcam und Internet in alle Länder der Erde geschickt werden. Und das live!« Stolz stellt er fest, dass dies für einen hohen Lama sehr modern sei. Doch er schränkte die Aussage sofort wieder ein und meinte, er würde das ja nicht selbst machen, sondern seine Freunde würden ihm dabei helfen. Lachend fügte er hinzu, er selbst hätte nicht so viel Ahnung von der Computertechnik. Und dann wies er noch darauf hin, dass auch bei den Friedensgebeten des Kagyü-Mönlam moderne Fernseh- und Computertechnik genutzt würde, sei es für die Übertragung oder auch einfach nur dafür, die Gebetstexte für die Gläubigen auf großen Bildschirmen anzuzeigen. Damit könne man Hunderte Kilogramm Papier einsparen. So würde er die Vorteile der modernen Technologien des 21. Jahrhunderts für die Menschen und für die Umwelt zugleich nutzen.

Die andere Seite der Medaille ist, dass ihm momentan nichts anderes übrigbleibt, als die Technik der Massenmedien zu nutzen, um seinem Auftrag gerecht zu werden und die Menschen überall erreichen zu können. Die früheren Karmapas waren ständig auf Reisen, um die Lehren zu den Menschen zu bringen.

»Früher, so habe ich gehört, soll es hohe Lamas gegeben haben, die fliegen konnten«, sagte der Karmapa. »Aber ich besitze diese Fähigkeit nicht. So bleibt mir nichts weiter übrig, als die Möglichkeiten der Moderne zu nutzen. Das ist dann ein modernes Wunder.«

Der Karmapa in ihm

Ich kannte nun schon viele Geschichten aus seinem jungen Leben, hatte die vorhandene Literatur studiert und hatte viele Fragen, wie sie einem westlichen katholischen Theologen, aber sicher auch jedem anderen Außenstehenden einfallen. Weil mich insbesondere der Wiedergeburtsgedanke interessierte, hatte ich seit meiner ersten Begegnung mit dem Buddhismus immer wieder über den Rückbezug auf das vorangegangene Leben nachgedacht. Den Ausschlag dazu gaben Erzählungen und zufällige Ereignisse, die mir eine bislang ungekannte Dimension eröffneten. Fortan stellte ich mir die Fragen: Wie viel von einem vorigen Leben ist im aktuellen Leben abrufbar? Wie viel davon wird wie ein Déjà-vu erlebt? Mit wie viel Übertrag aus der Vergangenheit wird ein Wiedergeborener in Gegenwart und Zukunft konfrontiert?

Also fragte ich den Karmapa: »Spüren Sie manchmal etwas von Ihrem Vorgänger, dem 16. Karmapa, in sich? Vielleicht so etwas wie Gefühle oder Erinnerungen?« Der Karmapa verdrehte die Augen. Offenbar hört er diese Frage häufiger, allerdings nicht von Tibetern: »Nur die westlichen Leute fragen ständig. Sie wollen nicht einfach nur den Segensschal umgelegt bekommen. Die Westler stellen auch immer gern Fragen, wenn es die Zeit erlaubt.«

Seine Heiligkeit ließ sich Zeit. Mit zusammengekniffenen Lippen sah er mich an, als wollte er damit schon etwas sagen. Erst nach einer Weile bekam ich eine Antwort: »Es ist nichts Besonderes. Hauptsächlich, wenn ich Dokumentationen über den vorigen Karmapa sehe oder Leute über ihn erzählen, dann habe ich manchmal dieses klare Gefühl, dass es genau so gewesen ist ... Wie wenn du die Dinge, die du erlebst, in einem Tagebuch aufschreibst und einige Monate später noch einmal liest und dich dann wieder sehr klar daran erinnerst. Dann kommen die Ereignisse ganz deutlich wieder … Es ist so ähnlich, aber es ist nicht klar, ob es Wirklichkeit ist oder Illusion. So fühlt es sich an.«

Um diese Antwort verstehen zu können, muss man wissen, dass für buddhistische Meister die menschliche Wahrnehmung der Wirklichkeit ohnehin als Sinnestäuschung gilt. Sie wird in der buddhistischen Philosophie mit einem Traumbild, einer Fata Morgana oder der täuschenden Illusion eines Magiers verglichen. Wenn der Karmapa also sagt, dass seine Erinnerungen an die früheren Existenzen auch eine Illusion sein könnten, weist er darauf hin, dass wir wegen unserer getäuschten Sinneswahrnehmung so oder so nicht feststellen können, ob die Dinge real sind oder nicht.

»Es geschieht nur manchmal, nicht immer«, fuhr der Karmapa fort. »Manchmal habe ich so ein Gefühl, dann kommen Bilder aus der Vergangenheit. Aber das Bild, das ich dann sehe, ist nicht sehr klar«, sagte er und schaute in die unbestimmte Ferne. Ich hatte den Eindruck, dass es ihm schwerfiel, diese Art der Wahrnehmung in für mich verständlichen Worten zu vermitteln. Dazu kam, dass er nicht sonderlich gern über solche Themen spricht, vermutlich weil er Missverständnisse fürchtet, wenn er sich auf mystische Inhalte seines Lebens und seiner Linie bezieht. Deswegen brach er seine Erklärungen zu diesen vor allem für westliche Beobachter außergewöhnlichen Themen immer auf ein alltäglich wirkendes Maß herunter. Ich begriff, dass dem Karmapa an Sensationsgeschichten nicht gelegen war. Sich auf diesem Gebiet zu sehr zu exponieren wäre sicher auch nicht weise, aber das ist nur ein Grund für seine Zurückhaltung. Die meisten tibetischen Meister wollen bei Nichtbuddhisten nicht den Eindruck erwecken, dass der Sinn des Weges darin besteht, magische und mystische Fähigkeiten zu erlangen. Oft werden die Aussagen der Lamas fehlinterpretiert, und die Leute denken, sie müssten nur lange genug auf ihren Meditationskissen sitzen, um bald fliegen zu können und ihre früheren Inkarnationen wiederzuerleben. Deshalb wollte ich an dieser Stelle auch nicht weiter nachhaken.

Gott und die Welt

In meinem Notizbuch hatte ich die Frage nach Gott aufgeschrieben. »Thank God« stand darin. Der Karmapa hatte dieses »Gottseidank« schon einige Male in meinem Beisein verwendet. Also lag es auf der Hand, die Gottesfrage anzusprechen: »Was ist mit Gott?«

Zunächst räusperte er sich sehr ausführlich. Dann pustete er auf die Spitze seines rechten Daumens und stellte erst einmal fest, dass es verschiedene Religionen gibt. Sie hätten verschiedene Philosophien, und manche davon bekennen sich zu einem Gott. Aber nicht alle.

»Was ich glaube, ist: Auch wenn sie alle verschieden sind, ist es vielleicht doch derselbe Gott, an den sie glauben. Auch wenn wir in der buddhistischen Philosophie andere Begriffe benutzen, so denke ich, der Begriff der *Natur der Phänomene*, die Buddha-Natur, könnte vielleicht das Gleiche meinen wie der Gottesbegriff.«

»Ist die Bezeichnung Gott wichtig, also der Name?«, fragte ich.

»Ich denke, Gott ist keine Person, sondern eher eine Art Energie.« Der Karmapa dachte anscheinend in diesem Moment genau wie ich an den Übersetzer Ngündrup, denn wir schauten gleichzeitig zu ihm herüber.

»Also kein alter Mann mit weißen langen Haaren, wie Ngündrup?«, frotzelte ich.

»Nein, wenn, dann etwas hübscher! Und vor allem mit mehr Energie«, gab der Karmapa ungeniert zurück.

Wir kehrten schnell zum Thema zurück. Wenn der Karmapa sagt, er sieht da eher Energie, dann stellt sich als Nächstes die Frage, ob es eine schöpferische Energie ist oder eine erfüllende. Darauf antwortete seine Heiligkeit *noch* etwas sehr Erstaunliches.

»Vielleicht ist Gott ja der Ursprung der Energie.«

Das wollte ich nun genauer wissen und bohrte nach.

»Die erste Energie auf der Welt oder im Universum?«

»Vielleicht die Quelle der Energie. Vielleicht ist es keine schöpferische Energie, sondern einfach deren Quelle«, sagte er nachdenklich. Das ist für einen buddhistischen Lehrer eine bemerkenswerte Aussage, denn Buddhisten glauben nicht an einen alttestamentarischen Schöpfergott, sondern betrachten die *wahre Natur der Phänomene*, die Buddha-Natur oder Tathagatagharba, als nichtdualistisch. Das bedeutet, der Wesensgrund der Phänomene ist von den Phänomenen selbst nicht getrennt. Er durchdringt sie, alles entsteht aus ihm und vergeht in ihm.

In Gesprächen mit tibetischen Mönchen wurde ich immer wieder sanft darauf hingewiesen, dass sich der Buddhismus in diesem Punkt grundsätzlich von anderen Religionen unterscheidet. Ich hatte ihnen darauf entgegnet, dass die Christen zwar einen personalen Gott sehen, aber auch den Ausfluss des Göttlichen, der sich im Geschöpf manifestiert. Und an dieser Stelle wird klar, dass die Philosophien des Buddhismus und die der monotheistischen Religionen gar nicht so weit von einander entfernt sind, wenn man den Begriff des Schöpfergottes und die Frage, warum Gott Leiden zulässt, einmal ausklammert.

Der Karmapa schien in dieser Gottesfrage offener zu denken, als ich vermutet hatte. Deshalb konnte ich auch einen Schritt weitergehen und fragte: »Bleiben wir zunächst mal dabei, dass die Religionen verschiedene Gottesbegriffe haben. Ist es überhaupt sinnvoll, über Gott zu sprechen, wenn man nicht gleichzeitig auch über den Menschen, über alle Lebewesen und die Natur spricht?« Der Karmapa überlegte nicht lange, kniff die Augen zusammen und sagte: »Viele Menschen beten zu Gott. Aber manche Menschen beten nur im eigenen Interesse zu ihrem Gott. Andere beten zum Wohl anderer fühlender Wesen. Ihre Motivationen sind verschieden.«

»Ist Gutes zu tun dann auch ein Gebet?«, warf ich ein. »Kann man sagen, es ist der gemeinsame Nenner aller Religionen, den Menschen dazu anzuhalten Gutes zu tun, anderen Menschen und

Lebewesen zu helfen. Ist es das Wirken zum Wohle anderer, das alle Religionen verbindet?« Der Karmapa nickte zustimmend und sagte: »Ja, genau das.«

Mich interessierte, wie er sich das Miteinander der Religionen in Zukunft vorstellt und wie er seine Position im interreligiösen Dialog sieht. Ich weiß natürlich, dass das eine sehr globale Frage ist, die einer allein gar nicht beantworten oder steuern kann, auch wenn er der Karmapa ist. Aber dass er in Zukunft eine wichtige Stimme des Buddhismus sein wird, ist ohne Zweifel. Deshalb fragte ich ihn nach seinen Vorstellungen.

Er erklärte mir vorsichtig, dass er bei interreligiösen Treffen immer eine beeindruckende unverbindliche Nettigkeit beobachten konnte.

»Alle versichern einander, dass sie sich respektieren und vor allem, dass die Unterschiede zwischen ihren verschiedenen Traditionen oder Religionen gar nicht so groß seien. In der Praxis zeigen sich diese Unterschiede dann aber doch sehr deutlich. Jede Seite kümmert sich um das eigene Dasein, eine wirkliche Zusammenarbeit ist dann doch nicht auszumachen. Und die Gläubigen scherten sich oft zu wenig um den Respekt, dessen sich die Oberen gegenseitig versichern.«

»Nehmen wir einmal Mutter Teresa …«, weiter kam ich nicht, denn er schien zu wissen, was ich fragen wollte.

»O ja, sie ist ein gutes Vorbild. Sie ist eine christliche Heilige, aber sie wird von den Buddhisten und auch von den Hindus verehrt wie ein Bodhisattva, weil sie auch so gelebt hat.« Und dann erklärte er mir sehr stolz, dass er zur Feier des 100. Geburtstages von Mutter Teresa nach Kalkutta eingeladen war.

Der Karmapa fuhr fort: »Vielleicht sollten die Religionen zunächst wissen, wer sie sind. Doch das Selbstverständnis sollte nicht zum Fundamentalismus werden, sondern sich öffnen für die Bedürfnisse der Menschen. Und genauso wenig sollte das Selbstverständnis zum Argument gegen andere Religionen werden. Und für die Würdenträger sollte das Gleiche gelten wie für die normalen gläubigen Mitglieder der Religionen: Glauben allein ist nicht genug. Wenn der Glaube nicht zum Handeln führt und Handlungsentscheidungen nicht positiv beeinflusst, dann ist es kein echter Glaube.« Der Karmapa hielt kurz inne, dann fuhr er fort: »Viele Buddhisten sind gläubig, aber sie *glauben* nur. Jedoch ändern sie nichts in ihrem Leben. Wie überzeugend ist das dann? Also noch einmal: Nur zu glauben ist nicht genug!« Nun war Seine Heiligkeit nicht mehr zu bremsen: »Schauen wir einmal auf den Buddhismus und seine verschiedenen Linien. Die Welt sieht den Buddhismus als eine Religion. Aber allein beim tibetischen Buddhismus, der auch nicht für das Gesamte steht, gibt es viele Linien und Traditionen. In der tibetischen Gesellschaft ist oft zu hören, dass sie sich gegenseitig sagen, sie gehören den Gelugpas an oder den Kagyüs oder einer anderen Linie. Manchmal reden sie auch schlecht übereinander. Und keiner sagt, er oder sie gehört zum Buddhismus. Das ist so nicht korrekt! Dieser Separatismus ist nicht gut! Wir wollen doch alle die Buddhaschaft erlangen! Nur Buddha ist allwissend. Und das verpflichtet uns, alles kennenzulernen, auch die Welt der anderen – und sie zu respektieren. Eine Weisheit allein kann nicht genug sein.«

Eine nachdenkliche Stille trat ein. Dann dachte ich laut: »Es bleibt oft nur beim Bekenntnis.« Der Karmapa sah es ähnlich, aber er formulierte noch einmal die Forderung an die eigenen Glaubensbrüder und -schwestern: »Das Bestreben eines Buddhisten ist es, Glück und Wohlergehen für alle zu erreichen. Das Hauptproblem ist, dass viele ihren Buddhismus nur mit dem Mund praktizieren, nicht mit dem Herzen.« Er klopfte sich an die Brust und fixierte meinen Blick. »Vom Herzen!«, betonte er. »Wenn du es vom Herzen her lebst, dann kannst du nicht anders, als deine Denkweise zu ändern und dein Verhalten, weg von schlechten Gewohnheiten und Charakterschwächen.«

Ich fragte ihn: »Denken Sie, dass Sie von den Menschen ganz verstanden werden?«

»Nein«, sagte seine Heiligkeit mit einem leichten Lächeln. »Nein, ich glaube nicht.«

»Müssen Sie es dann ständig wiederholen?«

»Ja, ich muss das immer wiederholen – auch für mich selbst.«

Karma Rinpoche saß noch immer bei uns. Anscheinend war er aber eingeschlafen, oder hatte er die letzten Minuten meditiert? Bei der nächsten Frage horchte er auf. Maia erinnerte den Karmapa daran, dass er einmal gesagt hatte, die Welt sei wie eine Theaterbühne. Nun fragte sie ihn, in welcher Rolle er sich selbst auf dieser Bühne sehe. Der Karmapa dachte lange über die Antwort nach. Maia konkretisierte ihre Frage: »Ist es eine spezifisch buddhistische Rolle?

»Nein, ich denke nicht. Ich bin als Buddhist geboren. Der traditionelle Karmapa ist als Buddhist geboren. Aber sein Bestreben gilt der ganzen Welt, allen fühlenden Wesen. Es gilt nicht nur den Buddhisten.«

Karma Rinpoche war jetzt hellwach, und auch wir hatten aufgehorcht. Doch Seine Heiligkeit wollte den Gedanken so stehen lassen, wie er ihn gesagt hatte. Ohne weiter darauf einzugehen fuhr er fort: »Im Moment ist es wegen der Umstände, in denen ich lebe, schwierig, über die Rolle des Karmapa zu sprechen. Ich sage das also nicht über die Person des Karmapa allgemein, sondern ich spreche über meine Situation. Ich weiß nicht, wie ich meine Rolle erfüllen soll.«

Es ging ihm nicht um eine Definition seiner Rolle, sondern darum, dass er nicht frei agieren kann. Keine freien Reisen, kein ganz freies Sprechen, kein freier Kontakt zu seinen Lehrern und Schülern – das alles passt wenig zum gewohnten Bild eines religiösen Oberhauptes und auch nicht zu einem lebenden Buddha. Seitdem er sieben Jahre alt ist, seit seiner Inthronisation und dem Exil, lebt er wie ein Gefangener im nicht so goldenen Käfig. Sein Dasein klingt eher wie ein Problem. Obwohl er wenig darf und ständig von allen Seiten überwacht und gebremst wird, hat er bereits viel zustande gebracht. Die jährlichen internationalen Friedensgebete, eine eigene ernsthaft agierende Umweltbewegung, seine weitreichende Lehrtätigkeit und noch mehr. Alles Werke, die nicht politisch sind und mit denen er nicht anecken kann. Das sind die Schlupflöcher, die ihm offenstehen. Die Verhinderer wollen jedoch nicht begreifen, dass er die größeren Bühnen ohnehin meidet. Bühnen, an deren Rand ein Warnschild mit der Aufschrift »Vorsicht Politik« steht. Das Dilemma besteht offensichtlich darin, dass er ein dreifaches Politikum ist. Er, der 17. Karmapa, hat durch seine Flucht die Chinesen blamiert und hält die indische Regierung in gleicher Weise in Atem wie die tibetische Exilregierung. Es ist hausgemachter Stress, weil sie nicht wollen, dass er zu schnell zu populär und mächtig wird und auf gar keinen Fall, dass er zum nächsten Dalai-Lama-Problem oder zum Free-Tibet-Aktivisten avanciert.

»Das ist wirklich eine Topfrage«, konstatierte der Karmapa, als ich wissen wollte, ob er glaubt, eher nach Tibet reisen zu dürfen als nach Rumtek. »Vielleicht zur gleichen Zeit«, war seine Antwort. Er sprach leise weiter: »Es ist mein großer Wunsch und meine Hoffnung, meine Eltern einmal wiederzusehen, bevor sie sterben. Mein Vater hat sogar gesagt, er möchte nicht, dass mich nur einer von beiden wiedersieht, falls der andere schon tot ist. Aber die Chinesen erlauben meinen Eltern nicht, hierherzukommen. Es ist für sie ja schon schwierig genug, innerhalb von China zu verreisen. Sie dürfen nur fahren, wenn sie beim Amt ein Pfand hinterlassen. Heutzutage haben sie mehr Restriktionen zu erleiden als zu der Zeit, als ich noch in Tibet war.« Er biss sich auf die Lippen und sagte: »Alles meinetwegen.«

Da wir nun schon dabei waren, wollte ich mehr darüber wissen, wie er die Tatsache empfand, als einer der wichtigsten religiösen Führer der Welt quasi festgesetzt zu sein. Bereitwillig nahm er den Gesprächsfaden wieder auf: »In Tibet hatten wir keine Hoffnung. Wir konnten kaum reisen, und auch sonst waren die Einschränkungen, wie sie uns die kommunistische Partei der Volksrepublik China auferlegte, sehr hart. Als ich dann vom besetzten Tibet nach Indien gekommen war, in ein Land von Freiheit und Demokratie, hatte ich viele Erwartungen und Wünsche. Warum auch immer die letzten elf Jahre so sein mussten, wie sie waren …, ich weiß es nicht. Ich weiß auch nicht, welche Kräfte da im Spiel waren.« Der Karmapa schüttelte den Kopf, als wolle er die Erinnerung daran loswerden.

»Elf Jahre!«, warf er noch einmal in den Raum. »Und jetzt bin ich fast 26 Jahre alt!«, gab er traurig zu bedenken. Und dann sprach er davon, dass die Zeit zwischen 20 und 30 sehr wichtig für die Entwicklung eines jungen Menschen ist – und vielleicht auch für das ganze Leben.

»Manchmal, wenn ich in den Büchern über die Leben der Karmapas lese, dann finde ich Aussagen, wonach sie ständig unterwegs waren. Sie haben teilweise nur in Zeltlagern gelebt und sind damit, den Nomaden gleich, durch die Regionen gezogen. So konnten viele Menschen zum Karmapa kommen, um ihn zu sehen, seine Worte zu hören, von ihm Einweihungen und seinen Segen zu empfangen. Die Karmapas konnten sich und ihren Auftrag damit verwirklichen.«

Nun dachte er lange nach, schaute an die Decke des Hotelzimmers und sprach leise seufzend weiter: »Ich bin jetzt fast 26. Manche der Karmapas sind sehr jung gestorben. Manchmal schon mit 30 oder 40 Jahren.« Er hielt inne. Schweigen im Raum.

»Deshalb denke ich immer, O. K., ich sollte einfach so viel wie möglich tun, sonst ist es vielleicht zu spät, weil auch ich früh sterbe.«

Nach diesen Sätzen musste ich erst einmal tief Luft holen. Ich schaute den Karmapa an. Er sah mich auch an. In seinem Blick funkelte etwas, das ich Unerschütterlichkeit nennen würde. Die Energie eines Löwen. Dann lächelte er wieder.

Auch wenn es für einen Christen ungewöhnlich ist, weil die Wiedergeburt nicht gerade zu seinen elementaren Glaubensgrundsätzen zählt, sagte ich: »Ich hoffe das nicht, aber wenn, dann wäre da ja noch das nächste Leben.«

»Genau!«, gab er schmunzelnd zurück.

Ich fragte ihn, ob es etwas gebe, das die Welt für *ihn* tun könnte, die Menschen im Allgemeinen so wie ich als Einzelner. Er sah mich an, als wollte er nicht glauben, dass ich so etwas tatsächlich gefragt hatte.

»Was du mir geben kannst, ist das Gleiche, was ich dir geben kann. Ich betrachte mich selbst nicht als einen großen spirituellen Meister. Aber ich bin gern ein guter Freund. Ich kann nur meine Liebe und meine Zuneigung geben. Das mag wenig sein. Ich habe leider nicht genügend Weisheit, Fähigkeiten und Erfahrung. Alles was ich habe, ist mein Herz, ein reines Herz. Das möchte ich gerne geben. Das ist meine Möglichkeit, jemanden zu unterstützen. Und das kannst du mir auch geben. Jeder kann das.«

Er schaute mich kurz fragend an und sprach weiter: »Ich denke nicht so, dass ich so etwas wie ein Gott bin, und dass nur ich dir und den anderen Menschen etwas Gutes tun kann.« Ich widersprach ihm und verwies auf die vielen Menschen, die in ihm etwas Göttliches, einen Buddha sehen und ganz natürlich erwarten, dass sie von ihm das erhalten, was sie für ihr Leben bräuchten.

»Egal«, antwortete er, »wir sind da alle gleich.«

Der Blick in die Zukunft

»Du hast noch Zeit für eine Frage!«, eröffnete er mir, als er über die Brillengläser hinweg auf das Zifferblatt seiner Armbanduhr sah; wohl wissend, dass wir schon wieder eine gute Stunde überzogen hatten. Also sprach ich seinen Plan an, eine neue Bleibe zu bauen. Wie selbstverständlich hatte ich von einem neuen Kloster geredet.

Der Karmapa riss die Arme auseinander und sagte, es gäbe schon so viele Klöster, da bräuchte er kein neues mehr zu bauen.

»Wenn ich gerne etwas bauen würde, dann eine kleine Residenz. Die Pläne sind schon fix und fertig. Wir könnten sofort anfangen.«

Wie ich den Karmapa so einschätzte, hatte er an den Entwürfen fleißig mitgearbeitet. Er wollte es nicht zugeben, aber er sagte auffallend stolz, dass die Architektur eine Mischung aus europäischem und japanischem Baustil sei. Und ein klein wenig tibetische Architektur würde auch noch einfließen. Klare Formen und Linien, hell und geräumig. Davon träumend raunte er mir zu: »Das wird richtig gut.«

Ich wollte natürlich mehr darüber erfahren, und er verriet mir, dass auch Räume für seine Aktivitäten vorgesehen waren. Zuerst nannte er ein Zeichenatelier, dann einen Sportraum, einen kleinen Swimmingpool, eine große Bibliothek und einen Wohnraum – einen richtigen Wohnraum. In Gyuto und auch in Tsurphu hatte er immer nur einen einzigen Raum für alles: Wohnen, Schlafen, Essen, Beten.

»Wenn du wieder nach Gyuto kommst, werde ich dir die Pläne zeigen.«

Unsere Zeit in Delhi war zu Ende. Wir verabredeten uns, in Dharamsala weiterzureden. Zum Abschied sagte er mit einem Anflug von Traurigkeit im Blick, dass dort andere Umstände herrschten als hier in Delhi.

»Ja, ich weiß …«, antwortete ich seufzend.

»Eine andere Welt!«

Ein paar Tage später im Gyuto-Kloster. Dichte graue Wolken verhüllten das Vorgebirge zum Himalaya. Es war kühl und trist. Bevor ich nach oben gehen durfte, um Seine Heiligkeit wiederzusehen, saß ich mit Palzom, seiner Schwester, auf dem Rasen neben dem Tempel. Die bedrückende Wirklichkeit von Gyuto schien auch sie eingeholt zu haben. Sie klang melancholisch, als sie sagte, dass sie gern noch länger in Delhi geblieben wäre. Vor allem Holiness sei in keiner guten Stimmung.

»Herzlich willkommen im goldenen Käfig!«, scherzte ich ironisch. Sie seufzte. Einzig ihre Hundewelpen, niedliche kleine Knautschgesichtbabys zauberten ihr ein Lächeln ins Gesicht. Pema hieß das Mops-Mädchen, und der Junge hatte gerade erst den Namen Tashi erhalten. Zusammen ergaben ihre Namen: Glückliche Lotusblüte. Gerade machte sich die Lotusblüte Pema mit ihren spitzen Zähnen an meinen Schnürsenkeln zu schaffen.

»Oh du freches Ding ...«, redete Palzom auf das Hundekind ein. »Du hast schon Holiness in die Hand gebissen!«

»Hat sie wirklich?«, fragte ich.

»Ja, gleich bei der ersten Begegnung. Er wollte sie streicheln, da war es schon passiert.«

Ein paar Minuten später begannen die Audienzen. Zwei große Gruppen, ein Lama und ich standen vor der Personenkontrolle. Die Gruppen durften zuerst nach oben gehen und waren recht schnell wieder da. Wie ein aufgeregter Hühnerschwarm erzählten sie sich gegenseitig, wie bewegend die Begegnung mit Seiner Heiligkeit gewesen war. Sorgsam legten sie ihre Segensschals zusammen und verstauten sie in den Taschen. Durch ein knarzendes Funkgerät hörte ich »Lama« und »Stephan«. Wir stiegen das kaltgraue Treppenhaus hinauf, und kaum oben angekommen, verschwand der Lama schon im Audienzzimmer. Der beiseitegehaltene Vorhang gewährte einen kurzen Blick auf den Karmapa. Er hob knapp die Augenbrauen, dann schnitt der Vorhang unseren Blickkontakt wieder ab. Die Audienzzeit lief erst eine gute Viertelstunde. Ich vermutete, es würde viel Zeit für mich übrigbleiben. In der Loggia hatte sich in den wenigen Augenblicken fast das gesamte Personal versammelt, das ich in den letzten Wochen in Sarnath und Delhi täglich getroffen hatte. Drubngak, der alte Attendant des Karmapa, gab mir die Hand und ließ sie nicht mehr los. Ich dachte an die vielen Momente zurück, als ich mich einfach wortlos zu ihm gesetzt hatte. Er sprach nicht meine Sprache und ich nicht seine. Unsere einzige Unterhaltung waren das Lächeln und der Blickkontakt.

Der Karmapa stand ganz dicht beim Fenster und sah mich an, als ich den Audienzraum betrat. Aus seinem Gesicht konnte ich keine Stimmung ablesen, es wirkte wie versteinert. Er lächelte auch nicht wie sonst, sondern wirkte niedergeschlagen. Ohne Floskeln sagte er mir sofort, dass es ihm nicht gutgehe und er deshalb heute nicht viel Zeit für die Audienzen habe. Wir setzten uns auch nicht, sondern blieben an der Glastür zum Dachgarten stehen, als wir über ein paar organisatorische Dinge sprachen. Dann fragte er: »Und was denkst du, wird das Buch gut?«

Ich dankte ihm und erzählte, dass ich mit den Interviews sehr zufrieden sei, zumal ich mehr bekommen hatte als erhofft. Da lächelte er kurz und fragte noch einmal: »Wird es gut?«

»Ja, ich habe ein gutes Gefühl!«, versuchte ich eventuelle Bedenken zu zerstreuen.

Der Karmapa streckte seine Hand in Richtung der Tür und sagte etwas auf Tibetisch. Einen Augenblick später kam sein Attendant Sithar Dorje und reichte ihm unter Verbeugung eine runde, verzierte Holzdose. Als er sie öffnete, kamen zwei Gebetsketten zum Vorschein. Seine Heiligkeit zog eine Mala mit feingeschliffenen Kugeln aus Bergkristall heraus. Er nahm sie in beide Hände, zog sie zu voller Länge auseinander und bewegte sie bedächtig hin und her. Dann fasste er mit den Fingern zwei Kugeln, die etwa eine Elle voneinander entfernt waren. Niemand sagte ein Wort. Ich sah ihm zu, denn ich wusste nicht, was er nun vorhatte. Mit geschlossenen Augen ließ er seine Finger Kugel für Kugel aufeinander zu wandern, bis sie aneinanderstießen. Dann schaute er nach. Eine Kugel war in der Mitte übriggeblieben. Der Karmapa sah mich an und lächelte. Ich war von dem Geschehen so gefesselt, dass ich nicht einmal nach seiner Bedeutung fragte.

Beim Abschied fragte er, wann ich wiederkommen werde. »Im Juli«, antwortete ich. Er zwinkerte mir lächelnd zu und sagte: »Gut. Also bis Juli!« Dann wünschte er mir eine gute Reise, legte mir zum Segen seine Hände auf den Kopf und begleitete mich hinaus auf die Loggia. In der Tür zu seinem Appartement hielt er noch einmal kurz inne und winkte mir zu. Drubngak ließ den Vorhang hinter Seiner Heiligkeit fallen.

Ein wenig später saß ich mit zwei Mönchen auf einem Felsen inmitten von kleinen Getreidefeldern. Nyima und Dorje waren mir in den letzten Monaten zu Freunden geworden. Sie hatten vegetarische Momos und Chilisoße vom Mittagessen mitgebracht, um sie mit mir zu teilen. Hinter dem frischen Grün lag das Gyuto-Kloster. Die Achttausender des Himalaya lagen hinter dichten Wolken versteckt. Ich fragte die beiden, ob sie mir erklären konnten, was Seine Heiligkeit mit der Gebetskette getan hatte. Dorje sagte freudig erregt: »Das war ein Mo!«

»Ein was?«

»Ein Mo, so etwas wie ein Orakel.«

»Also ein Blick in die Zukunft?«

»Ja, er wollte in die Zukunft sehen«, bestätigte Dorje und fragte, worüber wir in diesem Augenblick gesprochen hatten. Ich erzählte, das Buch sei das Thema gewesen. Dorje lachte und sagte: »Dann wollte er schauen, ob alles gut läuft und in Ordnung ist.« Nyima mischte sich ein und fragte, wie seine Reaktion gewesen sei. »Er hat gelächelt«, gab ich zur Antwort.

IX

Der Dalai Lama und seine stille Revolution

Rückzug aus der Politik

Der 10. März 2011 ist für die Tibeter ein besonderes Datum. In den Geschichtsbüchern wird fortan stehen, dass Seine Heiligkeit der 14. Dalai Lama an diesem Tag seine politische Macht abgegeben hat. Zumindest wird dieser Tag für die Ankündigung dessen stehen. Das Datum markiert zugleich den 52. Jahrestag des Beginns des Aufstands der tibetischen Bevölkerung gegen die kommunistische Unterdrückung Chinas in der tibetischen Hauptstadt Lhasa im Jahr 1959. Aus diesem Anlass hält das Oberhaupt der Tibeter traditionell in jedem Jahr eine Ansprache. Eines ist heute schon sicher: An diesem Punkt begann eine neue Ära in der Geschichte Tibets, nur war allen Beteiligten noch nicht so ganz klar, wie sie aussehen soll. Offensichtlich wollte der 76-jährige Lama mit dem Schritt die politischen Kompetenzen vor seinem Tod regeln – klarer als je zuvor.

In den Nachrichtencomputern der Weltpresse rauschten die Eilmeldungen im Sekundentakt ein: »Dalai Lama gibt seine politische Macht ab«, »Der Dalai Lama tritt von seinem politischen Amt zurück« usw., leuchteten die Schlagzeilen in roter Dringlichkeit von den Monitoren. Alle Nachrichtensendungen brachten die Sensationsmeldung, dass der prominenteste buddhistische Mönch der Welt, das Gesicht der fernöstlichen Religion und das Oberhaupt des alten Tibet, seine politische Tätigkeit beenden will.

In den Regierungszentralen auf allen Kontinenten rieb man sich angesichts der Nachricht ungläubig die Augen. Vor allem fragte man sich in den eher strategisch orientierten Amtsstuben, welche politische Macht der Dalai Lama eigentlich abgeben wollte. Und an wen? Denn die alte Herrschaftsform in Tibet war eine Theokratie, das heißt, die weltliche Macht hielt ein Geistlicher. Und damit waren die Fragen noch nicht beendet. Denn wenn der Dalai Lama beschließt, seine politische Führerschaft zu beenden und die Gewalten auf andere zu übertragen, ist noch nicht erklärt, was derjenige oder diejenigen damit anfangen sollen oder dürfen. Aus völkerrechtlicher Sicht besitzt der Dalai Lama seit seiner Flucht keine aktive politische Macht mehr. Wem sollte er sie also verleihen? Und was kann man mit einer nicht bzw. nicht mehr vorhandenen politischen Macht überhaupt anfangen?

Man wisse nicht, ob er es diesmal wirklich ernst meine, versuchte man die Wucht der Erklärung im indischen Exilort Dharamsala herunterzuspielen. Am liebsten wollte man es sogar überhört haben und gar nicht darüber reden. Die unmittelbaren Adressaten seiner Rede, die Abgeordneten des tibetischen Exilparlaments, wiesen die Rücktrittsankündigung des Dalai Lama sofort zurück. Er wolle zurücktreten, aber es gebe keine Möglichkeit, dass er es auch wirklich tut, beschwichtigte Youdon Aukatsang, eine tibetische Parlamentsabgeordnete. Anscheinend hatte sie den Dalai Lama nicht richtig verstanden.

Aus Peking hörte man ähnliche, wenngleich anders motivierte Zweifel an der Ernsthaftigkeit: »Er hat schon oft gesagt, dass er geht. Das scheint einer seiner Tricks zu sein«, kommentierte Jiang

Yu, die Sprecherin des chinesischen Außenministeriums, die Erklärung des Dalai Lama.

Die Nachrichtensender blieben eine Antwort auf die offen gebliebenen Fragen schuldig und beließen es bei der bloßen Verkündung der Information, die am 10. März aus Dharamsala gekommen war. Ich bezweifle sogar, dass man sich der Tragweite der Entscheidung des Dalai Lama bewusst war. Auch in den Außenministerien wurde weiter gerätselt.

Überraschend war die Neuigkeit an sich nicht, denn Tenzin Taklha, der Sekretär des Dalai Lama, hatte schon im November 2010 den endgültigen Rückzug Seiner Heiligkeit aus der aktiven Politik angekündigt. »Der Dalai Lama erwäge, von seiner Funktion als Chef der tibetischen Exilregierung im indischen Dharamsala zurückzutreten«, versuchte er die Tibeter und die Weltpresse behutsam auf die anstehende Veränderung vorzubereiten. Der Privatsekretär sah sich dazu gezwungen so deutlich zu werden, weil innerhalb der tibetischen Gemeinde sowohl im Exil wie auch in Tibet und in den Klöstern Unruhe aufgekommen war, nachdem der Dalai Lama im November 2010 in einem Interview einen konkreten Zeitpunkt für seinen Rückzug benannt hatte. Bei dem anvisierten »Rücktritt« habe es sich jedoch ausschließlich um die Aufgabe der Regierungsverantwortung gehandelt, betonte Tenzin Taklha ausdrücklich. »Seine Rolle als geistliches Oberhaupt der Tibeter behalte der Dalai Lama weiterhin. Das heißt aber nicht, dass er sich als Führungsfigur des politischen Kampfes zurückziehen will. Er ist der Dalai Lama und wird die Tibeter immer führen.« Man wolle aber zunächst die Reaktion des Parlaments abwarten, fügte er hinzu. »Nichts ist ganz sicher, aber das sind die Dinge, über die Seine Heiligkeit derzeit nachdenkt.« Zu dieser Zeit war sich der Dalai Lama aber bereits sehr viel sicherer, als seinem Sekretär vorstellbar erschien.

Der Sprecher des Parlaments der Tibeter im Exil, Penpa Tsering, betonte, dass sich jeder Tibeter wünsche, der Dalai Lama möge so lange weitermachen, wie es sein Gesundheitszustand erlaube. Und im Sinne des Parlaments im Exil sprach sich Tsering dafür aus, dass der Dalai Lama auch weiterhin die Führungsfigur bei den Gesprächen zwischen der Exilregierung und China bleiben sollte; unabhängig vom Ausgang der Parlamentsdebatte über das Vorhaben des Oberhauptes. Dabei verschwieg er, dass der Dalai Lama schon seit mehreren Jahren nicht mehr selbst verhandelt, sondern jeweils eine Delegation von Sondergesandten nach Peking schickt.

Seine Heiligkeit der 14. Dalai Lama wollte wohl der um sich greifenden Verunsicherung entgegenwirken, als er am 18. Januar 2011 vor mehreren Tausend Mönchen, Nonnen und Anhängern aus aller Welt im indischen Varanasi bekräftigte: »Ich werde euch Tibeter niemals im Stich lassen, bis zu meinem letzten Atemzug!« Die Lösung des Tibetproblems gehöre zu seinem Hauptanliegen, solange er lebe. Er werde weiterhin der oberste Repräsentant des tibetischen Volkes sein, auch wenn er nicht mehr der Exilregierung vorsteht, erklärte er. In Tibet wie im Ausland wird dennoch seit langem befürchtet, dass der Tod des heute 76-jährigen Friedensnobelpreisträgers der Geschlossenheit der Tibet-Bewegung einen Schlag versetzen könnte.

Tibet nach dem Dalai Lama

Seine Heiligkeit erfreut sich trotz seines Alters relativ stabiler Gesundheit. Aber seit einer längeren medizinischen Behandlung des Dalai Lama im Jahr 2008 hat sich das allgemeine Bewusstsein dafür geschärft, dass auch seine Zeit endlich ist. Anscheinend hatte man sich darüber bis dahin kaum Gedanken gemacht. Das wurde mir deutlich, als ich mit studierenden Mönchen des elitären Namgyal-Klosters, des Klosters des Dalai Lama in Dharamsala, über ebenjenes Szenario, das sich nach dem Tod des Oberhauptes ergeben könnte, diskutierte. Die Ahnungslosigkeit der Studienmönche war fast schon schockierend. Ihre Reaktionen reichten von Schicksalsergebenheit und einem unbestimmbaren Vertrauen in das Gute bis hin zur großen Sorge, dass China nach dem Tod des Dalai Lama die Zukunft der Tibeter einmal mehr in die Hand nehmen werde.

Das Szenario ist für Peking relativ einfach, und ein paar Weichen hatte man bereits gestellt. Die Suche nach der Reinkarnation eines Dalai Lama wird traditionell von den ranghöchsten Lamas des Gelugpa-Ordens geregelt. China hatte jedoch bereits angekündigt, bei der Auswahl des Kandidaten für die Wiedergeburt des Dalai Lama das letzte Wort haben zu wollen. Die kommunistische Regierung in Peking beruft sich dabei perfiderweise auf das natürliche Recht, das ihr aus der historischen Nachfolge der chinesischen Kaiserschaft erwächst. Das Kaiserhaus des Reichs der Mitte hatte früher tatsächlich das Privileg, sein bedingendes Placet für die Reinkarnation der Dalai Lamas zu geben.

Es gibt mehrere Bühnen und Rollen für das Szenario nach dem Tod des 14. Dalai Lama. Der Panchen Lama, zweithöchster Geistlicher des Gelugpa-Ordens nach dem Dalai Lama, könnte zum Faustpfand gegen den Eigenwillen der Tibeter werden. Traditionell übernimmt der Panchen gemeinsam mit einigen Regenten in der Interimszeit die Führerschaft, bis der nächste Dalai Lama das Erwachsenenalter erreicht hat und regierungsfähig wird. Das war in der Regel ein Zeitraum von etwa zwanzig Jahren, in dem die Wiedergeburt aufgefunden wird und der Junge heranwächst, bis er achtzehn Jahre alt ist.

Und nun kommt China wieder ins Spiel. Man hatte bereits versucht, den 10. Panchen Lama gegen den ins Exil geflüchteten Dalai Lama zu instrumentalisieren, denn der Panchen Lama war in Tibet geblieben und verhielt sich den chinesischen Machthabern gegenüber verhältnismäßig kooperativ. Nach seinem Tod im Jahr 1989 hatte sich die Pekinger Führung 1995 dazu entschlossen, die Reinkarnation des 10. Panchen suchen zu lassen. Unter Anleitung der kommunistischen Partei wurde ein Komitee gebildet, dem neben Parteikadern auch höhere tibetische Lamas angehörten. Die Pekinger Strategen dachten an die guten Erfahrungen mit der Wiedergeburt des Karmapa und planten, die Auffindung des 11. Panchen von Anfang an in der Hand zu behalten, um die neue Speerspitze gegen den Dalai Lama selbst zu schmieden. In Peking hatte man aber nicht mit der Loyalität der am Komitee beteiligten Mönche gegenüber dem Dalai Lama gerechnet. Der Plan der Partei scheiterte daran, dass die Mönche die erfolgreiche Suche umgehend Seiner Heiligkeit in Dharamsala meldeten, weil der Dalai Lama traditionell derjenige ist, der die Reinkarnation als Erster anerkennen muss. Die Mönche waren also nur dem überlieferten Ritual gefolgt, hatten damit aber Peking verprellt. Noch bevor die kommunistische Parteiführung in der Hauptstadt von der Auffindung erfahren hatte, war der sechsjährige Gedhun Choekyi Nyima von Seiner Heiligkeit offiziell als der 11. Panchen Lama anerkannt worden.

Der tragische Fortgang der Geschichte zeigt einmal mehr die skrupellose Allmacht der chinesischen Parteiführung. Peking ließ den jungen Tulku samt seinen Eltern kurzerhand festnehmen. Seitdem werden sie vermisst. Trotz internationaler Kampagnen, die von Menschenrechtsgruppen aus aller Welt, von Amnesty International und Human Rights Watch unterstützt werden, weigert sich China noch immer selbstbewusst, das Schicksal des Jungen und seiner Eltern und ihren Aufenthaltsort zu offenbaren. Um Nägel mit Köpfen zu machen, suchte sich die Kommunistische Partei der Volksrepublik China einen neuen, eigenen Kandidaten und installierte den tibetischen Jungen chinatreuer Eltern, Gyancian Norbu, als den 11. Panchen Lama.

Nun wieder zum Szenario der Zukunft. Nach dem Tod des Dalai Lama wird Peking den Tibetern und der Welt ihren eigenen Panchen als Oberhaupt des tibetischen Buddhismus präsentieren, damit rechnen politische Beobachter fest. Die Tibeter haben den Jungen bislang nicht akzeptiert, und sie werden es wohl auch niemals tun. Spannend wird die Reaktion der Welt sein. Werden die Regierungen anderer Staaten den Chinesen diesen lange vorbereiteten Schachzug durchgehen lassen? Welche Interessen werden gegen einen Widerspruch stehen? Wird sich auch kein internationaler Widerstand regen, wenn China durch den unechten Panchen die Reinkarnation des Dalai Lama suchen und anerkennen lässt? Der Tradition nach kommt zuallererst dem Panchen Lama diese Aufgabe zu. Der richtige Panchen wird die Aufgabe nicht erfüllen können, wenn er denn überhaupt noch am Leben ist. Der Panchen der Chinesen ist im Sinne des Gelugpa-Ordens nicht dazu berechtigt.

Werden die hohen Lamas des Gelugpa-Ordens im Exil eine eigene Reinkarnation des Dalai Lama präsentieren? Und wer wird diesen anerkennen? Bei dem spirituellen Anerkennungsverfahren könnten die Oberhäupter der drei anderen tibetisch-buddhistischen Traditionen, allen voran der Karmapa, eine entscheidende Rolle spielen.

China inszeniert seit einiger Zeit mit einer Art Gut-Wetter-Politik ein erstaunliches PR-Spiel, um der Welt und allen voran den Tibetern in China zu zeigen, wie sehr man doch die Tradition und die Kultur des tibetischen Buddhismus als einen wichtigen Teil der gesamtchinesischen Kultur und Geschichte schätzt. Mit breit angelegten Kampagnen demonstriert Peking einen Wandel innerhalb seiner Tibetpolitik, indem es durch den chinesischen Administrator der tibetischen Provinzen viele bedeutende Klöster und Tempel »rehabilitieren« lässt. Den Klöstern ist sogar erlaubt, ihren eigenen und ursprünglichen Rinpoche als Oberhaupt des Klosters zu installieren. Interessanterweise liegen all diese Klöster an den Touristenrouten, die China für Ausländer freigegeben hat. Einige der tibetischen Provinzen grenzen an chinesische Provinzen. Offensichtlich möchte man mit bunten und lebhaften Bildern bei Reisenden den Eindruck erwecken, dass Peking nun einen anderen Umgang mit der Religion im eigenen Land praktiziert. Was den Touristen verborgen bleibt, ist, dass die Mönche und Lamas in den Klöstern schärfster Kontrolle unterworfen sind und das Leben nach Maßgabe Pekings gesteuert wird. Bereits 2007 hatte man einen Plan entworfen, nach dem das religiöse Leben der tibetischen Buddhisten und das der hohen Tulkus geregelt wird. Eingeschlossen in den Plan sind auch die Regeln, wie hohe Geistliche anerkannt werden. Dem Plan nach dürfen sowohl der Dalai Lama als auch der Panchen Lama und der Karmapa nicht ohne die offizielle Erlaubnis der chinesischen Führung anerkannt werden.

Demokratisierung als Überlebensstrategie

Seit Jahren schon versucht der Dalai Lama das strategische Spiel der Chinesen zu unterlaufen. Etwa mit der Ankündigung, er werde auf keinen Fall in Tibet wiedergeboren. Zudem macht er nicht nur seit langem kein Geheimnis aus seinem Wunsch, sich mehr und mehr aus dem politischen Tagesgeschäft zurückzuziehen. Er hat auch schon früh begonnen, entsprechende Schritte einzuleiten. Nach seiner Flucht aus dem von chinesischen Truppen besetzten Tibet im Jahre 1959 startete er die erste Reform, die bereits der 13. Dalai Lama angedacht hatte. Der 14. Dalai Lama ersetzte das traditionelle theokratische System, wonach spirituelle und politische Gewalt in der Gottkönigschaft untrennbar miteinander verschweißt sind, durch ein modernes, weltoffenes, demokratisches System. 1963 veröffentlichte er den Entwurf einer Konstitution, die auf der Basis der UNO-Menschenrechtsdeklaration eine demokratische Regierungsgewalt durch ein parlamentarisches

System verlangt. Er installierte die Konstitution »Charta der Tibeter im Exil« als eine Art Verfassung und ernannte ein Ministerkabinett. Es dauerte nicht lange, da berief er auch Wahlen zum ersten Parlament ein. 1991 setzte er eine Verfassungsreform in Gang, durch die dem Parlament der Status als eines der höchsten Machtorgane zugestanden wurde. Der Dalai Lama selbst war das höchste Mitglied der Deputiertenversammlung. Er schränkte seine eigene Macht aber dadurch ein, dass er das Parlament autorisierte, ihn im Falle eines bewiesenen groben Fehlers bei der Ausübung seiner nationalen Aufgaben aus seiner politischen Leitungsfunktion zu entlassen.

Zehn Jahre später folgte der nächste Schritt der Demokratisierung. Er hatte angeregt, weitere Änderungen in der »Charta der Tibeter im Exil« vorzunehmen, die zweifellos zu einer Stärkung der demokratischen Selbstverantwortung der Exiltibeter geführt haben. Seit 2001 werden nicht nur die Abgeordneten des Parlaments vom Volk direkt gewählt, sondern auch der sogenannte Premierminister der Exilregierung, der Kalon Tripa. Der erste gewählte Vertreter war Samdong Rinpoche, ein hoher Geistlicher des Gelugpa-Ordens des Dalai Lama. Er erfüllt die Funktion eines Kabinettschefs und zeichnet für die Arbeit von sechs Departements verantwortlich. Bis 2001 wurde dieses Amt vom Dalai Lama besetzt. Seitdem die tibetische Administration im Exil, die ihren Sitz im nordindischen Dharamsala hat, mit dem Kalon Tripa erstmals direkt einen politischen Führer wählt, bezeichnet sich der Dalai Lama selbst immer wieder als »halb pensioniert«.

Aber zurück zum Monat März im Jahr 2011 und der Entscheidung des Dalai Lama, seine politische Macht vollständig abzugeben. In dem berühmten Exilsitz in McLeodganj hörte ich damals immer wieder die besorgte Frage: Wie weit wird sich die alles überragende Rolle des Dalai Lama in der exiltibetischen Bewegung durch die Entscheidung ändern? Und wer wird den zukünftigen Regierungschef weltpolitisch je ernst nehmen?

Der Dalai Lama war und ist eine international geschätzte Persönlichkeit. Wenn er irgendwo auf der Welt auftrat, sprach er nicht nur als glaubwürdiges geistliches Oberhaupt, sondern auch im Namen von sechs Millionen Tibetern. Und auch die Tibeter selbst, ob sie in Dharamsala, in Zürich, in New York oder in Peking leben, glauben mit tiefer Religiosität und beeindruckender Ehrerbietigkeit an den Dalai Lama als ihren Gottkönig. Doch wen repräsentiert ein exiltibetischer Regierungschef? Die Exiltibeter? Zur Wahl sind gerade mal rund 80 000 Exiltibeter in aller Welt berechtigt, also so viele Menschen, wie in einer mittleren Kleinstadt leben. Spricht er dann auch für die Tibeter in China?

Es geht aber nicht nur um die Bedeutung des Kalon Tripa, sondern auch um sein Ansehen. Denn der neue tibetische Regierungschef ist kein Mönch, kein Lama, keine hohe Wiedergeburt, kein heiliger Mann, der allein wegen seiner irdischen Göttlichkeit unantastbar ist. Der Kandidat, der sich bei der Wahl am 20. März 2011 durchgesetzt hatte, ist ein Laie. Es ist der junge Harvard-Absolvent, Jurist und Völkerrechtler Dr. Lobsang Sangay. Im Wahlkampf verkündete er, dass er für den Wandel steht – vielleicht auch, weil er ein ehemaliger Kommilitone des amerikanischen Präsidenten Barack Obama ist. Er war außerdem jahrelang einer der führenden Köpfe der tibetischen Jugendbewegung, die vehement die Unabhängigkeit Tibets gefordert hat, im Gegensatz zu den moderaten Forderungen nach Autonomie des Dalai Lama.

Ein paar Wochen nach der Wahl knickte Sangay etwas ein und propagierte den »Mittleren Weg«[58] als seinen zukünftigen Politikstil. Egal was das Motto seines Handelns ist, das Markenzeichen des Dalai Lama, die rote Mönchskutte, kann er nicht vorweisen. Sie war die wichtigste Insignie der Führerschaft des Dalai Lama, wie ein Ausweis für die internationale Bühne. Werden sich westliche Regierungschefs auch in Zukunft um einen Fototermin mit ihrem tibetischen Gegenüber reißen? Warum sollten sie? Der Kalon Tripa hat aus völkerrechtlicher Sicht allenfalls den Status eines Kommunalpolitikers, jedoch nicht den eines Regierungschefs, weil es aus Sicht des Völkerrechts keinen tibetischen Staat mehr gibt. Damit sind auch ein Parlament und ein Regierungschef obsolet. Mitgefühl mit der Sache und dem Schicksal der Tibeter ist keine Disziplin der internationalen Politik, allenfalls eine Frage des persönlichen Engagements. Demzufolge hatte die Regierung der Volksrepublik China auch immer sofort schärfstens reagiert, wenn der bis 2011 amtierende Kalon Tripa von offiziellen politischen Stellen und Institutionen empfangen wurde. Die Botschafter des Reichs der Mitte wurden niemals müde zu betonen, dass Samdong Rinpoche allenfalls ein hoher Lama und ein bedeutender buddhistischer Lehrer sei, aber weiter nichts. Fast schon undiplomatisch deutlich wollte man den ausländischen Regierungen klarmachen, dass man einen Kalon Tripa gefälligst nicht hoffähig machen solle.

Den Machthabern in Peking kann ein offiziell angesetzter Wechsel an der exiltibetischen Regierungsspitze als Vorwand dazu dienen, die Regierung in Dharamsala zukünftig komplett zu ignorieren. Den Dalai Lama konnte man nicht einfach übergehen. Sogar Mao Tse-tung, der legendäre Staats- und Parteichef der Volksrepublik China, verhandelte mit Seiner Heiligkeit persönlich. Doch das ist lange her. Im Herbst 2008 erzählte der Dalai Lama davon, längst die Hoffnung aufgegeben zu haben, dass er persönlich die Verhandlungen mit China über einen Autonomiestatus der Tibeter weiter voranbringen könne. Die Gespräche sollten nun andere führen. Dalip Mehta, ein indischer Spitzendiplomat bemerkte dazu: »Vielleicht denkt er, dass ein neuer tibetischer Regierungschef, der mit echter Macht ausgestattet ist, in Peking mehr erreichen kann.«

Dem Dalai Lama blieb wohl nichts anderes übrig, als den Platz an der politischen Spitze schnellstmöglich freizugeben, um den Kalon Tripa ins Rampenlicht zu rücken und mit der Autorität seiner eigenen Person dafür zu sorgen, dass der zukünftige exiltibetische Regierungschef weltweit Anerkennung findet. Samdong Rinpoche, der alte Kalon Tripa, hatte unter Seiner Heiligkeit eher ein

Schattendasein geführt. Lobsang Sangay, der Neue, soll nun wirklich der politische Chef werden, wenn es nach dem Willen Seiner Heiligkeit geht.

Das Ende der Theokratie

Am 10. März 2011 erfuhren die Tibeter und die Welt, dass es dem Dalai Lama mit seinem Rücktritt ernst ist. Ernster, als den meisten seiner Anhänger lieb ist. Er ließ keinen Zweifel an seiner Entscheidung, die »formale Machtposition an einen gewählten Führer abzugeben«. Mehrfach bettelte er in seiner Rede geradezu um Verständnis dafür. Seine Entscheidung habe nichts mit dem »Ausweichen vor Verantwortung« zu tun, betonte er unermüdlich. Sie sei »langfristig und zum Wohle aller Tibeter«.

Die Menschen, die seine Rede auf dem Tempelhof vor der Residenz Seiner Heiligkeit in Dharamsala verfolgten, sollen sich kaum gerührt haben. Für die Mehrheit seiner Anhänger schien das Gehörte eine kaum zu ertragende Vorstellung. Eisige Mienen bei den höheren Geistlichkeiten. Leere Blicke bei den Tibetern. Die Stimme des Synchrondolmetschers für Englisch klang deprimiert. Im ungewöhnlich fahlen Gesicht des Dalai Lama fand sich keine Spur der sonst so üblichen Schalkhaftigkeit. Die scharfen Kanten der Strenge schienen in sein Gesicht geschnitzt. So sah er aus, wenn er seinen Anhängern ins Gewissen redete oder wenn er sich aufregte. Jetzt aber machte der 76-jährige Obermönch seiner weltweiten Anhängerschaft klar: Es ist Schluss mit der Doppelmachtrolle des Dalai Lama.

Dann kündigte der Dalai Lama an, dem Exilparlament, das in der darauffolgenden Woche in Dharamsala zusammentreten sollte, konkrete Vorschläge zu einer Verfassungsänderung machen zu wollen. Bis dahin bezeichnete die Charta der Exiltibeter den Dalai

Lama als höchsten geistigen und politischen Führer. Der Dalai Lama war niemals gewählt worden, lediglich über die Verfassung wurde abgestimmt. Als Noch-Oberhaupt verfügte er über das natürliche Recht, eine Charta-Änderung nach seinen Vorstellungen in Gang zu setzen. Der Zeitpunkt war mit Bedacht gewählt: Schon wenige Tage später, am 20. März 2011, wählte die tibetische Exilgemeinde den neuen Regierungschef.

Der Dalai Lama wolle lediglich weniger Termine wahrnehmen, weil er alt und nicht mehr ganz gesund sei, sollten in der Folge die Erklärungen offizieller Amtsträger für diesen Entschluss lauten. Er wolle nicht mehr für jede Regierungsentscheidung verantwortlich sein, hieß es auf dem Tempelberg. Ein enger Vertrauter des Dalai Lama glaubte sogar »eine fundamentale Änderung im Denken des Dalai Lama« festgestellt zu haben. Der Spitzendiplomat Dalip Mehta war viele Jahre sein engster Ansprechpartner im indischen Außenministerium in Delhi gewesen. Mehta meinte, Seine Heiligkeit wolle sich nun wirklich auf seine geistige und religiöse Rolle beschränken. »Er fühlt sein fortschreitendes Alter und will mehr meditieren«, sagte Mehta der Presse.

Die historische Entscheidung des Dalai Lama wird auch für seine Administration weitreichende Folgen haben. Schließlich kommt den hohen Geistlichkeiten und den Mitarbeitern in den Sekretariaten des Dalai Lama mit dessen Entscheidung auch selbst eine gewisse Teilhabe an der politischen Autorität abhanden. Seit Generationen wurden die verschiedenen Posten im Regierungsapparat von Familienstämmen besetzt. Dass die Institution des Dalai Lama und seiner Regierung sowohl in Tibet als auch im Exil auch ein wichtiger wirtschaftlicher Faktor war, braucht sicher nicht besonders hervorgehoben zu werden. Nicht wenige Posten sind zudem mit Verwandten Seiner Heiligkeit selbst besetzt. Geht die weltlich-politische Macht nun vollständig an das Parlament und den Kalon Tripa, dann haben hohe Lamas und die Mitarbeiter in den persönlichen Sekretariaten des Dalai Lama weniger Einfluss in diesen Belangen, und damit wären sie weniger wichtig. Deshalb muss es sie besonders geschmerzt haben, als der Dalai Lama konkreter darüber sprach, wie die weltliche Autorität zukünftig geregelt werden soll.

»Der fünfte Dalai Lama hat mit dem System der spirituellen und der weltlichen Macht begonnen. Jetzt, im 21. Jahrhundert ist es an der Zeit, das zu ändern«, beschwor der Dalai Lama seine Leute. Er sprach von »Wandel«. Und um politischen Vergleichen mit Ereignissen in anderen Teilen der Welt vorzubeugen, erklärte er, dieser Wandel geschehe nicht, weil die Menschen Druck auf ihn ausgeübt hätten. Es sei sein freier Wille, zur spirituellen Führerschaft der ersten vier Dalai Lamas zurückzukehren. Mitgefühl zu leben und zu verkünden sei seine Aufgabe.

»Wenn ich diesen Status ändern kann, dann wird sich das als gut erweisen. Keiner außer mir selbst kann die politische Autorität abgeben. Der zweite Dalai Lama hatte auch keine politische Autorität, er war nur der Halter des Gelben Hutes. Ich verlasse also nicht die Tradition der Dalai Lamas, wenn ich zu diesem Status zurückkehre. So können die Tibeter das demokratische System der Regierung schätzen lernen, und auch China kann erkennen, dass das politische System Tibets kein Dalai-Lama-System ist.

Ich tue das für das langfristige Wohlergehen der Tibeter in der Heimat und im Exil. Ich habe Tibet nicht aufgegeben. Ich habe euch nicht aufgegeben. Ich bin Tibeter und komme aus dem Land des Schnees. Wir sind aber eine moderne Gesellschaft geworden und sollten das auch so verstehen. Alle Tibeter stehen in der Verantwortung für Tibet. Wir müssen dem demokratischen System folgen und es weiterentwickeln. Keiner soll Angst davor haben. Die Rückgabe der Macht ist auch eine Unterstützung dieses demokratischen Prozesses, der freien Wahlen und der demokratischen parlamentarischen Regierung. So ist Samdong Rinpoche gegenwärtig der Premierminister und führt das tibetische Parlament. Wir nutzen aber nicht die Begriffe des Premierministers und des

Parlaments, sondern wir nennen es Zentrale tibetische Administration im Exil und nicht tibetische Regierung im Exil.

Wenn ich auf die zukünftigen Reinkarnationen schaue, dann wird es nur dann einen fünfzehnten, sechzehnten oder siebzehnten Dalai Lama geben, wenn die Tibeter auch einen Dalai Lama brauchen.«

Mit diesen Worten hatte der Dalai Lama deutlich ausgesprochen, dass das theokratische Regime der Dalai Lamas beendet ist. Das war die stille Revolution des Tenzin Gyatso.

Das alte System wehrt sich

Wer die Rede auf dem Tempelplatz gehört hatte, war nun im Bilde. Für alle anderen ist es etwas schwerer, sich ein genaues Bild vom ausdrücklichen Willen des tibetischen Oberhauptes zu machen, denn dieser wesentliche Teil seiner Rede taucht erstaunlicherweise in keinem der Manuskripte auf, die sein Büro im Nachhinein veröffentlichte. Ein aufmerksamer Tibeter ließ mir einen Videomitschnitt der Rede zukommen. Zunächst konnte ich nicht verstehen, warum die Aufnahme nur 21 Minuten lang war und der Mann mit Nachdruck darauf verwies. Erst beim Vergleich der gesprochenen Worte mit dem veröffentlichten Redetext fiel mir die pikante Diskrepanz auf. Ausgerechnet dieser Teil der Ansprache war nur noch wenigen Außenstehenden zugänglich. War das Zensur? Was bezweckten diejenigen, die ihr eigenes Oberhaupt in seinen Ausführungen beschnitten haben?

In dem 21-minütigen Ausschnitt machte sich der Dalai Lama noch in einer anderen Angelegenheit Luft. Es muss manchem in seinem nahen Umfeld einen trockenen Mund beschert haben, als das Oberhaupt auch das althergebrachte Regententum nicht verschonte. Dazu erzählte er eine Geschichte, wie sie sich im Potala-Palast in Lhasa zugetragen hat:

»Damals in Tibet, als ich noch ein Kind war und die Regierungsgeschäfte von einem Regenten geführt wurden, habe ich selbst erlebt, dass der damalige Regent Tatar Rinpoche nicht besonders ehrlich und gerecht war. Eines Tages kam ein Mann aus der Provinz Pala zum Regenten und wollte seine Beschwerden vorbringen. Die Anhörung fand im Audienzraum statt. Das Reinigungspersonal im Palast hatte im Nebenraum ein kleines Loch gebohrt, und so konnte ich manchmal die Audienzen belauschen.

In diesem Fall konnte ich feststellen, dass der Regent dem Mann aus Pala gar nicht zuhörte. Er hörte sich seine Beschwerden nicht einmal an, sondern fing gleich an, ihn zu beschimpfen und abzuweisen. Das hat mich damals sehr bewegt, und ich habe verstanden, dass es nicht vernünftig ist, wenn eine Person die ganze politische Macht in der Hand hält. Später, als ich inthronisiert wurde und die politische Verantwortung übernahm[59], wollte ich einen Demokratisierungsprozess anstoßen. Da habe ich gleich eine Beschwerde-Abteilung geschaffen und einen Mann namens Yutok zum Leiter dieser Abteilung ernannt.

Eines Tages kam ein Mann zu Yutoks privater Residenz in Lhasa und übergab ihm einen Umschlag mit Geld. Am nächsten Morgen erschien dieser Mann in der Beschwerde-Abteilung und wollte sein Anliegen vorbringen. Yutok aber sagte ihm, dass er nicht käuflich und bestechlich sei, und gab ihm den Umschlag mit dem Geld zurück. Damals sprach es sich herum, dass die Dinge im Palast sich geändert hätten und die Menschen sich beschweren konnten, ohne die Beamten bestechen zu müssen ...

Dann habe ich ein Reformkomitee gegründet und damit den Demokratisierungsprozess in den 1960er Jahren für die Tibeter in Gang gesetzt.«

Wollte der Dalai Lama mit dieser Episode aus seiner frühen Zeit, in der die Regenten bisweilen bekanntlich sehr autoritär herrschten, nur auf den Ausgangspunkt seiner Demokratisierungsbemühungen hinweisen oder noch etwas ganz anderes sagen? Den Lamas, die sich bereits ausrechneten, irgendwann als Regent fungieren zu können, wäre es sicher nicht recht, wenn ihr Oberhaupt auch dieses System reformieren wollte.

Die Aufnahme der Rede endete an dieser Stelle. Damit bleibt die Aussage des Dalai Lama zu diesem Punkt im Ungefähren. Doch das Regententum war meiner Meinung nach nicht so wichtig, mich interessierte viel mehr, was sich hinter den Kulissen der Büros Seiner Heiligkeit und der Zentraltibetischen Administration im Exil abgespielt hatte. Wollte man die womöglich letzte bedeutende Reform des 14. Dalai Lama ins Leere laufen lassen? Was da passiert ist, ist nichts anderes als Zensur. Das, was sie sonst immer der chinesischen Führung vorwerfen. Es scheint, als veröffentlichen sie nur, was ihnen passt.

Wer sind die Leute im Hintergrund? Es gibt ein paar Bereiche, die in Frage kommen. Zum einen die privaten Sekretäre des Dalai Lama, dann die Mitarbeiter des Büros des Dalai Lama in Delhi und im Ausland, und zum anderen die Mitarbeiter in der Exiladministration unter der Führung des Kalon Tripa. Mehr kann man dazu nicht in Erfahrung bringen.

Ein mögliches Motiv für die Zensur könnte der mit der Reform einhergehende Verlust an Macht und Einfluss der Umgebung des Dalai Lama sein und nicht zuletzt die Gefährdung der materiellen Versorgung. Wenn die politische Macht an jemand anderen übergeht, braucht der Führungsapparat Seiner Heiligkeit nicht mehr so viele Mitarbeiter, nicht mehr so viele Büros und verliert an Gewicht. Außerdem ist eine parlamentarische Machtzentrale besser zu kontrollieren. Auch private Motive sind denkbar.

Ließe sich der Reformprozess des Dalai Lama noch aufhalten? Noch ist sein Vorhaben nicht in trockenen Tüchern. Würde es verhindert werden, würden sofort die schon oft gehörten Vorwürfe laut, wonach es den exiltibetischen Mönchen nur darum gehe, ihre alte monarchisch-mönchische Theokratie und den feudalistischen Lamaismus zu konservieren.

Überraschung für Peking

Wenn ein Monarch ins Exil geht und sieht, dass die historischen Bedingungen für die Wiederherstellung der Monarchie in seinem Land vollkommen obsolet sind und er außerdem für seine Exilgemeinschaft demokratische Strukturen der politischen Führung aufbaut, dann hat er allein das Recht zu sagen: Die Monarchie als politische Form der Führung hat sich für mein Land erledigt, und ich beende hiermit die Institution meiner Monarchie. Der Dalai Lama kann das tun, und er hat es getan. Sein Wort gilt. Er hat gesagt, er ist kein Monarch mehr, und die Demokratie ist im Exil eingeführt, erprobt und soll die Geschicke der Zukunft lenken. Außerdem, sagt er, ist Tibet kein eigenständiger Staat mehr. Es ist eine Region der Volksrepublik China und in das chinesische Staatsgebilde eingegliedert worden. Das ist schlüssig und weise, weil der Dalai Lama damit verhindert, dass die Chinesen das Amt des Monarchen, das sie eigentlich immer abschaffen wollten, instrumentalisieren und durch die Hintertür wieder einführen. Sicher würde Peking keinen König installieren, denn damit würden sich die Kommunisten vor aller Welt lächerlich machen. Aber nominell wäre die Wiedergeburt des Dalai Lama dann wieder der Gottkönig. Doch diese Pläne hat der 14. Dalai Lama nun durchkreuzt. Es wird keine chinesische Marionette der Institution des Gottkönigs geben können.

Die neue Situation mutet ein bisschen wie eine verkehrte Welt an. Gegen seine historisch feststehende Rolle als inthronisiertes Ober-

haupt der tibetischen Nation erscheint der Dalai Lama als demo-
kratischer Führer, der nun auch noch dazu bereit ist, seine politische Vorrangstellung zu opfern. Im Gegensatz dazu präsentiert
sich China, das sich eher durch antireligiöses und antikulturelles
Verhalten ausgezeichnet hatte, in einer Art Schaufensterpolitik als
Bewahrer der tibetisch-religiösen Traditionen und Rituale. Jedoch
herrscht in Peking momentan mehr Verwirrung als Klarheit über
die neue Lage, denn alle bereits zurechtgelegten Strategien für die
Post-Dalai-Lama-Zeit müssen neu überdacht werden, weil sich
die Bedeutung der politischen und spirituellen Erben verändert
hat. Das Tibet-Problem war für China immer vor allem ein Dalai-
Lama-Problem. Alle Kampagnen waren gegen die Person des
Oberhaupts und gegen das Amt des Dalai Lama gerichtet. Diese
Zielscheibe wird aber künftig eine anders geartete sein. Wenn ein
ausländischer Regierungschef in Zukunft den Dalai Lama empfangen möchte, hat China keinen Grund mehr zu protestieren,
denn der überall gern gesehene Gast wird nur noch ein religiöser
Würdenträger sein.

Der Plan B der Tibeter

Die Institution des Dalai Lama als Gottkönig ist abgeschafft. Er
ist Tenzin Gyatso, der Ganden Phodrang, einer der höchsten
tibetisch-buddhistischen Lamas, und nicht mehr. Damit nimmt er
auch den Druck von dem, der die Tibeter nach seinem Tod spirituell führen soll. Genauso nimmt er den Druck von dem oder denen, die sich um die politischen und administrativen Belange
kümmern. Die zukünftige Führerschaft ist nicht mehr mit dem
Problem der politisch-spirituellen Doppelrolle konfrontiert. So
können die Tibeter und ihre gewählte Regierung selbst aus dem
Schatten eines Dalai Lama als Staatsoberhaupt heraustreten und

auf diplomatischem Wege für ihr Land kämpfen, ohne dessen Person zu verraten. Ob die chinesische Regierung die neue Situation als Chance begreift, wird sich zeigen. Sie muss ja nun nicht mehr mit dem »Wolf im roten Mönchsgewand« verhandeln, wie sie den Dalai Lama immer wieder bezeichnet hat. Die Frage ist, ob die kommunistische Partei der Volksrepublik auch mit Vertretern des Kalon Tripa oder mit ihm selbst sprechen wird.

Vor allem sollte die zukünftige spirituelle Führerschaft frei von der Dalai-Lama-Problematik sein, frei von der politischen Verquickung, frei von der Festlegung auf eine bestimmte tibetisch-buddhistische Tradition, frei vom Rückschluss auf die Geschichte des feudalen theokratischen Systems der Führung Tibets. Und damit wird es interessant, auf den 17. Karmapa zu schauen. Denn alle objektiven Beobachter sind sich in der Analyse einig: Der einzige »Plan B« für die spirituelle Führerschaft, über den die Tibeter derzeit verfügen, um nicht vollends von den Chinesen dominiert zu werden, ist der 17. Karmapa. Der unfreiwillige Hoffnungsträger äußerte sich im August 2011 in einem *Spiegel*-Interview dazu eher zurückhaltend: »Ich habe keinen Ehrgeiz, ein Führer von großer Bedeutung zu werden, aber wenn die Umstände mich zu einer Kraft des Wandels machen, dann werde ich zu einer Kraft des Wandels.«

Eins ist sicher: Eine neue Ära in der Geschichte Tibets hat begonnen. Und mit dieser Reform hat der Dalai Lama einmal mehr seine Größe und seine visionäre Stärke bewiesen.

X

Freiheit auf Zuteilung

Reise mit Hindernissen

Über Washington war am Abend des 8. Juli 2011 ein Gewitter-
sturm hinweggefegt, der sich nun außerhalb der Hauptstadt weiter
austobte. Ein paar Feuerwehren kreuzten noch durch die Straßen,
ansonsten hatte die Normalität wieder Einzug gehalten.

Um kurz vor Mitternacht kam ich an der hell erleuchteten Ein-
fahrt des St. Regis Hotels an, zwei Blocks entfernt vom Weißen
Haus, wo wegen der Schuldenkrise auch noch Licht brannte. Drei
Männer und eine Frau in schwarzen Anzügen standen auffällig offiziell unter dem Vordach, offenbar Leute vom Secret Service des
State Departement. Vier nervös misstrauische Augenpaare und ein
neugieriges blickten mich an. Die neugierigen Augen waren die
von Gyatso Thaye. Sofort kam der Attendant Seiner Heiligkeit auf
mich zugelaufen und umarmte mich stürmisch. Er schien ganz außer sich vor Freude zu sein, mich hier zu sehen.

Ich hatte nun schon drei Tage auf die Ankunft des Karmapa in
Washington gewartet. Gyatso Thaye war das deutlichste Zeichen,
dass Seine Heiligkeit tatsächlich kommen würde.

Aus Indien hatte ich gehört, dass er von der Regierung in Delhi die Reisegenehmigung erhalten habe. Am Abend des 5. Juli 2011 bestätigte auch die *Hindustan Times*: »Regierung erlaubt dem 17. Karmapa, in die USA zu reisen«. In der Meldung wird von hektischen Aktivitäten auf den Fluren der Macht berichtet. Der Karmapa und seine Mitarbeiter hätten schon seit einer Woche in Delhi ausgeharrt, heißt es weiter. Am späten Nachmittag des 5. Juli sei dann die Genehmigung des Innenministeriums bei der Administration des Karmapa eingegangen.[60]

So weit, so gut. Jedoch durfte er nicht ins Flugzeug steigen. Die tibetische Administration im Exil ließ ihn warten. Tage der Ungewissheit nach Wochen der heimlichen Freude.

In verklausulierten Nachrichten hatte man mir mitgeteilt, dass ich nicht, wie geplant, im Juli nach Dharamsala kommen sollte. Aus den restlichen Angaben konnte ich mir zusammenreimen, dass ich den Karmapa eher an der Ostküste der USA treffen würde, und zwar an der Seite des Dalai Lama. Denn der war ebenfalls nach Washington gekommen, um vis-à-vis des FBI-Hauptquartiers in einer riesigen Basketball-Arena die große buddhistische Kalachakra-Einweihung abzuhalten. Ich hielt es für einen cleveren Schachzug des Dalai Lama, dem Karmapa diese Reise unter seinem Schutz zu ermöglichen. Was für eine glückliche Fügung für das Schlusskapitel dieses Buches, dachte ich. Es schien, als sei die Blockade endlich beendet und der Karmapa dürfe wieder reisen.

Jedoch erfuhr die Vorfreude eine deutliche Trübung. Ich konnte nicht verstehen, warum die Untergebenen des Dalai Lama in seiner Abwesenheit den Karmapa tagelang im Ungewissen ließen. Diesmal hatte man die Reisepläne so geheim wie nur irgend möglich gehalten. Niemand musste sich angesichts zu großer Begeisterung bei Anhängern brüskiert fühlen. Kurz, es sah nach Schikane aus.

Drupon Rinpoche, der Generalsekretär der Karmapa-Administration, hatte sich mittlerweile auch am Hoteleingang eingefunden. Er bestätigte die Informationen aus Indien.

»Ist Seine Heiligkeit im Land?«, fragte ich ihn. Der Rinpoche blinzelte mich an und sagte: »Ja, er ist da. Er sitzt gerade noch im Zug.«

»Im Zug?«, fragte ich ungläubig zurück.

»Ja, im Zug. Die Flüge von New York nach Washington sind heute Abend wegen des Sturms ausgefallen. Aber er ist gleich da, in fünf Minuten und dann noch mal fünf Minuten, bis sie vom Bahnhof hier sind.«

Genau 26 Minuten nach Mitternacht brausten drei schwarze Chevrolet-Jeeps heran. Aus dem mittleren Wagen sprangen zwei Leibwächter, und dann sah ich ein Stück roten Stoff leuchten. Der Karmapa war da. Zuerst steckte er den Kopf durch die Tür und kletterte dann heraus. Ein kleines Empfangskomitee hatte sich versammelt und begrüßte ihn still. Als er mich hinter zwei Leibwächtern entdeckte, kam er lächelnd auf mich zu und gab mir die Hand.

»Willkommen in Washington, Heiligkeit!«, begrüßte ich ihn. Er zwinkerte, schüttelte noch ein paar Hände und verschwand in einer Traube von Herren in Schwarz im Hotel.

Am nächsten Vormittag hatte Seine Heiligkeit der Dalai Lama zum öffentlichen Talk auf die Wiese vor dem Capitol geladen, und Tausende waren seinem Ruf gefolgt. Im Schatten der Demokratie, aber ohne Schatten vor der brennenden Sonne wollte das Oberhaupt der Tibeter auf Fragen aus dem Volk antworten, die ihm die Hollywoodschauspielerin Whoopie Goldberg vortrug. Es sollte auch der erste Auftritt zweier Männer vor der breiten Weltöffentlichkeit werden, die als Zukunftshoffnung der Tibeter gelten: Der 17. Karmapa Ogyen Trinley Dorje und der neugewählte Premierminister der Tibetischen Administration im Exil, Dr. Lobsang Sangay, der zu diesem Zeitpunkt kurz vor seiner offiziellen Amtseinführung stand.

Aber was nun auf dem Westrasen des Capitols geschah, passte nicht zu dem, was der Dalai Lama zuvor in mehreren Ansprachen angekündigt hatte. Dr. Lobsang Sangay wurde zusammen mit dem Karmapa neben der ausladenden Bühne in einem seitlichen Sitzblock für Ehrengäste platziert. Fast schon symbolisch hielt Dr. Sangay über eineinhalb Stunden lang schützend den Sonnenschirm über den Karmapa, den jungen spirituellen Führer der Zukunft. An der Sitzordnung war nichts auszusetzen, denn es war der Public Talk des Dalai Lama, und es war seine Bühne. Doch aus irgendeinem Grund nutzte Seine Heiligkeit die einmalige Gelegenheit, die neue politische Führungsfigur offiziell einzuführen, nicht, noch gab er ihm die Möglichkeit, sich selbst der Öffentlichkeit vorzustellen. Das tibetische Oberhaupt hätte seine Worte von Dharamsala wiederholen können, nämlich, dass der junge Harvard-Jurist in Zukunft für die politischen Fragen der Tibeter zuständig und dabei auf ihre Unterstützung angewiesen sei. Aber Dr. Sangay durfte die internationale Bühne in Washington nicht betreten. Nicht einmal für ein paar Worte reichte die Gnade. Das Mikrophon gehörte einzig und allein dem Dalai Lama. Sensible politische Beobachter rätselten, ob das eine verpasste Chance einer unprofessionell arbeitenden Exilverwaltung war oder schlicht Absicht. Zweifelsohne wäre es *die* Gelegenheit gewesen, den neuen Mann offiziell vorzustellen, denn kaum ein Tibeter kennt ihn und ebenso wenig der Westen und die Presse. Wann bekommt man schon so viele Tibeter und deren wichtigste Vertreter an einem Ort zusammen? Oder war genau das der springende Punkt: Der neue Premier sollte bloß nicht zu früh zu bekannt und zu einflussreich werden?

Was Dr. Lobsang Sangay mit einem tapferen Dauerlächeln ertrug, betraf auch den Karmapa. Es scheint, dass die beiden Männer der Zukunft möglichst lange unscharf im Hintergrund bleiben sollen, weil man in den Amtszimmern versucht, das alte administrative Gerüst der Theokratie beizubehalten. Auch wenn der Dalai Lama die politische Macht abgeben will, soll sich nichts ändern, solange der 76-jährige Dalai Lama noch lebt. Wenn irgendwann das Schlimmste eintritt, dann besinnt man sich auf die beiden, aber bitte nicht vorher. Es ist, als ob eine verkrustete Administration um Privilegien und Einfluss fürchtet und den Wandel daher scheut.

Am folgenden Tag strömten etwa zehntausend Menschen zu den Kalachakra-Einweihungen in die Arena. Dr. Lobsang Sangay war nicht zu sehen. Keiner konnte mir sagen, ob er in der Halle saß oder nicht. Als der Karmapa die Bühne betrat und auf seinen Platz seitlich vom Thron des Dalai Lama zusteuerte, zeigten die Großbildschirme sein Gesicht. In der Arena brandete spontan tosender Beifall auf. Wenig später erschien der Dalai Lama auf der Bühne. Die Kameras zeigten Seine Heiligkeit, als er alte hohe Lamas begrüßte. Sobald er sich dem Karmapa zuwandte, schaltete das Bild um. Das fand ich schade, denn das Bild hätte hohe Symbolkraft besessen. Dennoch applaudierten die Menschen. Die Begegnung der beiden hohen spirituellen Führer stellte in den Augen des Publikums offensichtlich etwas Besonderes dar, die Hoffnung auf Kontinuität und Zukunft.

Unter den Journalisten verbreitete sich die Nachricht, dass der Karmapa nach Washington gekommen war, wie ein Lauffeuer. Viele hofften auf einen öffentlichen Auftritt des jungen charismatischen Lamas, doch in den Programmankündigungen war davon nichts zu finden. Anfragen an das Pressebüro wurden nur mündlich mit dem Satz beantwortet, dass man nichts über das Programm des Karmapa wisse.

Für den Karmapa stellte sich das in der Praxis so dar, dass er keine Planungshoheit über sein eigenes Programm hatte. Termine, die bereits vereinbart waren, wie zum Beispiel eine öffentliche Audienz für die Tibeter, wurden in letzter Minute abgesagt. Stattdessen erwartete man von ihm, dass er für die Wünsche der Exilregierung ständig zur Verfügung stand. In einigen Gesprächen fand ich heraus, dass die Exilregierung der Meinung war, das geplante Programm Seiner Heiligkeit sei zu umfangreich. »Zu viel und zu groß ...«, wurde sie zitiert. Das kannte ich schon. Genau so hatten auch die Einwände vor der Europa-Reise gelautet.

Ein paar Tage später traf ich den ehemaligen Staatssekretär im Religionsministerium der Administration im Exil. Er hatte seinen Posten vor knapp zwei Jahren verlassen und war in die USA übergesiedelt. Jetzt arbeitete er beim freien buddhistischen Fernsehsender »Stimme Tibets«. Er hoffte, in diesen Tagen ein Interview mit dem Karmapa führen zu können. Die Genehmigung oblag dem Sekretariat des Dalai Lama. Gehört hatte er noch nichts. Ihm war auch aufgefallen, dass die Großbildschirme der Veranstaltungshalle immer dann ein völlig sinnloses Bild zeigten, wenn der Karmapa auf der Bühne auftauchte. Auch während der Einweihungen habe er dessen Gesicht nicht auf den Bildschirmen sehen können. Ich fragte ihn, ob er vielleicht wisse, woran das liegen könnte. Da antwortete er mit vielen »vielleicht«. Die Essenz seiner vorsichtigen Erklärung klang nach DDR oder China, also nach Zensur. Er ließ offen, ob tatsächlich jemand in der Bildregie sitzt, der das herausgehende Bild mit einem Knopfdruck auf irgendeine andere Kamera umschalten kann. Doch er erwähnte diese Möglichkeit wohl nicht ohne Grund.

Der Karmapa war mit kleinem Gefolge in Washington. Zwei Attendants, zwei tibetische Leibwächter und seine Schwester begleiteten ihn. Und dann war da noch der Gesandte der tibetischen Administration im Exil, ein recht netter älterer Herr, den alle nur den »Aufpasser« nannten. Auch in Gyuto konnte man sich sicher sein, dass sein Gesicht immer dann auftauchte, wenn der Karmapa sein Appartement verließ und in Aktion war.

Die provisorische Organisationsstruktur in Washington wurde von einer Handvoll Lamas und westlichen Buddhisten verstärkt, die allesamt in den USA leben. Letztere mussten zumindest nicht um die halbe Erdkugel reisen und waren deshalb auch nicht vom Jetlag betroffen. Palzom, die Schwester Seiner Heiligkeit, hatte es am schlimmsten erwischt. Ich sah sie tagelang nicht, weil sie krank war. Ich fragte mich, ob das nur dem Jetlag geschuldet war oder vielleicht auch den Sorgen der letzten Tage. Später machte sie keinen Hehl daraus, dass sie alle unter einem großen Druck stünden. Alle geplanten Termine waren unbestätigt oder wurden abgesagt. Für den Karmapa bedeutete dies, im Hotelzimmer zu warten.

Eines Nachmittags saß ich in der Lobby des viktorianisch anmutenden Hotels und vertrieb mir mit Palzom die Zeit zwischen einigen Gesprächen bei einem Caffè Latte. Ein beleibter deutscher Grünen-Politiker kreuzte gerade zwischen den mächtigen Polstermöbeln hin und her und beäugte neugierig die tibetischen Lamas. Ich traute meinen Augen nicht, als plötzlich vier Leibwächter im Sturmschritt durch die Lobby marschierten und einem grauhaarigen Mann den Weg zum Aufzug bahnten. »Das ist Tony Blair, der ehemalige britische Premierminister«, sagte ich zu Palzom. »Geht er zu Holiness?« Sie wusste es nicht. Kurze Zeit später erlebten wir fast ein Déjà-vu, nur war der Herr hinter den bulligen Bodyguards in diesem Fall der ehemalige demokratische Präsidentschaftskandidat John Kerry, der 2004 gegen George W. Bush angetreten war. Eines hatten die beiden Politiker gemeinsam: Sie wurden von ihren Regierungen gern zu speziellen Missionen ins Ausland geschickt.

Wie sich wenige Augenblicke später herausstellte, konnte Palzom nichts von Blairs und Kerrys Besuchen gewusst haben, denn die wurden erst in – sozusagen – letzter Minute in Gang gesetzt. Sie trafen tatsächlich den Karmapa. Einer der Lamas, die mit der Organisation betraut waren, sagte mir nur verschmitzt lächelnd: »Wenn Seine Heiligkeit nicht zu den Leuten kommen darf, kommen sie zu ihm!«

Den Politikern in den USA und in Großbritannien ist der Karmapa schon seit seinem Vorgänger bestens bekannt. Sie wissen um seine Bedeutung und fürchten keine politischen Verwicklungen, wenn sie ihn treffen. Im Gegensatz dazu findet sich in der Akte des deutschen Außenministeriums noch immer ein Hinweis über den 17. Karmapa, wonach man ihn als Spion Chinas einstuft.

Der grüne Buddha

Seit seinem letzten USA-Besuch im Jahr 2008 hatte man in Indien Sorge, der Karmapa könnte sich noch einmal politisch äußern. Damals hatte er in einem Interview mit dem *Time*-Magazin gesagt: »Ich werde den Dalai Lama unterstützen, so gut ich kann.« Das war offenbar zu politisch. Der scheidende exiltibetische Premier, Samdong Rinpoche, hatte das Interview mir gegenüber als äußerst problematisch erwähnt, weil es Indien und China nicht recht gewesen sei. Was in aller Welt war daran nicht in Ordnung, und vor allem: Was war daran politisch?

Vermutlich hat sich der Karmapa dann auch nicht gerade unpolitisch geäußert, als er auf dieser Reise vor versammelten Buddhisten über seinen Besuch in den USA sagte, dass er das mächtige Land als eine Nation erlebe, in dem Menschen aus verschiedenen Kulturen und mit unterschiedlicher Religion versuchen, gemeinsam eine Gesellschaft aufzubauen, in der alle ihren Platz und ihr Auskommen finden können. Er bekannte, dass er dieses einmalige Experiment sehr bemerkenswert finde. Deshalb wolle er bei seinen Auftritten in Amerika keine exotischen Rituale vermitteln oder religiöse Inhalte, die zu mehr Abgrenzung und zur Betonung der Andersartigkeit des Buddhismus führen. Im Gegenteil wolle er allgemeingültige spirituelle Werte vermitteln, die zu mehr Toleranz und mehr Respekt füreinander und zu weniger Egoismus führen. Er wolle den Menschen helfen, offener, mitfühlender und verständnisvoller miteinander umzugehen und in diesem einzigartigen Land etwas beispielhaft vorzuleben, was auch in anderen Teilen der Welt von großer Bedeutung sein kann.

Seine erste Reise ins Ausland habe ihn hierher geführt und die zweite auch. Diese Tatsache deutete er als Hinweis, wie wichtig Amerika für ihn und für seine Aktivitäten, aber auch für den Rest der Welt sei.

Einer der wenigen genehmigten öffentlichen Auftritte führte den Karmapa in die Zentrale des WWF, dessen Hauptquartier direkt gegenüber dem Hyatt-Park-Hotel liegt, in dem der Dalai Lama und seine Entourage logierte. Der global agierende World Wildlife Fund stand anscheinend nicht im Verdacht, den Besuch des Karmapa in ein politisches Licht zu rücken. Umweltpolitik rangiert in der Wichtigkeit immer weit hinter den harten politischen Themen. Aber für die Mitarbeiter des WWF war es ein wichtiger Besuch. Zum einen, weil der Karmapa in einer der Problemregionen der Welt aufgewachsen ist und deshalb als ein authentischer Zeuge gilt. Zum anderen, weil sie seit einiger Zeit wissen, dass er als religiöses Oberhaupt eine eigene Umweltorganisation gegründet und für seinen Orden und dessen Anhänger eine Umweltcharta aufgesetzt hat. Mehr noch. Dem 108 Punkte starken Maßnahmenkatalog zu folgen, sind alle Karma-Kagyü-Klöster und Zentren der Linie aufgerufen. Es sind ganz einfache Regeln, die jeder im Alltag befolgen kann. So finden sich in der Broschüre Empfehlungen wie: Alle Klöster und buddhistischen Zentren sollen jedes Jahr eine bestimmte Anzahl von Bäumen pflanzen. Stromsparen ist oberstes Gebot und beginnt beim Abschalten der Standby-Funktion von Elektrogeräten. Regenwasser soll aufgefangen werden und der Umgang mit Wasser allgemein effizient und sparsam sein. Die Mönche und Nonnen sind angehalten, die Dörfer und Gemeinschaften in ihrer Umgebung aufzusuchen und den Menschen Bewusstsein für die Umwelt zu vermitteln. Die schwierigste Herausforderung war sicher der Aufruf des Karmapa, Fleisch von den Speiseplänen seiner Klöster zu streichen. Aber nach nur einem Jahr waren sogar alte tibetische Lamas, die noch mit reichlich fleischlicher Kost aufgewachsen waren, zu überzeugten Vegetariern geworden.

Die Tatsache, dass der Karmapa nicht nur redet, sondern handelt, hat ihm bei den Mitarbeitern des WWF den Titel »Grüner Buddha« eingebracht. Deshalb waren sie auch alle versammelt, als er sie anlässlich ihres 50-jährigen Bestehens als Ehrengast besuchte.

Der Direktor des WWF blieb realistisch, als er in seiner Rede bekannte, dass seine Umweltorganisation die Welt nicht retten könne. Aus dieser Einsicht heraus haben sie einzelne Schwerpunkt-Projekte auf verschiedenen Kontinenten ausgewählt, die eine Schlüsselfunktion darstellen. Eines davon, mit höchster Priorität, betrifft die Himalaya-Region, die unter anderem mit der Wasserversorgung von ganz Südostasien im Zusammenhang steht. Immerhin entspringen die fünf größten Flüsse Asiens im Himalaya.

Der Karmapa erzählte von seiner Heimat im Hochland von Tibet, von seiner Nomadenfamilie und von einer Kultur, in der die Natur noch wie eine Mutter verehrt wurde. Er beklagte aber auch, dass der einstige Respekt vor Mutter Natur geschwunden sei. Er sagte: »Die Berge, die Flüsse, die Wälder, der Wind und der Regen sind der natürliche Lebensraum und deshalb überlebenswichtig. Heute ist diese elementare Abhängigkeit nicht mehr genügend im Bewusstsein der Menschen. Und genau das müssen wir wiederbeleben. Dann ist der Respekt wieder da. Man muss keine Ideologie oder ein Dogma daraus machen, das Bewusstsein für den Schutz der eigenen Lebensgrundlagen muss spontan entstehen, wenn wir die Einsicht dazu stärken.«

Dieser Logik folgend bat der WWF-Chef den Karmapa, so etwas wie ein Mentor für das Projekt zu werden, und seiner Organisation zu helfen, den Menschen in der Region die praktischen Maßnahmen nahezubringen. Durch die Klöster und die Mönche verfügt der Orden des Karmapa über einen direkten Zugang zu den Menschen in den verschiedenen Landesteilen. Sie leben mit ihnen und können sie mit Botschaften des Umweltschutzes besser erreichen als westliche Umweltaktivisten.

Wenn es stimmt, dass die Kriege der Zukunft um Wasser und natürliche Ressourcen geführt werden, dann wird das Wasser des Himalaya eines der großen Konfliktpotentiale der nächsten Jahrzehnte sein. Denn China sitzt an diesem Wasserhahn. Aus dem jetzt noch »weichen« Thema wird dann knallharte Politik werden. Der »grüne Buddha« hat offenbar erkannt, dass Umweltschutz auch Schutz der Ressourcen ist.

Von Frust und Freiheit

Washington schwitzte bei 40 Grad Celsius im Schatten. Nur wer sich in einem klimatisierten Raum aufhielt, entging der schwülen Hitze. Mindestens einem hätte ich aber gewünscht, das hochsommerliche Treiben in der Stadt genießen zu können. Stattdessen saß er in seiner Suite im sechsten Stock des St. Regis bei 20 Grad und einer steifen Brise aus den Lüftungsschlitzen der Klimaanlage.

Was könnte man in der Stadt alles unternehmen – trotz der Hitze. Einen Spaziergang am Triangle vom Capitol zum Weißen Haus, vorbei an den Monumenten großer amerikanischer Präsidenten: Fehlanzeige. Einen Besuch im Museum für Luft- und Raumfahrt, um das Space-Shuttle zu besichtigen: auch Fehlanzeige. Holocaust-Museum: möglicherweise zu politisch. Generalaudienz für Tibeter und buddhistische Schüler: zu viel Öffentlichkeit. Shopping in Georgetown? Auch nicht. Stattdessen: Nichts als warten! Warten auf Ansagen.

Die Audienzen in Washington waren kurz und eingeschränkt. Dennoch hatte sich Seine Heiligkeit eine Dreiviertelstunde Zeit für mich genommen. Ich traf ihn am Morgen und damit außerhalb des genehmigten Korridors. Aber für diesen Tag war ohnehin jegliches Programm gestrichen worden.

Der Karmapa kam mir schon im Vorraum seiner Suite entgegen und führte mich in das feine Wohnzimmer. Hellblau, Cremeweiß und Mattgold mit Blick auf das Weiße Haus. Auf dem Couchtisch stand Obst in einer hohen Schale. Er wirkte aufgeräumt und gelassen.

Seit mehr als einem Jahr trafen wir uns nun im Abstand von zwei Monaten. Viele hatten mir gesagt: Warte es ab. Wenn du dich darauf einlässt, wirst du staunen, was du alles mit ihm erlebst. Du wirst dich wundern, an welchen Orten du den Karmapa siehst. An Washington, muss ich zugeben, hatte ich nie gedacht. Genauso wenig hatte ich eine solch ereignisreiche Zeit erwartet.

Wir waren fast am Ende unserer Unterredungen. Ein letztes Mal noch wollten wir über meine Fragen sprechen. Ein letztes Mal noch wollte ich mich davon überraschen lassen, wie der Karmapa die Themen selbst in die Hand nimmt. Die Überraschung mit Washington war ihm gelungen, auch wenn die Stimmung letztlich nicht gut war. Nicht ohne Grund geisterte seit Tagen der Begriff der Freiheit durch meine Gedanken. Ich erinnerte mich, dass der Karmapa einmal zu mir gesagt hatte: »Ich bin ein Mensch, aber Rechte habe ich nicht.« Seine Hoffnung und das Menschenrecht auf Freiheit hatten mal wieder einen bitteren Dämpfer erhalten. Deshalb fragte ich ihn: »Wie fühlt sie sich an, die Freiheit in Washington?«

»Ich glaube, die Erfahrung von Freiheit oder Unfreiheit hängt vom eigenen Bewusstsein, von der eigenen Denkweise ab. Als ich 2008 das erste Mal in die USA kam, gab es keine großen Schwierigkeiten bei der Vorbereitung meiner Reise. Als ich ankam, stellte sich bei mir sofort ein Gefühl von Freiheit ein. Dieses Mal ist es anders, weil es mit der indischen Regierung im Vorfeld ganz viele Schwierigkeiten gab und so weiter. Das hat mich noch beschäftigt, als ich schon auf amerikanischem Boden war. Deswegen hatte ich bei meiner Ankunft diesmal nicht das gleiche Gefühl von Freiheit wie damals.«

Ich fragte nach, ob es tatsächlich die indische Regierung gewesen sei, die Probleme bereitet hätte. Da stellte er selbst auf Englisch klar, ohne sich auf die Hilfe der Übersetzung zu verlassen: »Nicht die indische Regierung, sondern …«, er setzte kurz ab und betonte dann, »das, was *in* Indien geschehen ist.«

Das war diplomatisch formuliert. Ich wusste, was er meinte,

denn ich hatte ja bereits erfahren, dass man Delhi nicht die Schuld geben konnte. Die letzte Verzögerung war durch die tibetische Administration im Exil entstanden. Weil ich davon ausging, dass er den Dalai Lama nicht darauf angesprochen hatte, fragte ich ganz allgemein, wie das Zusammentreffen mit Seiner Heiligkeit auf amerikanischem Boden war.

»Es ist wunderbar, weil es das erste Mal ist, dass ich Seine Heiligkeit außerhalb von Indien treffe. Und es ist wirklich etwas Bedeutungsvolles für mich, mit eigenen Augen die Vielfalt der Aktivitäten zu sehen, die er weltweit unternimmt, und den Einfluss, den er in der ganzen Welt hat. Hierher nach Washington zu kommen und mit ihm hier zusammen zu sein, gibt mir die Möglichkeit, das alles direkt mitzuerleben. Er ist mir ein Vorbild, und ich kann daraus Inspiration schöpfen. Deshalb finde ich es großartig, hier zu sein.«

»Haben Sie auch die Freude der Menschen in der Arena gespürt, als *Sie* auf die Bühne kamen?«, fragte ich. Die Frage schien ihn zu erstaunen. Er schaute zur Decke und antwortete lächelnd:

»Weißt du, ich habe die Gefühlsäußerungen des Publikums nicht wirklich beachtet, weil ich auf die Ankunft Seiner Heiligkeit des Dalai Lama auf der Bühne konzentriert war. Ich habe zwar gespürt, dass da sehr viele Menschen versammelt waren, aber ich hatte wirklich keinen Blick dafür, herumzuschauen und die Gefühle anderer zu bewerten, weil ich meinen Fokus einzig auf Seine Heiligkeit gelegt hatte.«

Ich bewunderte seine Bescheidenheit und hatte keine Zweifel an dem, was er gerade gesagt hatte. Das ist wohl einer der Unterschiede zwischen einem spirituellen Meister, der in sich ruht, und einem öffentlichkeitsabhängigen Politstar.

Während der Übersetzer sprach, kam einer der Attendants von der Seite und stellte einen Teller mit frisch geschnittenen Birnen auf den Couchtisch. Seine Heiligkeit sah sich das Obst kurz an, legte die silberne Gabel dazu und stellte es auf den Beistelltisch neben uns. Die Vitamine sollten noch warten.

Ich stellte ihm meine wichtigste Frage:»Wie denken Sie über die Zukunft? Was ist Ihr Plan, welche Erwartungen haben Sie? Und wie denken Sie über die Freiheit, Ihre Zukunft zu gestalten?«

Er lehnte sich in den Sessel zurück und dachte nach, während er den Kopf abwechselnd nach rechts und links drehte, als würde er zwischen zwei Welten hin und her schauen. Dann faltete er die Hände. Als er sie wieder öffnete, begann er zu antworten:

»Manchmal habe ich Schwierigkeiten mit dem Begriff ›Freiheit‹, was auf Tibetisch ›Rangwang‹ heißt, also so viel wie Selbstbestimmung und Selbstkontrolle. Manchmal denke ich, dass Rangwang eher in einer selbstbezogenen Art und Weise genutzt werden kann. Nämlich dann, wenn es darum geht, unsere eigenen Wünsche zu erfüllen, um das zu erreichen, was wir für uns selbst wollen. Das ist aber nur ein Teil von dem, was Freiheit sein kann. Wenn ich darüber nachdenke, dann glaube ich, dass der Begriff ›Natürlichkeit‹ besser ist. Auf Tibetisch heißt das ›Rangjung‹ und es beschreibt etwas, das von allein, von sich aus entsteht. Und das bedeutet, dass im Gegensatz zu künstlich herbeigeführten oder erzwungenen Aktivitäten die Dinge spontan und natürlich geschehen können, aus sich selbst heraus. Zum Beispiel: So, wie die Dinge derzeit in meinem Fall geschehen sind, war es nicht der natürliche Ablauf.«

Der Karmapa ließ seine Worte kurz wirken. Er hatte recht. Der natürliche Ablauf wäre, dass jemand eine Einladung erhält, als Nächstes ein Visum, und dass er dann auch auf Reisen gehen kann.

Er setzte den Gedanken fort:»Aber es gab eine Menge an Umständlichkeiten und unnötigen Verwicklungen. Es scheint also, dass den Dingen kein natürlicher Ablauf zugestanden wurde.«

Eine Unterscheidung innerhalb des Freiheitsbegriffs war mir zwar noch aus der Sozialethik-Vorlesung bekannt, jedoch hatte ich selten mit Menschen zu tun, die mir glaubhaft versichert haben, dass sie auf den natürlichen Gang der Dinge vertrauen und darin ihr Gefühl für Freiheit erleben können – ohne zu fordern und zu klagen.

»So, und nun zu dem, was die Zukunft betrifft. Wir wollen alle unsere Ziele erreichen und haben das Bestreben, diese Ziele möglichst leicht zu erreichen. Aber was mich betrifft: Ich habe keine fertigen Pläne für die Zukunft in der Schublade. Die natürliche Inspiration und der Enthusiasmus, den man braucht, um Zukunftspläne zu entwickeln, können unter den gegenwärtigen Einschränkungen nicht aufkommen. Deswegen denke ich weder im Detail über die Zukunft nach, noch definiere ich meine besonderen Wünsche.

Und jetzt zu dem, was meine Rolle in der Gesellschaft betrifft: Das ist etwas, worüber andere ganz viele Konzepte ersonnen haben. Und das ist wirklich nicht das, was von mir und aus meiner eigenen Inspiration kommt, sondern etwas, was von anderen erschaffen wurde. Wenn es aber darum geht, die eigenen persönlichen Inspirationen und Visionen mit den Projektionen und Erwartungen der Gesellschaft in Übereinstimmung zu bringen, dann kann es ganz schön kompliziert werden.«

Ich hatte den Karmapa nun schon in den verschiedensten Situationen und Befindlichkeiten erlebt, doch nie hatte er so traurig gewirkt. Deshalb fragte ich ihn, ob er zuversichtlich in die Zukunft schauen könne. Er sah mich einen Moment lang an, lächelte etwas gequält und sparte sich den Umweg über die Übersetzung aus dem Tibetischen. Er antwortete direkt auf Englisch:
»Ich bin mir nicht sicher. Manchmal denke und hoffe ich, in Zukunft glücklicher zu sein. Sicher, ich sollte glücklich sein, aber vielleicht ist meine buddhistische Praxis nicht tief genug. Weißt du, wenn man ein gewisses Verständnis und eine Verwirklichung der Lehren Buddhas erreicht hat, dann können einem schwierige Situationen nichts mehr anhaben. Aber ich glaube nicht, dass ich so weit bin.

Außerdem bin ich kein normaler Praktizierender, denn ich habe eine ganze Menge an Verantwortung, große Verantwortung, und viele Aktivitäten, die ich verwirklichen muss. Das ist ein Problem.

Wenn ich nur ein einfacher buddhistischer Praktizierender wäre, ich glaube, dann wäre es keine große Sache. Aber ich trage eben eine Menge Verantwortung.«

Seit seiner Inthronisation im Alter von sieben Jahren versuchen mächtige Regierungen und einflussreiche Gegenspieler, ihm Steine in den Weg zu legen. Mehr als 18 Jahre sind seitdem vergangen, und die Herausforderungen auf seinem Weg werden Jahr für Jahr eher noch größer. Aber schon damals hatte Situ Rinpoche, sein Wurzellama, angemerkt: »Man kann die Sonne nicht mit der Hand verdecken.«

In solch einer betrübten Stimmung wollte ich unser letztes Gespräch nicht enden lassen. Wie gut, dass ich ein Geschenk dabei hatte. Er packte es schnell aus, betrachtete den Inhalt und schaute mich dann ungläubig an.

»Ein Stern?«, fragte er vorsichtig, »nach mir benannt?«

»Ja, ein Stern. Man kann ihn im Sternbild des Löwen sehen. Und dieser Stern trägt jetzt den Namen ›Karmapa‹.«

»Wirklich?«, strahlte er mich an.

»Ja, wirklich: Karmapa – der Stern von Tibet.«

Es schien mir ein passendes Geschenk, denn mir war die wunderbare Möglichkeit zuteil geworden, einen aufgehenden Stern auf einem Stück seines Weges zu begleiten.

Dank

Mein besonderer Dank gilt

Seiner Heiligkeit dem 17. Karmapa Ogyen Trinley Dorje
für sein Vertrauen und seine Herzlichkeit

und

Karma Damchö Palmo
für die wissenschaftliche Beratung und Mitarbeit

sowie

S. E. Tai Situ Rinpoche, S. E. Goshir Gyaltsab Rinpoche, Delyak
Drupon Rinpoche, Dzogchen Ponlop Rinpoche, Karma Rin-
poche, Lama Phuntsok, Lama Drubngak, Ngodrup Palzom, Ani
Damcho Finnegan, Jo Gibson, Dekila Chungyalpa, Maia Saabye
Christensen, Michele Martin, Karma Rabsal, Tashi Paljor, Karma
Chungyalpa, Chemed Choegyal, Ngündrup Burkhar, David
Karma Choephel, Tayler Dewwer, Tenzin Geyshe, Nyima Tashi,
Dorje, Choephel, Sonam Nyandak, Karma Palden, Horst-Günter
Raupricht, Joshua Erickson, Chime Osel, Urgyen Nyima und den
Mitarbeitern der Administration des Karmapa für jegliche Unter-
stützung und Hilfe.

Anmerkungen und Quellen

1   Lama bedeutet allgemein Lehrer. Es gibt verschiedene Ebenen von Lamas und verschiedene Möglichkeiten, den Titel zu erwerben; z. B. durch Ausbildung oder Retreat.

2   Yogi: Yoga-Meister, ein Praktizierender des tantrischen Buddhismus, der die inneren Yogas praktiziert.

3   Es heißt, dass der Karmapa am achten Tag des tibetischen fünften Monats geboren sei. Das entspricht dem 26. Juni 1985. Nach eigenen Angaben und nach Angabe seiner Mutter ist er aber am ersten Tag des fünften tibetischen Monats geboren. Also am 19. Juni 1985. Der Fehler entstand bei der telefonischen Übermittlung seiner Daten von Rumtek nach Dharamsala im Juni 1992, als das Büro des Dalai Lama das offizielle Anerkennungsschreiben ausstellte. Bei diesem Telefonat verwechselten die Beamten in der Administration das tibetische Wort für den ersten und den achten Tag. Von diesem Schreiben wurde fortan immer der 26. Juni als offizielles Geburtsdatum übernommen.

4   Tulku: buddhistischer Meister des Vajrayana-Buddhismus, den man als bewusste, vom Vorgänger selbst bestimmte Wiedergeburt eines früheren Meisters identifiziert hat.

5   Der 14. Dalai Lama, Vorwort zum Buch »Karmapa The Sacred Prophecy«, 1998, übersetzt aus dem Englischen.

6   Einweihungen: rituelle Einführung in die Praxis einer Meditationsgottheit.

7   Retreat: zeitlicher und örtlicher Rückzug in eine spirituelle Ruhepause, meist mit meditativem oder geistlichem Programm, vergleichbar mit christlichen Exerzitien.

8   Die vier Haupt-Schulen des Tibetischen Buddhismus:
Die Nyingma-Schule des Tibetischen Buddhismus ist die älteste der vier tibetisch-buddhistischen Traditionen und hat ihren Ursprung in Garab Dorje, dem Meister aus Oddiyana. Der indische Guru Padmasambhava, der den Buddhismus im 8. Jahrhundert nach Tibet gebracht hat, ist der Begründer der Nyingma-Schule.
Die Kagyü-Schule des Tibetischen Buddhismus: Die Kagyü-Tradition geht auf den großen indischen Yogi Tilopa (988–1069) zurück. Er war einer der 84 Mahasiddhas aus Indien, der Schüler des historischen Buddha Shakyamuni. Die Übertragungslinie der Lehren Buddhas ging ununterbrochen weiter über Naropa Marpa, Milarepa und Gampopa, dessen Kommen bereits durch Buddha Shakyamuni prophezeit worden war, bis zum Karmapa.
Die Sakya-Schule des Tibetischen Buddhismus: Die Ursprünge der Sakya-Tradition liegen beim großen indischen Yogi Virupa (9. Jhdt.), einer der 84 Mahasiddhas, bei Gayadhara (994–1043) und dessen Schüler Drokmi Lotsawa Shakya Yeshe (992–1072).
Die Gelug-Schule des Tibetischen Buddhismus: Die Gelug-Tradition führt die Linie der Kadampa-Schule des großen indischen Meisters Atisha (982–1054) weiter. Die Schule der Gelugpas war vom tibetischen Meister Je Tsongkhapa Lobsang Drakpa (1357–1419) gegründet worden. Seine Heiligkeit der Dalai Lama gilt als der hochrangigste Vertreter dieser Schule, weil ihm seit seiner fünften Inkarnation die Rolle des spirituellen und weltlichen Führers Tibets zukam. Aus monastischer Sicht ist der Abt des Kloster Ganden der höchste Gelugpa.

9 Brown, Mick, Der Tanz von Siebzehn Leben, Die unglaubliche, wahre Geschichte des Siebzehnten Karmapa von Tibet. Aus dem Englischen ins Deutsche übertragen von Thomas Roth für das Manuskript der geplanten deutschsprachigen Ausgabe. Für dieses Buch beziehe ich mich auf das mir vorliegende Manuskript und nicht auf die englische Originalausgabe. Deshalb muss ich auf Seitenangaben verzichten. Die englischsprachige Ausgabe ist unter dem Titel: Dance of 17 Lives: The Incredible True Story of Tibet's 17th Karmapa, Bloomsbury Publishing, London, 2005 erschienen.

10 Ebd.

11 Brown, Mick

12 Dharmadhatu: Dimensionen des Dharma, Synonym für die letztendliche Wirklichkeit aller Erscheinungen

13 Übersetzung der autorisierten englischen Fassung des Prophezeiungsbriefes vom März 1992 von Michele Martin

14 Film »Living Buddha« von Clemens Kuby

15 Martin, Michele: Lebender Buddha, Der siebzehnte Gyalwa Karmapa Ogyen Trinley Dorje, Theseus Verlag, Berlin, 2004, S. 17

16 Brown, Mick

17 Film »Living Buddha«

18 Brown, Mick

19 Ebd.

20 Ebd.

21 Brown, Mick

22 Ebd.

23 Beschreibung der Szene im Film »Living Buddha«

24 Brown, Mick

25 Brown, Mick

26 Martin, Michele, S. 49

27 Labrang: Klosteradministration eines hochgestellten Würdenträgers

28 Brown, Mick

29 Film »Living Buddha«

30 Martin, Michele, S. 69

31 Martin, Michele, S. 72

32 Emanation: Ausstrahlung einer Meditationsgottheit im tibetischen Buddhismus

33 Brown, Mick

34 Labrang: siehe Anm. 27

35 Martin, Michele, S. 97

36 Martin, Michele, S. 97f

37 Brown, Mick

38 Martin, Michele, S. 99

39 Brown, Mick

40 Martin, Michele, S. 153

41 Zu dieser Zeit war Jiang Zemin Staatspräsident der Volksrepublik China

42 s. o.

43 Samsara: (Sanskrit: beständiges Wandern), Kreislauf von Werden und Vergehen, Zyklus von Wiedergeburten innerhalb der leidbehafteten Welt. Das Ziel eines Buddhisten ist es, diesen Kreislauf zu verlassen. Samsara bezeichnet den nichtbefreiten Zustand, Nirvana den befreiten.

44 Dakini: Himmelswandlerin

45 Das gilt für alle Karmapas. Im Speziellen bezieht es sich auf den ersten Karmapa, Düsum Khyenpa.

46 Prophezeiungen zusammengetragen von: Dzogchen Pönlop Rinpoche, Geschichte der Karmapas, Weisheit und Mitgefühl in Aktion, Langenfeld / Eifel, 2006, S. 6ff

47 Artikel: Dzogchen Pönlop Rinpoche, Buddhismus, Internetseite des Kamalashila-Institut, Langenfeld / Eifel

48 Die bronzene Figur des ersten Karmapa stammt aus dem Ripa-Kloster in Nangchen in Osttibet. Sie wird auf das 17. bis 18. Jahrhundert datiert. Es heißt, dass der Abt des Klosters in tiefer Meditation von der Statue Anweisungen erhalten habe.

49 Artikel:»Karmapa Denies Indian Police Allegations« vom 29. Jan. 2011, IANS, Dharamsala

50 ebd.

51 Artikel:»Karmapa Cash Haul: Chinese Link Found«, Indian Express vom 28. Jan. 2011

52 Kagyü-Office, Presseverlautbarung vom 29. Januar 2011

53 Gründe der Flucht des 17. Karmapa ins Exil:

1. Der Druck der chinesischen Behörden, die versucht haben ihn dazu zu bringen, gegen den Dalai Lama Stellung zu beziehen und den von der chinesischen Regierung ausgewählten, falschen Panchen Lama zu unterstützen.

2. Die Vollendung der spirituellen Studien. Traditionell muss der Karmapa die mündlichen Unterweisungen von den Lehrern der Karma-Kagyü-Linie erhalten, die diese mündliche Übertragung direkt vom 16. Karmapa bekommen haben. Alle diese Lehrer leben in Indien und durften nicht nach Tibet einreisen.

3. Der Karmapa wollte Seine Heiligkeit den Dalai Lama treffen und seinen Segen empfangen.

4. Der Karmapa wünschte, das Rumtek-Kloster, seinen Hauptsitz im indischen Exil und die Orte der Aktivitäten des 16. Karmapa zu besuchen. Der 16. Karmapa hat weltweit zahlreiche Karma-Kagyü-Zentren gegründet, und der 17. Karmapa wollte seinen Fußspuren folgen. Wissend, dass Indien ein freies Land ist, im Gegensatz zu Tibet, wo Unterdrückung herrscht und die religiöse Freiheit eingeschränkt ist, kam er nach Indien. Hier wünschte er von seinen Gurus spirituelle Unterweisungen zu erhalten, den buddhistischen Dharma frei praktizieren und lehren zu können, und das sowohl in Indien als auch im Rest der Welt. Das war der Hauptgrund, nach Indien zu kommen.

5. wird die Dankbarkeit des Karmapa gegenüber der indischen Regierung betont, die ihm den Flüchtlingsstatus gewährte; Dankbarkeit auch für die Gastfreundschaft. Er sei sich während des ganzen Aufenthaltes seinen Verpflichtungen dem Land gegenüber bewusst gewesen und versichere, dass er, seitdem er in Indien lebt, nichts getan hat, was dem Land schaden oder seine Interessen untergraben würde. Indien sei seine zweite Heimat. (Kagyü-Office)

54 Kagyü-Office

55 Artikel: Gupta, Shishir, »Why India Trusts the Karmapa Lama«, Indian Express vom 4. März 2011

56 Bericht der Kagyü-Office-Delegation. Vgl. auch: Dholabai, Nishit, »Delhi Changes Karmapa Tune«, The Telegraph vom 4. März 2011

57 Ein westlicher Schüler als Augenzeuge bei einer Pressekonferenz

58 Auch der Dalai Lama verfolgte gegenüber China eine »Politik des mittleren Weges«.

59 Das war am 17. November 1950. Der Dalai Lama war zu der Zeit 15 Jahre alt.

60 Artikel: Gaurav Bisht, Hindustan Times (online), 05. 07. 2011, 21.03 Uhr (IST)

Wichtige Personen

Seine Heiligkeit der 14. Dalai Lama, Tenzin Gyatso
Bis zu seiner Flucht ins indische Exil 1959 war er spirituelles und
weltliches Oberhaupt Tibets. In Mcleodganj, einem Ortsteil von
Dharamsala, führte er die Zentrale Administration der Tibeter
im Exil und das Parlament bis 2011. Die politische Macht übertrug er dem gewählten Parlament und dem gewählten Premierminister.

Seine Heiligkeit der 17. Gyalwang Karmapa, Ogyen Trinley Dorje,
gegenwärtiges Oberhaupt der Karma-Kagyü-Schule. Er wurde
1992 inthronisiert und floh im Januar 2000 von Tibet nach Indien. Seitdem lebt er in einem Apartment im Kloster der Gyuto
Tantrik Universität in Sidhbari nahe Dharamsala.

Seine Heiligkeit der 16. Gyalwang Karmapa, Rangjung Rigpe Dorje (1923-1981) Oberhaupt der Karma-Kagyü-Schule des Tibetischen Buddhismus, von seiner Inthronisierung 1931 bis zu seinem Tode 1981.

Der 12. Tai Situ Rinpoche, »Herzenssohn« des 16. Karmapa und Linienhalter, Schlüsselfigur bei der Suche nach der Reinkarnation des 17. Karmapa, lebt im Kloster Sherabling in Indien.

Der 12. Goshir Gyaltsab Rinpoche, »Herzenssohn« des 16. Karmapa und Linienhalter. Traditionell fungierten die Rinpoches als Regenten in der Zeit der Abwesenheit der Karmapas. Er lebt am Kloster Rumtek in Sikkim/Indien.

Der 3. Jamgön Kongtrul Rinpoche (1954-1992), »Herzenssohn« des 16. Karmapa und Linienhalter, starb bei einem Autounfall.

Der 13. Künzig Shamar Rinpoche, auch Shamarpa genannt, Neffe und »Herzenssohn« des 16. Karmapa, installierte einen Titelaspiranten gegen den 17. Karmapa.

Lama Phuntsok, ehemaliger Sekretär des 17. Karmapa, lebt heute in den USA.

Ngodrup Palzom, die Schwester des 17. Karmapa, lebt im Gyuto-Kloster.

Fotonachweis

Fotos nach Reihenfolge, mit freundlicher Genehmigung:

1, 5, 6, 7, 8, 10 *Clemens Kuby*

2, 3, 9, 11, 12, 13, 14, 15, 16, 17, 19, 20 *Kagyü-Office,
Kagyü-Mönlam, Karmapa900*

4 *Shambhala-Archive*

18 *James Gritz*

Stephan Kulle
40 Tage im Kloster des Dalai Lama
Band 17558

Der Journalist und Theologe Stephan Kulle gehört zu den profiliertesten Kennern des Papstes und des Vatikans. Für dieses Buch suchte er den anderen großen religiösen Führer unserer Zeit auf, den Dalai Lama. In dessen Kloster im nordindischen Exil gewährten ihm die Mönche 40 Tage lang einen ungewöhnlich offenen Zugang zum Innersten des tibetischen Buddhismus. Von der einzigartigen Atmosphäre des Klosters fasziniert, spürt er auch den Sehnsüchten vieler Pilger aus dem Westen nach, die zu diesem mystischen Ort voller Gegensätze reisen, um für sich Sinn und Orientierung zu finden. Dabei reflektiert er sein eigenes Leben, die westliche Gesellschaft und den christlichen Glauben. Ein packender und inspirierender Blick in eine andere spirituelle Welt.

Fischer Taschenbuch Verlag